TEXTES A L'APPUI
série sociologie

OUVRAGES DE MICHEL WIEVIORKA

*L'État, le patronat et les consommateurs*, PUF, Paris, 1977.

*Critique de la théorie du capitalisme monopoliste d'État* (avec B. THERET), Maspero, Paris, 1978.

*Lutte étudiante* (avec A. TOURAINE, F. DUBET, Z. HEGEDUS), Seuil, Paris, 1978.

*Justice et consommation*, La Documentation française, Paris, 1978.

*La Prophétie antinucléaire* (avec A. TOURAINE, Z. HEGEDUS, F. DUBET), Seuil, Paris, 1980.

*Le Pays contre l'État* (avec A. TOURAINE, F. DUBET, Z. HEGEDUS), Seuil, Paris, 1981.

*Solidarité* (avec A. TOURAINE, F. DUBET, J. STRZELECKI), Fayard, Paris, 1982.

*Le Mouvement ouvrier* (avec A. TOURAINE et F. DUBET), Fayard, Paris, 1984.

*Les Juifs, la Pologne et Solidarnosc*, Denoël, Paris, 1984.

*Terrorisme à la une* (avec D. WOLTON), Gallimard, coll. « Au vif du sujet », Paris, 1987.

*Sociétés et terrorisme*, Fayard, Paris, 1988.

*Le Modèle EDF* (avec S. TRINH), La Découverte, Paris, 1989.

*L'Espace du racisme*, Seuil, Paris, 1991.

*La France raciste* (avec P. BATAILLE, D. JACQUIN, D. MARTUCCELLI, A. PERALVA, P. ZAWADZKI), Seuil, Paris, 1992.

*Racisme et modernité* (sous la dir. de), La Découverte, Paris, 1993.

*La Démocratie à l'épreuve*, La Découverte, Paris, 1993.

philippe bataille, kristin couper
danilo martuccelli, angelina peralva
sous la direction de michel wieviorka

# racisme et xénophobie en europe

## une comparaison internationale

*ouvrage publié avec le concours
du centre national du livre*

ÉDITIONS LA DÉCOUVERTE
9 *bis*, rue abel-hovelacque
PARIS XIII^e
1994

Cet ouvrage, publié avec le concours du Fonds d'action sociale (FAS), est le quatrième de la collection « Textes à l'appui/série sociologie », où sont déjà parus :

Jacques COMMAILLE, *Les stratégies des femmes*. Travail, famille et politique.

Nilüfer GÖLE, *Musulmanes et modernes*. Voile et civilisation en Turquie.

Olivier DONNAT, *Les Français face à la culture*. De l'exclusion à l'éclectisme.


ISBN 2-7071-2343-9

# REMERCIEMENTS

Cet ouvrage repose sur un raisonnement général à partir duquel sont comparées, très concrètement, diverses expériences de racisme et de xénophobie en Europe occidentale. Les recherches dont il rend compte ont bénéficié, dans le cadre du programme « Intelligence de l'Europe », d'un financement du ministère de la Recherche et de l'Espace, à qui vont tout naturellement nos premiers remerciements.

Le FAS, depuis plusieurs années, a constamment apporté son soutien à nos travaux sur le racisme, et l'aide spécifique qu'il apporte à la publication de ce livre est pour nous un encouragement supplémentaire et une marque de confiance renouvelée à laquelle nous sommes très sensibles.

Pour comparer la montée contemporaine du racisme et de la xénophobie en Grande-Bretagne, en Belgique, en Italie, et en Allemagne, nous avons mobilisé les compétences de nombreuses personnes qui, dans chaque pays, nous ont accordé des entretiens, mis en relation avec divers interlocuteurs, facilité l'accès à la documentation disponible. Ces personnes sont remerciées nommément au début de chaque monographie.

Enfin, l'équipe réunie au CADIS pour réaliser cet ouvrage sait très bien tout ce qu'elle doit au fondateur de ce centre, Alain Touraine, et à ses autres chercheurs, avec qui les contacts intellectuels sont toujours denses et fructueux, à commencer par François Dubet, Didier Lapeyronnie, Françoise Gaspard et Farhad Khosrokavar, dont les travaux portent sur des thèmes qui croisent ceux qui sont présentés ici même. Elle sait aussi que ce projet n'aurait jamais été mené à bien sans le travail et les efforts continus de Jacqueline Longérinas, Lidia Meschi et Mireille Coustance.

# Introduction

*par Michel Wieviorka**

Émeutes urbaines, harcèlement racial au quotidien (avec une attaque raciste toutes les trente minutes selon le Home Office), discrimination largement constatée dans l'emploi et dans l'accès au logement, virulence des passions et des controverses autour du multiculturalisme et de l'ethnicité : la Grande-Bretagne est certainement le pays d'Europe où se sont d'abord esquissés puis développés des phénomènes inquiétants qui, sous ces formes et sous d'autres, gagnent désormais tout le continent.

En France et en Belgique, la violence raciste demeure à ce jour mineure, comparée à celle de l'expérience britannique ; en revanche, un national-populisme fortement raciste et xénophobe y alimente le discours de formations politiques qui, contrairement au National Front anglais, ont su s'installer dans le jeu politique et cesser d'obéir à une logique groupusculaire : le Front national en France, le Vlaams Block en Flandre, AGIR et le Front national belge en Wallonie. Et dans ces deux pays, les débats concernant les particularismes ethniques et surtout religieux et leur présence dans l'espace public, à commencer par l'école, sont houleux.

En Allemagne, tout est allé très vite, et très loin, à partir de 1991, comme si la vague de violences racistes et xéno-

* Une première version de ce texte, préparée pour le Conseil de l'Europe, a été présentée à Berlin, le 16 juin 1993, en ouverture de la réunion « Lutte contre le racisme et la xénophobie : action pratique au niveau local ».

phobes qui déferle sur ce pays, à l'Est comme à l'Ouest, devait être imputée à la seule réunification. La particularité de l'expérience allemande est qu'elle combine des actes graves, meurtriers et nombreux de violence et un passage de la xénophobie et du racisme au politique, qu'opèrent des formations comme le Parti républicain et l'Union du peuple allemand.

Et partout en Europe, la période actuelle est dominée par des questions, nouvelles ou renouvelées, que posent le nationalisme, le populisme, le racisme, la xénophobie ou l'ethnicité. L'heure est aux tentations de l'homogène, souvent haineuses et violentes, aux poussées identitaires, à la crise des systèmes politiques et des États, à la fragmentation du social, sur fond de globalisation de l'économie et de changements qui se jouent à l'échelle de la planète, qu'il s'agisse des conséquences de l'effondrement du monde soviétique ou de l'accentuation de la coupure Nord/Sud.

Peut-être faut-il résister au pessimisme ambiant, qu'alimentent à juste titre les diverses expressions de la violence, de la haine ou de la peur qui se déploient sous nos yeux, et qui dessinent la face d'ombre d'une mutation qui inclut aussi des dimensions plus positives, de refus de la manipulation techno-bureaucratique ou d'appel à la créativité des sujets ? Nos préoccupations, dans un ouvrage récent[1], ont été, précisément, de rechercher les conditions autorisant le retour à une certaine confiance dans la capacité de nos sociétés à penser et à élargir la démocratie, et en particulier à s'ouvrir davantage aux différences culturelles qu'elles fabriquent autant qu'elles reçoivent de l'extérieur avec l'immigration.

Mais ici, nous allons nous intéresser aux aspects les plus préoccupants de ces transformations, qui constituent aussi les tendances dominantes, et nous interroger, plus précisément, sur l'unité de ces tendances à l'intérieur de l'espace que forme l'Europe occidentale.

Si l'épaisseur historique de la xénophobie, du racisme et des appels plus ou moins actifs à l'homogène n'est pas douteuse, les significations qu'ils véhiculent se sont si profondément modifiées qu'un nouveau vocabulaire est apparu, parlant en particulier de différentialisme[2] pour marquer

1. Michel WIEVIORKA, *La Démocratie à l'épreuve*, La Découverte, Paris, 1993.
2. Cf. *Racisme et modernité* (sous la dir. de Michel WIEVIORKA), La Découverte, Paris, 1993.

l'inflexion de conduites et de discours qui seraient de plus en plus dominés par des références à la différence, par le rejet de l'Autre au nom du caractère irréductible de sa religion, de sa culture ou de son ethnicité.

En fait, les conduites et les attitudes qui nous préoccupent aujourd'hui combinent, comme souvent hier, un principe d'infériorisation et d'exploitation, qui accorde au groupe-victime une place dans la société, à condition que ce soit la plus basse, et un principe de différenciation, qui demande au contraire sa mise à l'écart, son expulsion ou sa destruction[3]. Mais, désormais, le second principe semble prédominant ; et qu'ils soient réels ou phantasmés, les attributs identitaires des groupes racisés ou rejetés sont souvent perçus comme constituant une menace pour l'identité dominante, la nation, le christianisme, tandis que la crise économique et le chômage semblent rendre moins centrales ou réalistes des logiques d'infériorisation.

## Une démarche comparative

Cette évolution récente traverse très largement la plupart des analyses du racisme contemporain en Europe, au point qu'elle semble apporter la meilleure réponse à la question centrale de cette étude, qui entend tester l'hypothèse de l'unité sociologique des tensions et des menaces qui pèsent sur l'Europe.

A peine posée, la question n'est-elle pas réglée, ne suffit-il pas, pour rendre compte de la grande mutation des sociétés qui nous occupent, de souligner, tout simplement, le primat croissant du différentialisme et le recul des rapports et des conflits sociaux, facteurs d'inégalités bien plus que de différences ?

En fait, il n'est pas possible de se contenter d'emblée d'une telle réponse. Celle-ci est d'abord bien trop générale pour qu'on puisse l'adopter telle quelle. Elle semble correspondre à l'expérience européenne, mais aussi à des tendances qu'on observe partout dans le monde, chaque fois que la poussée du nationalisme, de la religion ou de l'ethnicité se traduit par l'extension du communautarisme, du fondamentalisme ou du

---

3. Cf. Pierre-André TAGUIEFF, *La Force du préjugé*, La Découverte, Paris, 1988 ; Michel WIEVIORKA, *L'Espace du racisme*, Seuil, Paris, 1991.

racisme — elle ôte donc pratiquement toute spécificité à la partie du monde qui nous intéresse ici.

Cette réponse risque ensuite d'être trop pauvre et dangereusement réductrice. Elle oppose les deux logiques, de différenciation et d'infériorisation, au lieu de montrer comment celles-ci se combinent et se renforcent mutuellement. Enfin, elle est même susceptible, à la limite, de mener à l'aveuglement et au contresens. Le racisme notamment, lorsqu'il vise des populations d'origine immigrée, en construit des représentations culturelles que ces populations elles-mêmes ne s'approprient que partiellement, mais il a si souvent à voir avec des phénomènes d'exclusion et de chute sociale, il accompagne si fréquemment des conduites de mobilité sociale, il produit de si nombreuses situations de ségrégation mixte, à la fois sociale et raciale, qu'il ne peut jamais être réduit à l'idée d'un pur rejet différentialiste.

Enfin, le constat de tendances croissantes au différentialisme est souvent indissociable d'une affirmation avancée sans véritable démonstration empirique, et selon laquelle la xénophobie, le racisme et l'antisémitisme seraient en pleine expansion. Affirmation qui nous semble vraisemblable, mais qui appelle une certaine prudence. Les sondages, par exemple, qui nous indiquent de forts préjugés racistes et xénophobes, nous informent-ils sur l'extension de ces préjugés, ou sur le fait qu'ils s'expriment plus ouvertement et plus facilement qu'auparavant, comme si des interdits et des tabous sautaient ? Les violences qualifiées de racistes méritent-elles toujours, ou pleinement, ce qualificatif, et le fait qu'elles soient ainsi reconnues ne tient-il pas au mode de fonctionnement des médias, voire à une sensibilité antiraciste exacerbée, alors que, dans le passé, elles pouvaient être moins médiatisées ? Les statistiques d'actes racistes nous renseignent-elles sur l'évolution du racisme lui-même, ou sur l'activité des organisations antiracistes et des services de police ?

Il n'y a pas à rejeter le constat d'une poussée différentialiste en Europe. Mais si nous voulons réfléchir à ce qui y fait la singularité de ses expressions les plus dangereuses, il faut aller au-delà d'une interprétation trop rapide, et élaborer un raisonnement à la fois contraignant et à même de rendre compte aussi bien des différences observables parmi les pays concernés, que des similitudes. Le populisme trouve en France et en Italie des expressions politiques relativement puissantes, que l'on n'observe pas, par exemple, en Grande-

Bretagne ; la violence qui déferle en Allemagne depuis la réunification n'a pas d'équivalent ailleurs. Comment parler d'unité du racisme et de la xénophobie en Europe, alors que les formes du mépris et de la haine, leur mode de politisation, leur inscription dans l'espace, leur transcription éventuelle en violence varient si sensiblement d'un pays à l'autre ? Comment réduire intellectuellement cette diversité, sans la nier ?

La réponse à une telle question ne saurait être dans l'affirmation immédiate qu'un principe unique, la poussée différentialiste du racisme culturel, suffit à rendre compte de ce qui rapproche la plupart des pays européens. A la limite, c'est l'unité de cette poussée, et son éventuelle spécificité européenne qu'il s'agit de démontrer et d'analyser, faute de quoi on risque fort de tenir pour explication ce qui est en fait le phénomène à expliquer.

Pour passer du multiple à l'un, de la diversité à une démonstration unifiée, sans trahir le réel, nous avons besoin d'organiser en un ensemble cohérent les hypothèses qui permettent de postuler, puis de tester l'idée d'une unité des phénomènes qui nous intéressent. Un tel ensemble ne peut être que théorique, il doit être conçu comme un outil, un instrument dont l'application sur les données observables permet de confirmer, ou de récuser l'idée à tester. Plus il apportera d'intelligibilité à ces données, plus son éclairage sera utile, et plus en même temps on sera en droit de considérer qu'il est pertinent.

Il s'agit donc ici d'élaborer le raisonnement d'ensemble qui va nous servir à examiner la poussée récente du racisme et de la xénophobie dans plusieurs pays d'Europe, et à en déterminer l'éventuelle unité. Il s'agit, autrement dit, d'adopter une méthode comparative.

L'idée d'étudier ces phénomènes à l'échelle européenne n'est pas en elle-même originale, et d'autres, avant nous, ont déjà tenté de produire des connaissances autorisant la comparaison à cette échelle. C'est ainsi, en particulier, que la Communauté européenne a fait réaliser en 1988 un important sondage portant sur les préjugés et attitudes racistes et xénophobes. Ce sondage apporte son lot d'enseignements sur les différences en la matière d'un pays de l'Europe des Douze à un autre[4]. Il présente de surcroît l'intérêt de nous alerter

4. Eurobaromètre, *L'Opinion publique dans la Communauté européenne*, Commission des Communautés européennes, 1989 ; pour des comparaisons plus pous-

à propos d'un problème que ses auteurs ont très vite rencontré, celui des catégories qui, dans chaque pays, rendent compte spontanément du racisme et des thèmes connexes : le poids des cultures nationales est en ce domaine extrêmement lourd, ce qui fait que certains mots sont intraduisibles, et que d'autres ont une connotation positive dans une langue, négative dans une autre. Il est banal, par exemple, de parler de *race relations* en Grande-Bretagne, tout comme aux États-Unis, mais qui oserait évoquer des « relations de race » en France ? Nous utilisons, dans ce pays, la notion de laïcité, qui pour nous va de soi, mais il n'existe aucun synonyme satisfaisant en anglais, en allemand ou en italien.

Ce qui nous amène à préciser nos orientations méthodologiques. Il ne s'agit pas pour nous de dégager la réalité empirique du racisme à partir d'un même questionnement appliqué à plusieurs pays, comme dans le sondage qui vient d'être évoqué, mais de proposer un raisonnement, puis de le tester et de l'améliorer en le projetant sur les données empiriques disponibles, quitte, comme nous l'avons fait, à les compléter par des enquêtes sur le terrain, si elles nous apparaissent trop lacunaires.

Dans cet ouvrage, l'analyse porte sur quatre pays, la Grande-Bretagne, la Belgique, l'Allemagne et l'Italie, et l'on peut s'étonner de ne pas y trouver la France. En fait, les auteurs de ce livre, à une exception près, appartiennent à une équipe qui a déjà longuement étudié l'expérience française du racisme, et nous n'avons pas jugé utile de résumer ici *La France raciste*[5], qui en rend compte. Mais ajoutons immédiatement que le présent travail procède d'un ensemble d'hypothèses que nous avons élaborées et affinées à l'occasion, précisément, de la recherche menée en France, et que nous nous sommes efforcés, tout à la fois, de durcir et de généraliser de façon à examiner les cas britannique, belge, allemand et italien.

D'autres choix étaient possibles, mais dans celui retenu les expériences sont suffisamment distinctes pour pouvoir considérer que leur unité profonde, si elle est démontrée, n'est pas biaisée par la sélection opérée.

---

sées, cf. Thomas F. PETTIGREW et R.W. MEERTENS, « Le racisme voilé : dimensions et mesure », *in Racisme et modernité*, *op. cit.*, p. 109-126, et James JACKSON, « Racisme institutionnel et ignorance pluraliste : une comparaison transnationale », *ibid.*, p. 244-262.

5. Michel WIEVIORKA et *al.*, *La France raciste*, Seuil, 1992, Points-Seuil, Paris, 1993.

## La tridimensionnalité du problème

La sociologie ne saurait rendre compte de la xénophobie et du racisme dans leur virtualité anthropologique, elle ne propose pas une explication générale de ces phénomènes, et peut-être même est-elle impuissante à atteindre, si tant est qu'il existe, leur noyau dur, comme dit Serge Moscovici[6], ainsi qu'à saisir les processus ou les logiques d'ordre psychique à travers lesquels il se constitue. Son apport est d'une autre nature. Il tient à l'éclairage qu'elle apporte sur les conditions favorables à l'extension de ces maux, et donc à sa capacité de montrer comment le travail d'une société sur elle-même, le changement social, et les transformations des relations intersociétales sont susceptibles d'encourager ou de produire des préjugés, des attitudes, de la violence, de la discrimination, de la ségrégation, ou encore d'alimenter des doctrines, des courants de pensée ou des forces idéologico-politiques se réclamant du racisme et de la xénophobie.

Dans cette perspective, notre étude, déjà citée, de l'expérience française nous invite à distinguer, du moins pour l'Europe contemporaine, trois ensembles de conditions affectant directement la montée du mal.

Un premier ensemble est d'ordre proprement social, il renvoie, très directement, à la façon dont une société se structure, ou cesse de se structurer à partir d'un conflit central, à la manière dont elle est stratifiée, aux processus de mobilité ascendante et descendante qui l'animent, et donc aux espoirs, aux déceptions et aux craintes qu'ils génèrent, et qu'alimentent en particulier les situations de changement lorsqu'elles déclenchent des phénomènes de chute et d'exclusion sociale, ou tout au moins leur peur. Le racisme, par exemple, trouve un terreau favorable dans la décomposition des mouvements sociaux, dans la rétraction du marché du travail, dans le désarroi des « pauvres Blancs » atteints par la crise économique ou la perte de statut, ou encore dans des phases de croissance et de développement économiques où il est lié à l'infériorisation sociale de certains groupes au nom de la race.

Un deuxième ensemble de conditions favorables au racisme et à la xénophobie renvoie non plus à la société proprement

6. Serge Moscovici, « Le ressentiment », *Le Genre humain*, n° 11, aut.-hiv. 1984-1985, p. 181.

dite, mais à l'État. Par ses politiques, au sens du mot anglo-américain *policies*, par la façon, par exemple, dont il assure, ou non, des principes d'égalité et de redistribution sociale, ou dont il oriente le fonctionnement d'institutions comme la justice, la police, l'école publique, l'État — et nous n'évoquons ici que le cas des États européens contemporains — exerce une influence considérable. Cette influence est encore plus directe si l'on considère des domaines comme la politique de l'immigration, ou celui de la nationalité et, bien évidemment, celui de l'action explicitement antiraciste. Un État incapable ou non désireux de poursuivre une politique d'État-providence, par exemple, exacerbera des tendances au populisme au sein desquelles le racisme et la xénophobie trouvent leur place ; un État encourageant le pluralisme culturel et même imposant des mesures de « discrimination positive » pour les minorités ethniques, par exemple dans l'emploi public ou l'Université, exercera une influence, complexe, sur les tensions interculturelles où le racisme, là encore, est susceptible de trouver un espace renouvelé — mais aussi, d'ailleurs, de régresser.

Enfin, un troisième ensemble de conditions favorables au racisme et à la xénophobie renvoie à la question des identités et, plus précisément, à celle de l'identité nationale. La conscience nationale, en effet, peut aussi bien s'écarter de toute tentation raciste et xénophobe pour s'adosser à des valeurs universelles de raison et de progrès, qu'à l'inverse s'enfermer dans un différentialisme lourd d'appels à l'homogénéité du corps social, à la xénophobie et, à la limite, au racisme. Plus cette seconde orientation l'emporte, par exemple parce que la nation semble menacée, ou parce qu'elle est dans une phase d'expansion et de conquête, et plus le racisme est une virtualité dont Étienne Balibar a bien montré toute la force[7].

Société, État, nation : ces conditions sont de trois ordres d'analyse distincts, mais qui aussi s'informent les uns les autres, ce qui fait du racisme et de la xénophobie non seulement des phénomènes complexes et contradictoires, mais aussi les éléments de discours et de conduites syncrétiques où ils s'amalgament, par exemple dans le populisme, à des demandes sociales non traitées, à une critique de l'État et de la classe politique et au nationalisme.

---

7. Étienne BALIBAR, Immanuel WALLERSTEIN, *Race, nation, classe. Les identités ambiguës*, La Découverte, Paris, 1989.

## Le modèle européen d'intégration

A partir du moment où nous acceptons l'idée d'une tridimensionnalité du problème, nous pouvons passer à la deuxième étape de notre raisonnement.

Notre hypothèse, ici, est d'ordre historique, et repose sur l'image d'un processus de déstructuration qui, sous diverses modalités, affecte chacun des pays dont les monographies sont présentées dans ce livre, mais aussi certainement de nombreux autres. Ces pays ont su construire, chacun à sa façon, une formule d'intégration de la société, de l'État et de la nation qui dessinait un tout relativement cohérent — conforme à ce que nous appellerons le modèle européen d'intégration. Cette formule a connu son apogée dans les années cinquante et soixante, et sa déstructuration, plus ou moins prononcée et rapide d'un pays à l'autre, a renouvelé l'espace européen du racisme et de la xénophobie.

Telle est notre hypothèse générale, qui implique de proposer une image sinon fine et précise, du moins robuste du modèle européen d'intégration puis, dans un deuxième temps, d'en analyser la décomposition.

Parler de société en Europe occidentale, c'est, jusqu'à une période récente, parler de société industrielle. Le recours à cette expression ne signifie pas seulement l'existence d'un important prolétariat ouvrier, ou la prédominance de l'emploi dans le secteur secondaire. Il implique surtout l'idée que les rapports sociaux les plus déterminants se jouent dans la production industrielle et définissent un conflit central opposant le mouvement ouvrier aux maîtres du travail. Conflit structurel, qui organise la vie sociale, politique, culturelle, intellectuelle bien au-delà des usines et des ateliers, au point d'informer les principaux débats de société et de donner leur sens et leurs repères à toute sorte d'actions qui n'ont pourtant aucun lien concret ou immédiat avec l'expérience du travail industriel. C'est ainsi, par exemple, que les étudiants, dans leurs luttes de la fin des années soixante, partout en Europe, ont mis l'accent, non pas sur les problèmes de l'Université, mais sur la critique du capitalisme et sur la référence au mouvement ouvrier, auquel certains ont voulu servir d'avant-garde, sur un mode léniniste, ou que d'autres ont prétendu réveiller ou rejoindre, sur un mode davantage populiste.

L'État, au moment de l'apogée du modèle européen d'intégration, n'est évidemment pas le même en France, en Italie, en Allemagne, en Belgique ou au Royaume-Uni. Mais il présente néanmoins de fortes similitudes. Il se veut un facteur de redistribution et d'aide sociale, et aussi bien le travaillisme britannique que la social-démocratie allemande montrent que le thème de l'État-providence possède alors une très grande vitalité. L'État n'est pas déstabilisé par la question nationale, tant prime la question sociale. Cette dernière est inscrite dans le cadre dessiné par l'État et la nation, y compris dans une expérience où l'État est faible et méprisé, et le nationalisme limité, comme c'est le cas avec l'Italie : au début des années soixante-dix, dans ce pays, syndicats et patronat recherchaient des accords dans lesquels, en échange d'un effort du second pour assurer le développement du Mezzogiorno et mieux l'intégrer au nord du pays, les premiers modéraient leurs revendications salariales.

Dans ce contexte de relative intégration de la société, de l'État et de la nation, les éventuelles minorités d'origine étrangère sont pour l'essentiel perçues et définies en termes de travail, même si elles en appellent elles-mêmes à une identité, par exemple nationale, comme ce fut le cas en France pour de nombreux travailleurs algériens avant et pendant la guerre d'Algérie. Les questions religieuses ou linguistiques, lorsqu'elles sont posées, animent des débats politiques et traduisent des oppositions parfois très anciennes, mais ne vont pas jusqu'à affaiblir l'État proprement dit.

Enfin, l'identité nationale, dont la force varie elle aussi d'un pays à l'autre, présente une caractéristique majeure : elle comporte toujours une dimension très prégnante d'universalisme, qu'il s'agisse d'un nationalisme encore imprégné des rêves de puissance liés au colonialisme qui s'achève, ou de conceptions dans lesquelles la nation est inséparable de l'idée de progrès économique et politique. La nation, à la limite, est avant tout le cadre le mieux adapté à la modernisation, ce qui correspond aux analyses proposées notamment par Ernest Gellner[8].

Il serait abusif de réduire la conscience nationale, dans les pays considérés, à ses seules références à des valeurs universelles, et il existe aussi dans ces années soixante des courants davantage tentés par la fermeture différentialiste et par un

8. Ernest GELLNER, *Nations et nationalisme*, Payot, Paris, 1989 (1re éd. 1983).

nationalisme haineux. Mais, dans l'ensemble, la nation reste indissociable d'un projet de modernité où elle s'accommode d'idées socialistes, social-démocrates, démocrates-chrétiennes ou communistes, et de références au progrès économique et à la modernisation politique et même culturelle.

Société industrielle, État égalitaire et redistributeur, nation universelle varient d'un pays à l'autre. Mais partout, jusque dans les années soixante en Grande-Bretagne, plus tardivement encore en France, en Allemagne, en Belgique ou en Italie, ils constituent les éléments d'un modèle suffisamment intégré pour que chacun puisse se définir sans difficulté majeure comme relevant simultanément de ces trois éléments. C'est pourquoi une expression comme celle de « société nationale » ou, mieux encore, celle de « société industrielle nationale » mérite d'être appliquée jusqu'aux années soixante à la Grande-Bretagne et à la France[9], mais aussi, avec peut-être plus de nuances, aux autres pays qui nous intéressent.

Ces remarques générales appellent deux précisions complémentaires. La première est qu'il ne faudrait pas en déduire l'image de sociétés industrielles partout puissamment constituées, d'États partout capables d'être pleinement conformes au concept de l'État-providence et d'identités nationales massivement liées à des valeurs universelles. Non seulement la réalité historique est moins nette que ce qui vient d'être suggéré, mais aussi, et surtout, l'intégration des trois éléments de notre modèle n'est jamais parfaitement assurée. Notre hypothèse est une esquisse théorique, qui vise essentiellement à désigner le moment où un maximum d'intégration des trois éléments qui composent ce modèle s'est réalisé, ceux-ci étant à leur apogée dans les années cinquante et soixante ; il serait abusif d'aller plus loin, et de construire alors un mythe assurant sur un mode imaginaire une synthèse qui n'a jamais été que partielle.

La seconde précision concerne le racisme. Comme on l'a dit, celui-ci n'a jamais été absent de la scène sociale, idéologique et politique des pays considérés, à l'exception de l'Italie, encore qu'il ne faut pas oublier la relative brutalité du colonialisme italien.

Dans les années qui vont, *grosso modo*, de la fin de la Seconde Guerre mondiale au déclenchement de ce qui fut

9. Cf. Didier LAPEYRONNIE, Marcyn FRYBES, *L'Intégration des minorités immigrées. Étude comparative France-Grande-Bretagne*, ADRI, Paris, 1990.

d'abord perçu comme une crise économique, en 1973 ou 1974, le racisme est un phénomène qui ne doit pas être sous-estimé. D'une part, les anciens courants doctrinaires, hérités du racisme classique tel qu'il s'est forgé au fil des progrès de la modernité[10] et souvent contre elle, au nom de la tradition et du refus de la décadence, conservent une certaine vivacité ; d'autre part, les exigences de la croissance économique et les flux migratoires nés de la décolonisation apportent, sauf en Italie (où le phénomène important est l'afflux de Méridionaux dans les métropoles industrielles du Nord), une main-d'œuvre immigrée sur laquelle se concentre un racisme d'infériorisation, qui facilite son exploitation et qui comporte souvent une dimension de mépris de type colonial. Les dimensions culturelles et différentialistes qui caractériseront ultérieurement le racisme sont en revanche relativement faibles, ce qui est un paradoxe, car la différence culturelle est bien plus considérable à l'époque, lorsque les immigrés ne sont pas intégrés culturellement à la société d'accueil et qu'ils sont pour la plupart convaincus qu'ils rentreront un jour dans leur pays d'origine, alors qu'aujourd'hui leur intégration culturelle et politique, du moins dans les pays fonctionnant sur la base du droit du sol, est bien plus rapide et massive que par le passé. Le différentialisme, en fait, passe alors, pour l'essentiel, par un refus de voir l'Autre, une ignorance comparable à celle que décrit, pour le Noir américain, Ralph Ellison dans *L'Homme invisible*, et dont Günter Wallraff a fait justice, pour l'Allemagne, dans son best-seller *Tête de Turc*[11].

Le propre du racisme qui correspond à l'apogée des sociétés industrielles nationales en Europe est donc d'être commandé par une logique inégalitaire et d'être encore largement informé par les catégories organicistes, directement raciales, qui se sont développées tout au long du XIXᵉ siècle.

## La déstructuration du modèle européen

A partir des années soixante et, surtout, soixante-dix, tout change. La société industrielle vit ses derniers feux — et non la « résurgence » dont ont parlé Colin Crouch et Alessan-

10. Cf., par exemple, Michael BANTON, *The Idea of Race*, Tavistock, Londres, 1977, et *Racial Theories*, Cambridge University Press, Cambridge, 1987.

11. Ralph ELLISON, *Invisible Man*, Random House, New York, 1952 ; Günter WALLRAFF, *Tête de Turc*, La Découverte, Paris, 1986.

dro Pizzorno[12] — avec les grandes luttes ouvrières consécutives, surtout en France et en Italie, au mouvement étudiant de 1968. Le mouvement ouvrier ne quitte certes pas la scène sociale. Mais il perd sa centralité, il cesse de constituer la figure contestataire à partir de laquelle s'organise la vie sociale, politique, culturelle et intellectuelle. Ses luttes prennent un aspect catégoriel ou corporatiste, en même temps que les syndicats s'institutionnalisent et que des flambées de violence traduisent un radicalisme désespéré et non pris en charge dans les projets de changements globaux que promettaient les organisations ouvrières.

Dans cette évolution, le paysage politique se transforme, et l'opposition principale entre des forces de gauche, identifiées à la représentation des demandes ouvrières, et des forces de droite, supposées y résister, perd de son sens.

Une conséquence importante de cette évolution, qui passe aussi par une désindustrialisation massive et par la régression de la part de l'emploi industriel dans l'emploi total, est dans la dualisation socio-économique. Alors que la société industrielle accordait à chacun une place, dominante ou inférieure, la société duale sépare deux sous-ensembles qui s'éloignent l'un de l'autre : d'une part, la masse des couches moyennes et supérieures, qui participent à l'emploi, à la consommation, qui accèdent dans de bonnes conditions au système de santé ou à l'éducation et, d'autre part, le monde des exclus et des laissés-pour-compte.

L'État, de son côté, est de moins en moins capable de fonctionner selon les principes de l'État-providence. Il peut de moins en moins imposer ou suggérer aux entreprises, placées sur des marchés internationaux où la concurrence est vive, les surcoûts salariaux qui assurent les ressources financières nécessaires aux mécanismes de la redistribution ou de l'aide sociale. Le travaillisme, la social-démocratie entrent en crise, tandis qu'à l'inverse les idées libérales connaissent un succès croissant et pénètrent de plus en plus la vie politique et économique. Les institutions qui relèvent directement de l'État, la police, la justice, l'école publique, deviennent l'objet de débats renouvelés, leurs fonctions classiques d'ordre, de mise à la norme et de socialisation sont mises en cause, au point que l'on assiste souvent à un véritable retour-

12. Colin CROUCH, Alessandro PIZZORNO, *The Resurgence of Class Conflict in Western Europe since 1968*, MacMillan, Londres, 1978 (2 vol.).

nement de la critique de l'État. Celui-ci, dans les années soixante, et au début des années soixante-dix, était souvent accusé d'imposer un ordre oppressif, ou d'assurer, dans la version marxiste de cette critique, la reproduction des rapports de domination enracinés dans la production; la pensée de Michel Foucault et sa dénonciation de la « société disciplinaire » bénéficiaient d'un écho considérable, alors qu'aujourd'hui les critiques les plus actives reprochent à l'État son incapacité à enrayer le déclin des institutions, à imposer un certain ordre, ou tout au moins à promouvoir des normes de socialisation.

Hier, beaucoup s'inquiétaient, par exemple, du rôle de l'école publique dans le maintien ou le renforcement des inégalités sociales; aujourd'hui, l'inquiétude porte surtout sur la crise de l'école, sur ses difficultés à être tout à la fois un espace d'intégration sociale et culturelle.

Enfin, en une vingtaine d'années, les débats et les tensions autour de l'identité nationale ont comme renversé le cours de l'histoire. Jusque dans les années cinquante et même soixante, la force du modèle européen d'intégration, quelles qu'en aient été les variantes nationales, était dans sa capacité à absorber et réduire les particularismes culturels, linguistiques, régionaux, ou tout au moins à les gérer sans qu'ils semblent mettre en cause l'unité du corps social. Le localisme, tel qu'il a toujours fonctionné en Italie ou dans l'Allemagne des *Länder*, le pluralisme religieux, linguistique ou régional, tel qu'il anime et même structure la culture politique de pays comme les Pays-Bas ou la Belgique avec leurs « piliers », sont évidemment très différents du jacobinisme centralisateur de la France. Mais nulle part, jusque dans les années soixante, ils ne peuvent apparaître comme mettant en cause fortement l'intégration nationale.

La mutation, en ce domaine, est d'abord passée par des contestations et des affirmations identitaires qui, soit semblent défaire, comme à rebours, ce que la nation, dans sa modernité, a élaboré au cours des siècles antérieurs, soit inventent des formes culturelles qui sont autant de ruptures avec les orientations de la société industrielle. D'un côté, en effet, la question nationale est relancée par la poussée ou le renouveau de mouvements régionalistes, nationaux ou nationalitaires, parfois imprégnés d'une thématique marxiste-léniniste; en même temps on assiste, notamment en Belgique et en France, à une transformation du monde juif, qui se détache de formules assimilationnistes ou de forte intégration, elles aussi liées à la modernité et plus précisément aux Lumières, pour affirmer son identité de façon très visible. Et, d'un autre côté, les mouvements écologistes et le féminisme, ou encore la contestation anti-missiles des années quatre-vingt, en ouvrant le champ de nouveaux conflits socioculturels, en appellent à des identités et, parfois, à des formes de vie collective qui rompent avec les schémas intégrateurs des sociétés nationales.

Cette mutation s'est accélérée et élargie autour de la question de l'immigration. Celle-ci a été posée très tôt en Grande-Bretagne, dès l'immédiat après-guerre, elle y est relancée avec force à la fin des années soixante, avec notamment les célèbres déclarations d'Enoch Powell sur les fleuves de sang que risquent de causer les immigrés, avec la poussée du National Front, et, en contrepoint, les propositions ouvertes au pluralisme ethnique affichées par Roy Jenkins. Elle apparaît beaucoup plus tardivement ailleurs ; l'Italie, en ce qui la concerne, ne devient terre d'immigration qu'à partir du milieu des années quatre-vingt, et ne prend conscience du phénomène que vers la fin de cette même décennie. Enfin, elle ne fait que s'esquisser dans un pays comme l'Espagne.

L'immigration n'est pas en elle-même la source principale des changements qui affectent la conscience nationale. Elle est même plutôt le lieu autour duquel se cristallisent des peurs et des affects qui procèdent très largement d'autres sources. Si partout en Europe se développent des comportements hostiles à l'égard des immigrés, la hantise de l'invasion du territoire national, ou local, les accusations d'intégrisme, de fondamentalisme et le refus de l'intégration culturelle, ce n'est évidemment pas seulement ni principalement parce que l'immigration correspondrait à ces représentations. C'est bien davantage parce que l'identité nationale est menacée par d'autres facteurs, externes et internes, à commencer par l'internationalisation de l'économie. Pour les uns, priment alors l'américanisation de la culture et la construction de l'Europe ; pour d'autres, sont en cause les tendances centrifuges au séparatisme, comme en Belgique avec la question flamande, ou en Italie avec les Ligues du Nord, alors qu'en Allemagne les conséquences de la réunification jouent un rôle considérable. C'est aussi parce que le déclin de la société industrielle et de ses formes de gestion plus ou moins négociée des antagonismes sociaux, et les progrès de la dualisation socio-économique et du chômage suscitent des difficultés réelles, une perte des repères traditionnels, des peurs qui se résolvent dans des appels différentialistes à la nation ou à une communauté plus petite, la région, voire la ville. L'identité culturelle et historique se leste de demandes sociales non traitées, ou insuffisamment, qui s'abolissent dans un nationalisme ou un régionalisme et, plus souvent encore, dans un populisme, qui conjugue des représentations extrêmement négatives de l'État, accusé d'abandon, de corruption ou d'impuissance, un rejet de la classe politique et des intellectuels, et une polarisation de la haine et de l'exaspération sur les immigrés, ou assimilables (on parle d'immigrés en France, d'étrangers en Allemagne, de « Blacks » ou de minorités raciales en Grande-Bretagne, etc.).

Le problème nouveau, en ce qui concerne l'immigration, n'est pas le phénomène lui-même, souvent très ancien, même si, surtout dans les pays à forte capacité d'intégration, comme la France, il n'est véritablement découvert que depuis peu — en France, notamment, les travaux d'histoire de l'immigration ne se sont véritablement développés qu'à partir des années quatre-vingt, avec par exemple les recherches de Gérard Noiriel ou d'Yves Lequin. La nouveauté tient déjà davantage aux modifications qui caractérisent l'immigration depuis la fin des années soixante : regroupement familial, insertion dans le secteur tertiaire et l'économie parallèle, grande vulnérabilité face au chômage, émergence du travail indépendant, difficultés spécifiques de la deuxième génération.

Mais l'essentiel, du point de vue qui nous intéresse ici, est dans les tendances à l'ethnicisation de l'immigration, et dans la dialectique des identités qui se profile à partir de là. Dans le passé, l'immigré était supposé soit s'assimiler, et donc s'incorporer dans le modèle national d'intégration, soit retourner dans son pays d'origine ; il avait une place, inférieure, dans la société d'accueil. Il est aujourd'hui de plus en plus perçu comme inassimilable, soupçonné de ne chercher à promouvoir que ses différences, qui seraient irréductibles, mais aussi, puisqu'il semble désormais installé à vie, lui et sa postérité, dans le pays d'accueil, il occuperait indûment l'emploi qui, compte tenu de la crise économique, devrait revenir aux nationaux, et bénéficierait d'une sollicitude abusive de la part des pouvoirs publics. Comme le montrent, dans leur grande diversité, de nombreuses recherches portant sur l'immigration[13], cette perception ne correspond que bien faiblement aux réalités, elle est une représentation imaginaire, mais elle exerce aussi des effets qui sont de l'ordre, pour parler comme Merton, de la prophétie auto-créatrice : l'ethnicisation des minorités, notamment, résulte de processus qui doivent beaucoup, au départ, à la façon dont les minorités en question sont perçues et traitées par le groupe dominant.

## Le nouvel espace du racisme et de la xénophobie

La déstructuration du modèle européen d'intégration, telle qu'elle vient d'être brièvement évoquée, ouvre des perspectives renouvelées au racisme et à la xénophobie. Avant qu'elle ne se précise, le racisme était dominé par une logique d'infériorisation ; il donne désormais de plus en plus de place à une logique différentialiste, qui le rapproche de plus en plus de la xénophobie, jusqu'à fonder des conduites qui amalgament les deux phénomènes : les violences, en Allemagne, visent de façon indifférenciée les immigrés de longue date, Turcs ou Marocains, qui participent au travail et à l'économie, et les populations venues des sociétés post-totalitaires, qu'il s'agit de rejeter sitôt arrivées. De façon générale, l'Autre est de moins en moins défini dans les catégories du travail et comme partie prenante de rapports sociaux, et de plus en plus dans les catégories de la culture, de la religion, de l'origine nationale ou ethnique et, en fin de compte, de la race.

Le racisme lié à la modernité triomphante soit naturalisait pour les broyer des groupes humains résistant ou s'opposant à la construction et à l'essor, interne et international, des sociétés industrielles nationales, soit prétendait les faire entrer dans le monde moderne du progrès, de l'éducation ou de la santé par le bas, en les infériorisant pour mieux les exploiter dans les campagnes ou à l'usine. Ce racisme est affaibli, ce qui ne signifie pas la disparition pure et simple du phénomène, mais bien davantage son évolution, soit vers des formes extrêmes de racisme différentialiste, vers l'appel à une identité culturelle et raciale menacée par l'émergence ou l'invasion d'autres identités, soit vers des formes intermé-

13. Cf., par exemple, le volume I des actes du colloque de l'ADRI, *L'Intégration des minorités immigrées en Europe*, CNFPT, Paris, 1990.

diaires, où se combinent un certain différentialisme, et un appel pressant à retrouver les modalités perdues de l'infériorisation des minorités racisées.

Disons-le autrement : le racisme et la xénophobie ont longtemps été, en Europe, des éléments de la modernité, qu'ils ont accompagnée (racisme colonial) autant qu'ils l'ont combattue au nom de la tradition, ne serait-ce qu'avec l'antisémitisme dans ses dimensions nationalistes et antimodernes. La dislocation du modèle européen d'intégration, la décomposition des sociétés nationales signifient une crise de la modernité. Le racisme et la xénophobie, dès lors, constituent des expressions de cette crise. Chez les uns, ces phénomènes traduisent le désir, difficile ou impossible à satisfaire, de maintenir le projet moderne d'une société nationale, ce qui aboutit en particulier au national-populisme des exclus ou de ceux qui redoutent la chute et l'exclusion sociales. Chez d'autres, ils correspondent beaucoup plus directement à des attitudes antimodernes, hantées dans les cas limites par l'idée du mélange des races et de la décadence, et toujours fortes d'un appel à la séparation des cultures et à la lutte contre l'invasion de ceux dont la différence culturelle constituerait une menace irréductible pour la culture nationale.

## Les formes diversifiées d'une même tendance lourde

L'unité du racisme contemporain en Europe tient donc, selon notre hypothèse, à la disjonction croissante, dans chaque pays concerné, des identités (à commencer par la nation) et de la modernisation ; à la séparation de ce que les sociétés industrielles nationales intégraient ; à la fin d'une correspondance relativement directe entre la société proprement dite, l'État et le système politique, la culture ou l'identité nationales.

Mais cette hypothèse est-elle capable de rendre compte de la grande diversité des expressions concrètes du racisme et de la xénophobie dans les pays considérés ? Oui, à condition de ne pas confondre les expressions historiques d'un phénomène et le phénomène lui-même, et d'accepter l'idée qu'une même tendance générale puisse se transcrire en une multiplicité et une assez grande diversité de pratiques. Les formes concrètes du changement historique peuvent fort bien varier considérablement d'une expérience nationale à une autre tout en étant informées, fondamentalement, par des processus relevant d'une seule et même logique.

Notre thèse est que la décomposition des sociétés industrielles nationales constitue une réalité générale, dont les modalités sont elles-mêmes conditionnées par des facteurs spécifiques à chacune d'entre elles, et en particulier par la façon dont chaque composante élémentaire de leur réalité tridimensionnelle s'est constituée dans le passé, et résiste à sa crise ou à son déclin.

On peut ainsi distinguer l'Allemagne, qui a su mieux que d'autres pays assurer très tôt l'*aggiornamento* de son système de relations industrielles, et où la crise proprement sociale, ou socio-économique, doit beaucoup à la réunification et à son coût gigantesque, des autres pays qui nous intéressent, où l'effondrement de la société industrielle et du mouvement syndical est plus ancien et dans l'ensemble beaucoup plus dramatique ; on peut aussi distinguer l'Italie et, dans une moindre mesure, la Belgique, où la crise de l'État est une donnée quasi structurelle, procédant de ce que Salvatore Palidda a appelé une anamorphose[14], de la France, du Royaume-Uni et de l'Allemagne, où ce phénomène est moins déterminant. On peut encore rappeler que la formation de la nation, pour chaque pays, s'est opérée selon des processus et avec des résultats très différents, que le passé d'expansion militaire et coloniale y a revêtu des formes distinctes, que les cultures politiques y sont variées, et que les tensions interrégionales ou la présence de mouvements nationalistes, par exemple écossais, irlandais, corse, flamand ou sarde, y ont un sens et une portée très variables.

Ces remarques, qui seront développées au fil des monographies qui vont suivre, ne doivent pas nous inciter à délaisser notre hypothèse centrale, mais plutôt à la complexifier : les scénarios de la déstructuration des sociétés nationales en Europe sont distincts, mais, partout, il s'agit bien d'une mutation comparable, dont nous allons nous attacher à analyser les aspects les plus inquiétants, ceux qui dessinent la face sombre de l'Europe.

---

14. Salvatore PALIDDA, « L'anamorphose de l'État-nation : le cas italien », *in Cahiers internationaux de sociologie*, vol. XCIII, 1992, p. 269-298.

# I

## *L'expérience britannique*

*par Kristin Couper*
*et Danilo Martuccelli*

1

# Les formes du racisme au Royaume-Uni*

D'une étude de 1985, il résulte que neuf Britanniques blancs sur dix croient à l'existence de préjugés raciaux au Royaume-Uni (un sentiment surtout fort chez les jeunes), et presque un tiers des personnes interrogées reconnaissent avoir elles-mêmes ce type de préjugés. Cette reconnaissance est plus fréquente chez les hommes, parmi les personnes âgées, les ouvriers et les chômeurs ; et les partisans du Parti conservateur l'expriment plus souvent que ceux d'autres partis politiques[1]. En 1991, selon un autre sondage d'opinion, 67 % des Britanniques considèrent la Grande-Bretagne comme un pays « dans une certaine mesure raciste » *(to some extent racist*[2]*)*. Dans ce chapitre, nous considérons surtout les formes les plus actives du racisme (la discrimination et la ségrégation, la violence) ainsi que les tentatives de passage au politique.

* Nous remercions Stephen Castles, Marian Fitzgerald, Cathie Lloyd et Nathalie Malguid qui ont relu notre texte et nous ont fait part de leurs commentaires, ainsi que les personnes suivantes, qui ont accepté d'être interviewées, et de donner accès aux sources documentaires et à des recherches non publiées : Mogniss Abdullah ; Kaushika Amin ; Les Back ; Jenny Bourne ; Ben Bowling ; Phil Cohen ; Ann Dummett ; Richard Gee ; Paul Gordon ; Roger Hewitt ; Sheila Hillier ; Gus John ; Michael Keith ; John La Rose ; Himat Lakhani ; Ken Leech ; Daniel Machover ; Bob Miles ; Joanna Oyediran ; Larry O'Hara ; Dave Robins ; Peter Sanders ; John Solomos ; Sarah White. Enfin, nos remerciements vont à Connie Harman, Dimitri et Jonathan sur le plan personnel.

1. Voir, pour ces renseignements, Anthony GIDDENS, *Sociology*, Polity Press, Londres, 1989, p. 268.

2. Cité *in* Michael BANTON, « The Racism Problematic » (ronéotypé), à paraître *in* Rohit BAROT (ed.), *Race, Racism and Social Order in Modern Britain*, 1994.

## Discrimination et ségrégation

La discrimination raciale (traitement différencié d'un individu ou groupe d'individus en raison de sa « race ») est, toujours, une pratique « fluide[3] », « fugitive », bien qu'il y ait des domaines où sa présence est plus forte et constante, tels que l'école, le travail et l'accès au logement. Le Royaume-Uni se différencie de bien d'autres pays européens par le nombre d'études consacrées à la discrimination et par une importante législation contre ce type de pratiques, dans la tradition intellectuelle et concrète de ce pays, qui entend résoudre les problèmes d'exclusion ou d'inégalités sociales par l'octroi de nouveaux droits aux immigrés. Les études sur la discrimination procèdent plus ou moins directement de la notion de citoyenneté, ainsi que de son importance et de sa permanence dans la tradition parlementaire.

Dans l'ensemble, ce qui frappe est la persistance de la discrimination raciale, malgré le renforcement permanent de la législation. Entre 1976 et 1989, de nombreuses enquêtes témoignent d'une incapacité à entraver définitivement les conduites de discrimination ; dans le domaine de l'emploi, par exemple, le nombre des plaintes est en augmentation, mais il reste très réduit par rapport au nombre total présumé d'actes de discrimination, estimé dans certains travaux à dix mille par an[4]. Les études disponibles portent sur un large éventail de situations, et nous nous contenterons dans ce qui suit d'examiner les plus significatives[5].

3. Anthony RICHMOND, *The Colour Problem. A Study of Racial Relations*, Penguin, Londres, 1955, p. 246.

4. Christopher MCCRUDDEN, David J. SMITH, Colin BROWN, *Racial Justice at Work. The Enforcement of the Race Relations Act 1976 in Employment*, PSI, Londres, 1991, p. 123.

5. Pour une présentation d'ensemble, cf. Richard JENKINS et John SOLOMOS (eds), *Racism and Equal Opportunity Policies in the 1980s*, Cambridge University Press, Cambridge, 1989 ; pour la discrimination à l'école, cf. Barry TROYNA (ed.), *Racial Inequality in Education*, Routledge, Londres, 1989 ; pour la sécurité sociale, Paul GORDON et Anne NEWNHAM, *Passport to Benefits*, Child Poverty Action Group and The Runnymede Trust, Londres, 1985 ; pour la justice, Andy SHALLICE et Paul GORDON, *Black People, White Justice ? Race and the Criminal Justice System*, The Runnymede Trust, Londres, 1990 ; pour un aperçu du traitement des minorités noires dans les médias, Paul GORDON et David ROSENBERG, *The Press and Black People in Britain*, The Runnymede Trust, Londres, 1989.

Le type d'emploi auquel sont réduits les immigrés (ou les personnes de couleur), et leur plus fort taux de chômage constituent deux indicateurs indéniables de la discrimination dans le travail et dans l'emploi. Selon une étude de Colin Brown[6], en 1965, 90 % des immigrés accomplissaient un travail manuel, peu ou pas qualifié, souvent dans le secteur industriel et dans les transports (et cela quel qu'ait été leur métier avant l'arrivée au Royaume-Uni). Processus d'infériorisation qui est dès le départ renforcé par la concentration urbaine à laquelle sont contraints les immigrés : ils se logent notamment dans les *inner city areas*, dans des maisons abandonnées par des Britanniques blancs. Cette situation persiste pendant les années soixante et soixante-dix, les immigrés occupant le plus souvent les emplois refusés par les Britanniques, et 80 % des actifs exerçant toujours un travail manuel[7].

Mais c'est surtout face à l'emploi que la discrimination est manifeste : le taux de chômage des immigrés[8] est plus élevé que celui des Britanniques blancs (et cela dans pratiquement toutes les situations ayant fait l'objet d'évaluation) et ils sont par ailleurs les premiers touchés lors de licenciements. Il est vrai que les branches dans lesquelles ils travaillent sont plus touchées que d'autres par la crise économique, mais cela ne suffit pas à expliquer, par exemple, que le taux de chômage en 1982 avoisine 20 % pour les minorités, soit près du double de celui des Britanniques blancs. Cette tendance s'est légèrement infléchie à partir de 1987 en raison, notamment, de variations démographiques dans la composition de la tranche d'âge des jeunes entre 16-19 ans entrant dans le marché du travail. Mais une nouvelle évolution négative est à prévoir pour les années quatre-vingt-dix. Une conséquence de cette situation est qu'elle encourage certaines minorités, et en tout premier lieu les Pakistanais et les Bangladeshis, à

6. Pour tout ce développement, cf. Colin BROWN, « Same difference : the persistence of racial disadvantage in the British employment market », *in* Peter BRAHAM, Ali RATTANSI, Richard SKELLINGTON (eds), *Racism and Antiracism*, Sage Publications, Londres, 1992, p. 46-63.

7. Par ailleurs, des tests opérés à l'époque pour mesurer leur taux de discrimination dans le travail, s'avèrent « positifs », cf. *ibid.*, p. 53.

8. En mai 1992, le taux moyen de chômage est de 7 % pour les hommes blancs, 13 % pour les Indiens, 15 % pour les Afro-Caribéens et de 21 % pour les Pakistanais et Bangladeshis.

créer leur propre emploi, notamment dans le domaine des services.

Ajoutons à la suite de Colin Brown que la persistance de la discrimination raciale apparaît aussi dans le fait que les cas les plus importants de mobilité sociale ascendante, pour les minorités ethniques, se vérifient dans des secteurs où le soutien éventuel de personnes blanches est le moins décisif (professions libérales notamment).

### *Discrimination et ségrégation dans l'accès au logement*

L'analyse des formes de la discrimination dans le domaine du logement doit tenir compte de trois types de mécanismes principaux[9]. D'abord, un « racisme subjectif », qui n'est peut-être pas déterminant s'il s'agit du logement public, mais qui le devient, à bien des égards, s'il s'agit du secteur privé. Ensuite, un « racisme institutionnel », lié à la non-prise en compte des besoins particuliers de certains groupes de la population, ou bien à une représentation stéréotypée des demandes potentielles, où l'on peut voir, à la suite de Robert Miles, une exclusion institutionnalisée non délibérée frappant certaines minorités[10]. Enfin, un « racisme structurel », lié au fonctionnement des politiques d'immigration et du marché du travail (ainsi que du marché du logement), et à la façon dont ce fonctionnement interfère avec d'autres critères de stratification — à commencer par la classe[11].

*Le cas du secteur public.* — Dans ce domaine, certaines constantes ont pu être décelées[12]. C'est ainsi, par exemple, que l'on constate l'absence de grands logements ou, lorsqu'ils existent, leur état de dégradation. De ce fait, et à travers le fonctionnement habituel de l'appareil administratif, les

9. Cf. Norman GINSBURG, « Racism and Housing: Concept and Reality », *in* Peter BRAHAM, Ali RATTANSI, Richard SKELLINGTON (eds), *Racism and Anti-racism*, *op. cit.*, p. 109-132.

10. Pour un lien entre les diverses formes de racisme institutionnel et les rapports de classe, voir l'article de Robert MILES, « Racisme institutionnel et rapports de classe: une relation problématique », *in* Michel WIEVIORKA (éd.), *Racisme et modernité*, La Découverte, Paris, 1993, p. 159-175.

11. Voir Stuart HALL et *al.*, *Policing the Crisis*, MacMillan, Londres, 1978.

12. Certains auteurs insistent davantage sur le rôle que joue le racisme subjectif des employés dans la discrimination dans l'accès au logement, ainsi que sur le poids des critères d'attribution des logements affichés par les administrations, cf. Beverley MULLINGS, *The Colour of Money. The London Race and Housing Research Unit*, 1991, p. 14-16.

familles immigrées, composées généralement de nombreux membres, attendent plus longtemps que les autres l'attribution d'un logement. Des études montrent aussi que les employés administratifs ont « tendance à donner [les] logements délabrés en première instance aux demandeurs de couleur plutôt qu'aux blancs[13] ». Dans certains cas, la concentration ethnique est encouragée par les responsables administratifs, soucieux, en particulier, de minimiser le harcèlement racial et les violences vis-à-vis des populations de couleur.

Enfin, le racisme institutionnel, qu'il opère ou non en relation avec un racisme subjectif, se manifeste également par la rétention d'informations vis-à-vis de certaines personnes, ou par la fixation de critères administratifs pénalisant l'accès au logement de certaines minorités. Par exemple à Birmingham, pendant les années soixante-dix, les critères administratifs retenus eurent des effets négatifs pour les personnes de couleur : il fallait être résident de la ville depuis au moins cinq ans, ce qui revenait à disqualifier les personnes seules et les couples non mariés. Ces critères allaient à l'encontre de la volonté affichée de disséminer les familles de couleur sur l'ensemble de la ville. Le résultat, en effet, fut une forte concentration urbaine des familles de couleur dans l'*inner city*.

Les tendances à la discrimination ont été renforcées à partir de 1977 et, avec encore plus de force lors de l'arrivée au pouvoir du gouvernement conservateur. Les mesures alors prises, d'une part, encouragent l'achat des logements par les locataires, et d'autre part traduisent clairement la volonté du gouvernement de diminuer ses investissements dans les Council Housing (équivalent des HLM), ce qui favorise les groupes à revenus élevés au détriment des plus pauvres, à commencer par une partie importante des minorités de couleur.

Cette tendance ne s'est guère inversée, et à travers le fonctionnement habituel de l'appareil administratif, ainsi qu'en conséquence des politiques d'accès à la propriété mises en place à la fin des années soixante-dix, la discrimination dans le logement public est encore largement à l'œuvre aujourd'hui.

---

13. Conclusion de l'étude de A. SIMPSON sur Nottingham, *Stacking the Decks: a Study of Race, Inequality and Council Housing in Nottingham*, 1981, tiré de Norman GINSBURG, *op. cit.*, p. 112.

*Le cas du secteur privé.* — Devant la difficulté à trouver un logement dans le secteur public, de nombreuses familles de couleur se sont tournées vers le secteur privé, où elles se heurtent à d'autres mécanismes de discrimination et de ségrégation[14]. L'investissement dans les zones les plus dégradées étant risqué, il s'est en effet dessiné une sorte de « ligne rouge » autour d'espaces pauvres et racialement définis où les communautés de couleur sont livrées à elles-mêmes. Dans ces espaces, le retrait des grands investisseurs immobiliers privés encourage les minorités à une prise en charge communautaire du problème du logement. C'est ainsi que des propriétaires de couleur sont apparus dans certaines villes.

Ici aussi, les pratiques de discrimination (et la ségrégation qui en résulte) sont alimentées par des préjugés : à revenu égal, et même supérieur, les personnes de couleur ont plus de difficultés que les personnes blanches à trouver un logement. Pour illustrer ce phénomène, considérons les conclusions du test de discrimination raciale dans le secteur privé, réalisé en 1989 par la Commission for Racial Equality dans treize villes du Royaume-Uni[15]. Trois domaines furent évalués. D'abord, celui des petits hôtels et *guest houses*, où le taux de discrimination rencontré est inférieur à 5 % (sauf à Birmingham où il est trois fois plus élevé). Ensuite, celui du logement mis en location par des propriétaires privés, hommes et femmes, où seize personnes sur un échantillon total de deux cent quatre-vingt-dix (5,5 %) pratiquent une discrimination vis-à-vis des minorités ethniques en se fondant, au téléphone, sur l'accent (ici encore, Birmingham se singularise avec un taux cinq fois plus élevé). Enfin, en ce qui concerne les *accommodations agencies* (agences immobilières), le taux rencontré est sensiblement plus important : plus d'un cinquième des agences évaluées traite de manière inégale les minorités (ici, à l'inverse des cas précédents, à Birmingham — et Leeds —, il n'y a presque pas de discrimination évidente, tandis qu'elle touche un tiers des cas étudiés à Bristol et presque la moitié à Ealing, dont, en 1981,

14. Cf. Norman GINSBURG, « Racism and Housing : Concept and Reality », *op. cit.*

15. Commission for Racial Equality, « *Sorry it's gone* ». *Testing for Racial Discrimination in the Private Rented Housing Sector*, septembre 1990. Les treize localités étudiées furent : Birmingham, Blackpool, Bristol, Cardiff, Édimbourg, Leeds, Barnet, Londres-centre, Ealing, Manchester, Nottingham, Southend on Sea et Swindon.

un quart des résidents était originaire des pays du New Commonwealth et du Pakistan).

## La violence raciste

Les actes de violence raciste sont fort anciens[16]. L'arrivée de travailleurs en provenance du Commonwealth a été marquée très tôt par la violence raciale, que ce soit à Liverpool autour des foyers abritant les Jamaïcains venus travailler dans les usines pendant la Seconde Guerre mondiale[17], ou dans les rues de Notting Hill, à Londres, en 1958, quand les jeunes *teddy boys* blancs, et parfois partisans du mouvement fasciste dirigé par Oswald Mosley, s'attaquèrent aux travailleurs trinidadiens installés dans leur quartier. Ces violences, en déclenchant un débat national, sont à l'origine des premières mesures de réglementation de la population immigrée au Royaume-Uni. Néanmoins, elles sont peu étudiées dans les années soixante[18], et même si le début des années soixante-dix voit l'arrivée des skinheads et leur pratique de *Paki-bashing* (battre les Pakistanais)[19], ce n'est qu'à la fin de la décennie que les premières études importantes sont lancées[20], et que des associations de défense des victimes se mettent en place en différents lieux[21]. Ces associations, souvent créées à la suite d'attaques particulièrement graves, encouragent les victimes à venir témoigner, leur apportent

16. Pour les problèmes propres à l'étude de la violence raciste, voir Barnor HESSE et *al.*, *Beneath the Sunface: Racial Harassment*, Aldershot, Avebury, 1992.

17. Anthony RICHMOND, *The Colour Problem*, Penguin, Londres, 1955.

18. Dans le rapport *Colour and Citizenship* publié en 1969, les mots de « violence raciale » et de « harcèlement racial » *(racial harassment)* ne figurent même pas dans l'index. Pourtant, dans leur ouvrage, Derek HUMPHRY et Gus JOHN, *Because they're Black*, Penguin, Londres, 1971, signalent l'existence d'incidents racistes ayant causé mort d'hommes.

19. Cf. Geoff PEARSON *in* Geoff MUNGHAM, Geoff PEARSON (eds), *Working Class Youth Culture*, Routledge and Kegan Paul, Londres, 1976.

20. Cf. l'enquête de la Commission pour l'égalité raciale, *Racial Harassment on Local Authority Housing Estates*, 1981, et la même année, le rapport du Joint Committee Against Racialism, *Racialist Violence in the UK*. Enfin, toujours en 1981, le Home Office mène une enquête sur les « Racial Attacks ». Dans les années quatre-vingt, des rapports sont régulièrement publiés à ce sujet : le Home Affairs Committee publie trois rapports (1982, 1985-1986 HC 409, 1989-1990 HC 17), le Home Office publie également trois rapports, le Interdepartmental Racial Attacks Group publie deux rapports dans lesquels la police est fortement mise en question.

21. C'est par exemple le cas à Birmingham, Leicester, Liverpool et à Londres, dans les quartiers de Camden, Newham, Southall, Tower Hamlets, Greenwich, Islington, Waltham Forest, Wandsworth et Merton.

un soutien juridique et dressent un inventaire des agressions.

Le nombre des attaques racistes est important, et cela quelle que soit la définition retenue pour le « harcèlement racial »[22]. Selon un rapport du Parlement européen, elles seraient de l'ordre de sept mille par an au Royaume-Uni[23]. En réponse à une question d'un parlementaire quant au nombre d'incidents à caractère racial, la police avance les chiffres suivants : 4 383 cas en 1988, 5 044 en 1989 et 6 359 en 1990[24]. Selon une estimation du Home Office, faite en juin 1992, une attaque raciste a lieu en Grande-Bretagne toutes les trente minutes.

Ces données ne font état que des incidents déclarés. En 1984, le PSI (Policy Studies Institute) estime qu'il faut multiplier les chiffres disponibles par dix pour avoir une idée réelle de l'importance du phénomène. Mais au-delà de ce problème d'évaluation statistique[25], il faut se concentrer sur les formes de la violence raciste et sur ses victimes.

Dans cette perspective, deux évolutions sont repérables dans les années quatre-vingt. Selon une étude de 1981, le risque pour les ressortissants du sous-continent indien d'être victimes d'une agression est cinquante fois supérieur à celui concernant les Blancs (trente-six fois plus pour les Afro-Caribéens), ce qui justifie le qualificatif de raciste[26]. En 1987, l'écart s'est encore creusé : les personnes en provenance du sous-continent indien risquent cent quarante et une fois plus, et les Noirs quarante-trois fois plus, d'être des victimes que les Blancs, et cela dans un contexte où le taux de victimisation a baissé pour les Noirs et les Blancs tandis qu'il reste inchangé pour les ressortissants du sous-continent indien[27].

L'autre évolution concerne le type d'incidents : il y a une diminution des incidents graves (coups et blessures, vols, crimes) pour toutes les victimes, mais une augmentation des

22. Voir à ce propos la définition de la Commission pour l'égalité raciale *in Living in Terror*, CRE, 1987, p. 8. Cette définition diffère des précédentes en visant à tenir compte autant du point de vue de la victime que de celui de la police.

23. Parlement européen, rapporteur Glyn Ford, *Racism and Xenophobia*, 1990, parag. 2.12.2.

24. Question 149, 27 juin 1991. Pour une analyse de ces chiffres, cf. *Runnymede Trust Bulletin (RTB)*, n° 254, avril 1992.

25. Pour une liste des incidents, cf. Runnymede Trust, *Racial Violence and Harassment*, 1986, éd. révisée 1990.

26. Rapport du Home Office, *Report on Racial Attacks*, 1981.

27. Jayne SEAGRAVE, *Racially Motivated Incidents Reported to the Police*, Research and Planning Unit Paper 64, Home Office, 1989.

incidents dits « autres » (harcèlement, insultes et injures) qui affectent les personnes en provenance du sous-continent indien. L'injure et l'insulte sont les attaques racistes les plus fréquentes (36 %), suivies des agressions (28 %) et du *criminal damage* (17 %)[28].

Les victimes sont à 75 % des hommes (63 % sont des adultes, 17 % des adolescents et 7 % des enfants). Les agressions frappent davantage les individus isolés (55 %), mais celles-ci restent nombreuses lorsque deux (16 %) ou trois personnes (29 %) circulent ensemble dans l'espace public.

La violence raciale a ses quartiers de prédilection dans les *inner-city areas*, mais elle est aussi présente dans les campagnes[29]. Sa constance dans certains quartiers, comme l'East End de Londres, est telle que certains auteurs n'hésitent pas à parler d'un comportement de territorialité[30]. Les incidents ont souvent lieu dans les ensembles de logements du secteur public (41 %) ou dans la rue (28 %), où ont lieu plus de la moitié des violences sur des personnes[31]. Quant aux incidents visant des commerces, ils concernent à 96 % des Indo-Pakistanais, qui sont presque absents dans les incidents ayant lieu dans les pubs.

Bien que 11 % des incidents à forte motivation raciste soient associés à des emblèmes, slogans ou propagande extrémistes, seule une infime proportion, de l'ordre de 5 % selon la police, serait l'œuvre de groupes extrémistes organisés. Le plus fréquemment, les auteurs sont membres d'un gang local[32], jeunes (33 % seraient des adolescents et même 7 % des enfants), plutôt hommes que femmes (7 hommes pour 1 femme) et, dans plus de 20 % des cas, il s'agit de bandes de plus de cinq personnes[33]. Le grand nombre des attaques racistes et le fait qu'elles soient pour beaucoup le résultat de l'action de bandes sont à lier au processus de dislocation du tissu social, toujours très communautaire au Royaume-Uni, ce qui encourage à la fois le radicalisme et l'organisation de groupes.

28. Cf. Barnor HESSE, *op. cit.*, p. 151-153.
29. Sur cet aspect, cf. Paul GORDON, *RTB*, avril 1992.
30. Cf. Christopher HUSBANDS, *Racial Exclusionism and the City*, Allen and Unwin, Londres, 1983, et Barnor HESSE, *op. cit.*
31. Cf. Jayne SEAGRAVE, *op. cit.*, table 6, p. 23, et Barnor HESSE, *op. cit.*, p. 153.
32. Déjà en 1981, Jayne SEAGRAVE signalait la forte présence des gangs dans ce type d'incidents, *op. cit.*, p. 25.
33. Les chiffres de 1987 ont tendance à reprendre ceux de 1981, cf. Jayne SEAGRAVE, *ibid.*, p. 24.

La police britannique est souvent mise en cause à propos de son attitude face au racisme et envers les victimes[34]. Seagrave remarque que lorsqu'il y avait un désaccord sur l'aspect racial ou non d'un incident violent en 1981, c'était la victime qui avait tendance à nier les faits, tandis qu'en 1987 c'est le plus souvent le policier[35]. D'ailleurs, les groupes immigrés sont traditionnellement méfiants vis-à-vis de la police britannique, toujours plus préoccupée à leurs yeux par leur violence que par celle déployée par des groupes blancs[36]. Cette méfiance trouve ses origines dans les réactions de la police lors des premières agressions racistes[37].

Ajoutons que c'est généralement à l'issue de « bavures » et de brutalités policières que les émeutes des jeunes se produisent, et lord Scarman, dans son rapport sur celles du début des années quatre-vingt, va jusqu'à affirmer qu'elles « étaient essentiellement un accès de colère et d'hostilité des jeunes Noirs à l'égard de la police ».

## Les expressions politiques du racisme

La politisation du racisme a connu au Royaume-Uni plusieurs inflexions. En 1948, suite à l'arrivée de quelque quatre cents travailleurs jamaïcains, citoyens britanniques de couleur, la Chambre des communes débat des moyens d'empêcher (ou de rendre de plus en plus difficile) l'entrée d'autres travailleurs caribéens. Débat qui a lieu à un moment où la Grande-Bretagne, encore sous l'emprise de l'idée de l'Empire, est jalouse de sa mission civilisatrice sur le monde ; débat, enfin, dont les connotations racistes ne peuvent pas être ignorées puisque, à la même période, l'entrée de travail-

34. Pour une présentation comparative de cette problématique en Grande-Bretagne et aux États-Unis, cf. Ellis CASHMORE et Eugene MCLAUGHLIN (eds), *Out of Order? Policing Black People*, Routledge, Londres, 1991.

35. Jayne SEAGRAVE, *op. cit.*, p. 27. L'interprétation de cette donnée doit néanmoins aussi tenir compte du fait qu'aujourd'hui, le nombre des plaintes pour agression raciale étant à la hausse, la police britannique a plus de critères de jugement.

36. La présence policière dans les meetings du National Front au cours des années soixante-dix, afin de garantir la liberté d'expression, fut très mal vécue par les populations immigrées.

37. Cf., à ce propos, le témoignage de Frank Critchlow sur Notting Hill, 1958, *Britain's Black Legacy* (vidéofilm, IM'Media, 1991), ainsi que les témoignages recueillis par Derek HUMPHRY et Gus JOHN, *Because they're Black*, *op. cit.*

leurs venus d'Irlande et d'autres pays européens ne connaît pratiquement pas de restrictions[38].

En 1958, suite aux émeutes de Notting Hill, la construction imaginaire et divers stéréotypes relatifs à l'immigration de couleur vont se consolider. Les médias donnent une couverture importante aux émeutes et les politiciens ne peuvent plus ignorer le traitement politique que l'extrême droite fait de l'installation des immigrés dans certains quartiers. Déjà à cette époque des voix se font entendre quant à la nécessité d'arrêter toute immigration en provenance du Commonwealth. A travers une étude de la presse (notamment du *Times*), Robert Miles a bien montré comment, à l'époque, les explications ont tendance à glisser des problèmes sociaux liés au logement ou à l'accueil des immigrés vers une interprétation raciale où la situation est expliquée par la couleur de la peau des personnes visées[39].

La première loi contrôlant l'immigration en provenance du Commonwealth est votée en 1962, bien que les travaillistes s'y opposent et que les conservateurs semblent tiraillés entre leur souci de sauvegarder l'unité du Commonwealth dans la phase de décolonisation qui s'ouvre, et leur conviction que la nouvelle donne politique exige des mesures concernant l'immigration. A leur arrivée au pouvoir en 1964, les travaillistes décident de ne pas abroger la loi contrôlant l'immigration et, en 1965, ils instaurent même un quota annuel de 8 500 permis de travail pour les immigrants en provenance du Commonwealth.

Très tôt, donc, l'immigration et, en même temps, le racisme deviennent objets d'un débat politique au Royaume-Uni, avec deux traits particuliers. Le premier est que ce débat se développe dans une situation de croissance économique et sans aucun lien avec une quelconque crise sociale[40]. Le second, comme on l'a vu, est qu'il ne s'agit pas de contrôler une immigration étrangère (celle-ci l'est depuis le début du siècle par les divers *Aliens Acts*), mais des personnes déte-

38. Cf. John Solomos, *Contemporary Forms of Racial Ideology*, Race Relations Abstracts, IRR/SAGE, vol. 16, n°1, février 1991.

39. Cf. Robert Miles, « The riots of 1958 : the ideological construction of "race relations" as a political issue in Britain », *in Immigrants and Minorities*, vol. 3, n° 3, 1984, p. 268.

40. Rappelons tout simplement qu'en 1960 le slogan électoral des conservateurs était « You've never had it so good » (« Vous n'avez jamais été aussi bien »), slogan visant à souligner la nouvelle prospérité de la classe ouvrière et son accès grandissant à la consommation.

nant un passeport britannique ou du Commonwealth. Les politiques d'immigration ne cesseront dès lors d'avoir des implications importantes du point de vue de la définition de la nationalité britannique.

## Enoch Powell

En 1967, Enoch Powell, membre à l'époque du cabinet fantôme conservateur, attire l'attention du public sur l'entrée non contrôlée des Indiens, porteurs de passeports britanniques en provenance du Kénya. Avec Powell, les questions de citoyenneté et de nationalité rejoignent celles du racisme et de l'immigration dans le champ politique. Il attise en effet toutes les peurs d'une population en prise à des changements sociaux importants et rapides. Dans un discours resté célèbre (Birmingham, 1968), il prédit des « fleuves de sang » (« Like the Roman, I seem to see "the River Tiber flowing with much blood" ») au Royaume-Uni si l'on n'adopte pas la politique qu'il propose au Parti conservateur : contrôle strict de l'immigration, aide au rapatriement et regroupement familial dans le pays d'origine, opposition à la législation proposée sur la discrimination raciale qui, selon lui, donnerait aux Britanniques de couleur plus de droits qu'aux Britanniques blancs. Le discours d'Enoch Powell pénètre largement la société, lui vaut des milliers de lettres, et il est soutenu par des dockers qui défilent du port de Londres jusqu'au Parlement. Selon un sondage Gallup de l'époque, 82 % de la population considèrent qu'il a eu raison de prononcer ce discours et 74 % disent plutôt sympathiser avec ses opinions[41].

Enoch Powell met en cause la nécessité d'une loi contre la discrimination raciale, expliquant que les citoyens du Commonwealth, sujets britanniques du Royaume-Uni, ont un statut d'égalité. Il fait une opposition entre « eux » et « le peuple du Royaume-Uni », autrement dit « ceux qui appartiennent à ce pays[42] ». Chez lui, on trouve des références explicites à la culture anglaise et à un nationalisme qui est

41. Cf. Dilip Hiro, *Black British, White British*, Paladin, Londres, 1992, p. 248.
42. Paul Foot, *The Rise of Enoch Powell*, Penguin Special, Londres, 1969, p. 104.

avant tout anglais[43]. En décrivant la transformation des villes où se sont établis les travailleurs en provenance du Commonwealth comme un processus « pour lequel il n'y a aucune comparaison dans mille ans d'histoire de l'Angleterre », il distingue l'Écosse et le pays de Galles de l'Angleterre. Son appel à une présumée homogénéité culturelle va jusqu'à tracer une distinction entre une appartenance « formelle » et une filiation « substantive » à la nation. En octobre 1967, il déclare : « On a dit aux Britanniques qu'ils devaient nier toute différence entre ceux qui appartiennent à ce pays et les autres. Si vous persistez à affirmer ce qui est une vérité indéniable, vous serez traqué et mis au pilori comme racistes », et il insiste en novembre 1968 : « Les Antillais et les Asiatiques ne deviennent pas anglais par le seul fait d'être nés en Angleterre. Par la loi, ils deviennent des citoyens britanniques mais, en fait, ils sont toujours des Antillais et des Asiatiques[44]. » Un discours traversé aussi par la nostalgie et même un certain passéisme[45], un discours, enfin, populiste quand il parle des conditions sociales dans les villes[46].

La réaction du leader du Parti conservateur ne se fait pas attendre. Enoch Powell est démis de ses fonctions au cabinet fantôme. Les travaillistes et les conservateurs s'efforcent de construire rapidement un consensus politique en reprenant les paroles de Roy Hattersley : « Une politique de contrôle de l'immigration ne peut se justifier qu'accompagnée d'une politique d'intégration ; une politique d'intégration ne peut marcher que s'il y a limitation de l'immigration. » Autrement dit, il se dégage une volonté politique qui lie de manière explicite la politique de restriction de l'immigration et les mesures favorisant l'insertion des étrangers déjà établis sur le sol britannique. Mais, surtout, les deux partis s'efforcent de dépolitiser le thème de l'immigration et de dissiper les peurs de tous ceux qui ont été influencés par les discours d'Enoch Powell[47] qui, de son côté, poursuit sa croisade contre l'arri-

---

43. *Ibid.*, p. 104. Et il précise, à propos de l'arrivée des Indiens du Kénya en février 1968 : « Quelque 200 000 Indiens du Kénya sont devenus littéralement semblables aux Britanniques. » Tiré de Bill SMITHIES et Peter FIDDICK, *Enoch Powell on Immigration*, Sphere Books, Londres, 1969, p. 20.

44. Paul FOOT, *op. cit.*, p. 66.

45. Voir Tom NAIRN, à propos de Powell, *The Break-up of Britain*, New Left Books, Londres, 1977.

46. Pour un prolongement de cette analyse, cf. Kristin COUPER, « Racisme et antiracisme au Royaume-Uni », *in Peuples méditerranéens*, avril-juin 1990, p. 83-93.

47. Zig LAYTON-HENRY, *The Politics of Race in Britain*, Allen and Unwin, Londres, 1984.

vée d'immigrés de couleur et la disparition de la nation anglaise[48].

## Le National Front

Le National Front apparaît en 1967 et est présidé par A.K. Chesterton[49]. Sa montée en puissance a lieu en 1972 et coïncide avec l'arrivée de trente mille Indiens britanniques expulsés d'Ouganda par le général Amin. L'amendement voté en 1968 au *Commonwealth Immigrants Act*, suite au discours d'Enoch Powell, et qui devait permettre de contrôler l'entrée de cette population indienne d'Afrique orientale, se révèle inopérant en temps de crise. Les demandes d'adhésion au National Front affluent, accompagnées de manifestations à l'occasion de l'arrivée des Indiens aux aéroports. Ce parti tient un discours violemment anti-immigrés et propose la création d'un ministère du Rapatriement[50].

L'activité électorale du National Front au niveau parlementaire (et donc national) commence en 1970 avec dix candidats qui recueillent 11 499 voix. En 1974, ce parti présente cinquante-quatre candidats aux élections de février et quatre-vingt-dix à celles d'octobre. Le nombre de voix recueillies augmente, mais le vote National Front reste un phénomène marginal (moins de 1 % des suffrages exprimés au niveau national). Aux élections législatives de 1979, le National Front présente plus de trois cents candidats, ce qui lui donne droit, selon les procédures en vigueur, à un temps de parole à la radio et à la télévision dans le cadre de la campagne élec-

48. Ainsi, par exemple, Enoch Powell répétait encore en 1981 : « Le spectacle que je ne puis m'empêcher de contempler [...] est celui de l'Angleterre qui a perdu, assez soudainement, dans l'espace de moins d'une génération, toute conscience et conviction d'être une nation : la toile qui la relie à son passé a été déchirée et ce qui a rendu le spectacle plus impressionnant encore est l'indifférence, pour ne pas dire la légèreté, avec laquelle ce changement a été accueilli. » Cité *in* John SOLOMOS, *Race and Racism in Contemporary Britain*, MacMillan, Londres, 1989, p. 125.

49. Le parti naît du rassemblement de la League of Empire Loyalists, du British National Party et de la Racial Preservation Society, auxquels se joindra plus tard le Greater Britain Movement. Voir pour une analyse générale, entre autres, Nigel FIELDING, *The National Front*, Routledge and Kegan Paul, Londres, 1981.

50. Pour John Crowley, l'émergence du National Front est aussi à lier à la relative étroitesse du consensus obtenu par les élites politiques quant à la politique de l'immigration, le vote de l'extrême droite révélant l'existence d'un courant d'opinion opposé à toute tendance consensuelle en la matière. John CROWLEY, « Consensus et conflit dans la politique de l'immigration et des relations sociales du Royaume-Uni », *in* Jacqueline COSTA-LASCOUX et Patrick WEIL (eds), *Logiques d'État et immigrations*, Kimé, Paris, 1992, p. 96 et s.

torale. Le leader du parti, Kingsley Read, reprend son slogan lancé en 1976, suite au meurtre d'un jeune Indien à Southall (« One down, a million to go »), et que l'on retrouve sur les murs des quartiers des *deprived inner city areas*. Bien que le National Front fasse son meilleur score jusqu'alors : 191 719 voix (0,6 % des suffrages exprimés), aucun candidat n'est élu. Suite à cette défaite, une scission s'opère à l'intérieur du National Front. Une partie de ses adhérents reconstitue le British National Party. Aux élections législatives de 1983, le National Front est encore présent avec soixante candidats (27 605 voix), dont aucun n'est élu. En 1987, aucun candidat n'est présenté. En 1992, le National Front présente quatorze candidats (4 816 voix) et le British National Party treize (7 005 voix), parfois dans la même circonscription, et toujours sans succès[51].

Cependant, ces résultats aux élections législatives ne doivent pas masquer des succès au niveau local, à l'occasion des élections municipales, à Londres et dans certaines grandes villes. Le vote National Front est un vote très localisé. On l'observe essentiellement dans les circonscriptions de Bethnal Green et Stepney (3,6 % des suffrages exprimés aux élections législatives de 1992), Bow et Poplar (3 % des voix en 1992) et Southwark et Bermondsey (1,8 % des voix en 1992) à Londres, et dans des quartiers de Birmingham, Leicester, Dewsbury et Rochdale dans le nord-ouest du pays[52].

Bien que le National Front ait été très rapidement isolé dans le panorama politique britannique, la nécessité de lutter contre lui sur le plan électoral s'est révélée indispensable aux yeux des autres partis à la suite de ses succès aux élections municipales à Londres en 1976. A cet égard trois éléments doivent être retenus. D'abord, la naissance d'un mouvement antiraciste original donnant une grande importance à la culture et plus particulièrement à la musique. Ensuite, les faiblesses et contradictions internes du National Front, freiné dans sa volonté d'impulser des manifestations alors qu'il manque de crédits et de militants ainsi que d'une stratégie politique cohérente. Enfin, l'action politique du gouvernement de Margaret Thatcher : nous y reviendrons.

51. Pour ces sources, voir — 1970-1987 : F.W.S. CRAIG (ed.), *British Electoral Facts 1832-1987*, Aldershot, Gower, 1989. — 1992 : *Runnymede Trust Bulletin*, n° 255, mai 1992.

52. Le National Front obtient en 1976 une moyenne de 18,5 % à Leicester, 12,3 % à Bradford, 17 % à Sandwell, avec des poussées jusqu'à 33 % à Blackburn. Cf. Martin WALKER, *The National Front*, Fontana, 1977, p. 198.

Pourtant, dans les années quatre-vingt, il y aurait eu en Grande-Bretagne, selon John Solomos, non pas un effondrement de la problématique raciste mais un glissement dans la forme politique du débat sur cette question[53]. Désormais, le discours politique est dominé par le thème de la menace que feraient peser certaines communautés « étrangères » sur l'unité culturelle, politique et religieuse du Royaume-Uni — menace récemment activée par la réaction d'une partie de la minorité musulmane à la publication des *Versets sataniques*[54]. L'immigration cesse pour beaucoup d'être un enjeu électoral, et les désaccords se concentrent de plus en plus sur les droits des minorités ethniques.

Ainsi, la question du racisme s'est tout à la fois modifiée et épaissie depuis la Seconde Guerre mondiale, et le phénomène est désormais central dans les débats qui agitent la société britannique. L'hypothèse générale qui a été présentée dans l'introduction de cet ouvrage suggère que cette poussée du racisme procède de sources sociales, à commencer par l'épuisement de la société industrielle et la dualisation socio-économique, et de sources culturelles, à commencer par la crispation de l'identité nationale sur un mode différentialiste. Le moment est venu de tester et préciser cette hypothèse à propos de l'expérience britannique.

53. John SOLOMOS, « Contemporary forms of racial ideology in British Society », *Sage Race Relations Abstracts*, vol. 16, n° 1, février 1991.

54. Pour une image de ces débats, *Free Speech*, Commission for Racial Equality (CRE), Londres, 1990.

# 2

# Déstructuration de la société britannique et racisme

## Société industrielle et Welfare State : classes et citoyenneté

La période 1940-1961 est caractérisée par une forte intégration de la société nationale britannique. Période au début de laquelle les syndicats, les représentants du patronat et le gouvernement parviennent, d'abord dans l'effort de la coalition nationale contre les puissances de l'Axe, ensuite à l'issue de la guerre, à mettre en place une politique concertée et réussie[1] et où l'État-nation vit sa dernière époque de splendeur et de gloire. Période, aussi, où les idées keynésiennes, alors régnantes, tracent la voie d'une politique de plein emploi, coûteuse, et dont le succès dépend très étroitement d'une croissance économique importante et durable.

A l'arrivée au pouvoir des travaillistes en 1945, de grands secteurs économiques sont nationalisés (la Banque d'Angleterre, les mines, les transports, l'énergie, la sidérurgie) et le Welfare State est mis en œuvre. Les changements monétaires internationaux, auxquels le Royaume-Uni est tout particulièrement sensible, et la décolonisation entraînent des bouleversements considérables des marchés britanniques, désormais beaucoup moins protégés qu'auparavant. Par

1. Keith Middlemas considère en effet que « l'Angleterre a atteint pendant la guerre un niveau d'organisation économique, d'innovation technologique et de productivité sans équivalent dans l'histoire moderne, et presque sans conflit politico-social » ; cité dans James ANDERSON et Allan COCHRANE, *Politics of Transition* Sage, Londres, 1989, p. 46.

ailleurs, c'est la période où le Royaume-Uni décide, dans un premier temps, de ne pas s'engager dans la construction européenne[2].

L'économie britannique, largement bâtie sur les produits manufacturés et les investissements à l'étranger, a connu au XXe siècle deux grandes restructurations. La première, dans les années trente et quarante, correspond au déclin des industries lourdes, à commencer par la construction navale, puis du textile et du coton, et à la montée de l'automobile, des industries chimiques, de la construction aéronautique. Elle est dominée par le fordisme. La seconde, propre aux années soixante-dix et quatre-vingt, est marquée par le déclin de l'industrie automobile (1977 constitue un tournant symbolique, où pour la première fois le nombre de voitures étrangères vendues au Royaume-Uni dépasse celui des voitures fabriquées dans le pays), de la sidérurgie et du charbon. La mutation est surtout spectaculaire dans les mines. En 1947, l'industrie minière britannique employait 718 000 mineurs, contre 50 000 en 1992, et de nouvelles suppressions d'emplois ont été envisagées à l'automne 1992. La production charbonnière n'a cessé de baisser depuis la Seconde Guerre mondiale, passant de 226 millions de tonnes en 1951 à 74 millions en 1990, tandis que les importations se sont accrues dans la même période.

Ce déclin des industries et du fordisme auquel elles étaient liées s'accompagne de la consolidation des PME dans de nouveaux secteurs technologiques, surtout dans l'informatique et l'électronique, de la croissance du secteur financier et de l'importance accrue de la City sur l'économie britannique, enfin, d'un très fort et rapide transfert de main-d'œuvre vers le secteur tertiaire.

La croissance du secteur des services va de pair avec de nouvelles formes d'organisation du travail, et avec une augmentation importante, pour les femmes, du travail à temps partiel et aux horaires flexibles. Entre 1959 et 1981, l'emploi dans les services augmente de 33,8 %, notamment dans le secteur public (santé, éducation, services sociaux, où l'augmentation est de 160 %).

---

2. En effet, après avoir assisté à quelques réunions préliminaires, les Britanniques refusent de participer à la CECA (Communauté européenne du charbon et de l'acier), préférant une « relation privilégiée » avec les États-Unis. Une position qui ne changera qu'en 1972.

Changements considérables qui font qu'en 1983, et cela pour la première fois depuis la révolution industrielle, la balance des échanges des produits manufacturés devient négative. Un sentiment de déclin, relatif mais parfois absolu, s'empare de certains. Et pourtant, ce constat doit être relativisé[3]. Certes, les investissements étrangers au Royaume-Uni augmentent, mais beaucoup de multinationales ayant leur siège à Londres continuent à investir à l'étranger. Certes, la livre n'est plus la monnaie unique des échanges internationaux, mais l'importance des « balances » sterling dans les banques à Londres fait que son cours continue d'être un facteur économique déterminant, à l'échelle planétaire.

On compte 2 843 000 chômeurs au Royaume-Uni en septembre 1992, soit 10,1 % de la population active. Le chômage en général, et le déclin de l'emploi dans les manufactures, en particulier, ont eu un impact très inégal au Royaume-Uni, approfondissant la division entre le Nord, en déclin, et le Sud, plus prospère, à tel point que Doreen Massey n'hésite pas à parler d'une « nouvelle géographie de l'emploi[4] ». Le chômage est en effet beaucoup plus important en Irlande du Nord, en Écosse ou au nord-ouest de l'Angleterre que dans le Sud, jusqu'à très récemment relativement épargné par la crise de l'emploi. Entre 1979 et 1984, 94 % des emplois ayant disparu au Royaume-Uni étaient localisés dans le Nord. Néanmoins, cette « division » du pays n'a pas vraiment, jusqu'à maintenant, engendré de processus d'affirmation des identités régionales en substitution à l'identité nationale[5].

Ces changements entraînent des bouleversements dans le syndicalisme. Si le nombre d'adhérents augmente régulièrement dans les années cinquante et soixante, et connaît même une poussée particulièrement forte dans les années soixante-dix pour atteindre, en 1979, le nombre record de trois millions de syndiqués (55 % des actifs), à partir de cette date la tendance s'inverse et le nombre d'adhésions ne fait que diminuer. Les syndiqués ne représentent déjà plus que 45,8 % des actifs en 1984. Cette baisse est inégale selon les

3. Cf. François Bédarida, *La Société anglaise du milieu du XIXe siècle à nos jours*, Paris, Seuil, 1990.

4. Doreen Massey, *Spatial Divisions of Labour*, Macmillan, Londres, 1984.

5. Paul Gilroy, *There Ain't no Black in the Union Jack*, Hutchinson, Londres, 1987, chapitre II.

secteurs : si les syndicats des travailleurs manuels perdent proportionnellement plus d'adhérents (par exemple, pour les chemins de fer, la diminution est de l'ordre de 31 %), pour ceux du secteur des services, les adhésions sont en augmentation (+42 % chez les syndicats d'employés des banques et +44 % chez les enseignants). Quatre syndicats de « cols blancs » comptent aujourd'hui entre 600 000 et 800 000 adhérents[6].

Mais au-delà de la chute de la syndicalisation et de la désindustrialisation, la crise des syndicats est aussi certainement liée aux attaques auxquelles ils ont été soumis de la part d'une partie de l'opinion publique et de la presse dans les années soixante-dix (on parlait alors d'un « cinquième pouvoir », d'un État dans l'État, de syndicats tout-puissants imposant leur diktat au pays), et plus encore de la politique extrêmement ferme de Margaret Thatcher. C'est ainsi que la grève générale déclenchée le 1er mars 1984 par les syndicats des mineurs, suite à l'annonce de la fermeture d'une vingtaine de puits et du licenciement de 20 000 mineurs, se heurte à un Premier ministre décidé à briser le mouvement. Un an après, le 4 mars 1985, le syndicat cède, épuisé, sans avoir obtenu satisfaction, les licenciements pour fait de grève sont maintenus ainsi que le plan de fermeture des puits. On peut à juste titre considérer que la lutte des mineurs a été le chant du cygne d'un modèle syndicaliste fortement axé sur des communautés ouvrières capables de mobilisation.

Ce processus s'est poursuivi à la fin des années quatre-vingt avec toute une série de mesures législatives visant à restreindre considérablement la marge de manœuvre de l'action syndicale (restriction des piquets de grève et du *closed shop*, suppression d'immunités syndicales, vote secret pour le déclenchement des grèves). Face à la fragmentation du tissu social, les difficultés des syndicats, tout comme celles des partis politiques de gauche, et notamment du Parti travailliste, ont été ainsi exacerbées par la politique gouvernementale.

Les transferts de main-d'œuvre, du secondaire vers le tertiaire, et le chômage engendrent aussi des transformations

6. Il s'agit de GMBATU (General Municipal, Boilermakers and Allied Trades Union), NALGO (National and Local Government Officers), NUPE (National Union of Public Employees), MSF (Manufacturing, Science, Finance). A l'inverse, le syndicat des mineurs passe de 615 000 membres en 1961 à 91 000 en 1988, et le TGWU (Transport and General Workers Union), qui avait atteint les deux millions en 1977, se retrouve en 1991 avec seulement un million deux cent mille syndiqués.

urbaines. Entre 1960 et 1980, toutes les conurbations se sont dépeuplées, jusqu'à 20 % dans le cas de Liverpool. La population la moins démunie se dirige alors vers les villes nouvelles créées dans le cadre des politiques de développement régional, ou vers les logements plus aisés des banlieues, quittant le centre des villes. L'espace urbain devient de plus en plus le lieu d'expression d'un clivage social : à l'opposition entre des régions prospères au sud du pays et des régions déprimées au nord, s'ajoute celle entre des centres urbains « sinistrés » *(deprived inner city areas)* où réside une partie importante de cette frange de la population n'ayant pas pu se déplacer ailleurs, faute de qualifications professionnelles ou de ressources, et des espaces réservés à une population plus prospère en voie de « gentrification ».

Comme bien d'autres pays, mais avec bien plus de force qu'ailleurs, le Royaume-Uni a vécu, en une vingtaine d'années (1960-1980), la fin de l'ère industrielle, un déplacement et une reconversion économiques considérables. De telles transformations ne pouvaient que peser lourdement sur les mécanismes traditionnels de relais entre le social et le politique, déstabilisés, de surcroît, par l'émergence de nouveaux acteurs sociaux et les transformations culturelles.

Dans les années soixante, bien que règnent le plein emploi et l'expansion, les premières tensions sociales font éclater le climat de coopération issu de la guerre. Les travailleurs, qui sont aussi de plus en plus des consommateurs, demandent des hausses permanentes de salaires, l'inflation menace et la balance commerciale tend au déséquilibre. Dans cette première phase de difficultés du Welfare State, celui-ci est néanmoins encore loin de connaître une véritable crise. Au contraire même, certains parlent encore d'accentuer le contrôle public de l'économie[7] et le gouvernement travailliste de Harold Wilson, à partir de 1964, se montre soucieux d'une planification économique capable de permettre l'accomplissement de la révolution technologique dont a besoin, à ses yeux, le Royaume-Uni. La confrontation, à l'intérieur du

7. En 1961, le gouvernement Macmillan pense en effet à une forme de planification assurant à la fois la croissance économique et le plein emploi. Il s'ensuit alors une confrontation entre, d'un côté, les radicaux, comprenant à la fois des conservateurs comme Macmillan et des travaillistes d'inspiration technocratique qui soutiennent les mesures de planification introduites en 1961 (ajustement industriel, politique des revenus, contrôle des dépenses, forum tripartite), et d'un autre côté, ceux qui veulent restaurer le système d'autodiscipline des années de guerre.

travaillisme, entre le parti et les syndicats se profile avec la publication d'un Livre blanc du gouvernement proposant une procédure de négociation au lieu de la grève.

Les premiers signes d'une distanciation entre le Parti travailliste et son électorat traditionnel se manifestent alors. Les jeunes contestent les valeurs anciennes et la conception qu'a le parti des rapports de classe. Les travailleurs ont de plus en plus le sentiment que les travaillistes perçoivent mal les changements apportés par l'*affluent society* (société d'abondance) et les demandes de consommation qu'elle suscite. Les structures du parti restent inchangées, avec le résultat que la politique menée est en grande partie dictée par le *block vote* des syndicats, peu ou pas du tout partisans de la politique des prix et des revenus. Des grèves sauvages éclatent, et d'importants débats s'instaurent, dont témoigne par exemple la critique sévère qu'Eric Hobsbawm adresse aux travaillistes, démontrant que leur électorat a changé dans ses valeurs et même dans son implantation géographique et que leur parti n'en a pas pris acte[8]. Le Parti travailliste connaît des moments difficiles, y compris électoraux[9]. A Liverpool, la section locale tombe entre les mains d'un groupe trotskiste qui détiendra la mairie de la ville pendant quelques années. Par ailleurs, certains membres du parti, originaires du New Commonwealth, demandent la création d'une section noire en son sein, à l'instar de la section des femmes et des jeunes. Une demande refusée jusqu'en 1989, année où est décidée la création d'une Black Socialist Society.

Les relations industrielles deviennent « ingérables », le pays ne peut plus compter sur l'autodiscipline des acteurs économiques, et des accusations de repli corporatiste sont adressées tantôt aux syndicats, tantôt aux patrons. La croissance économique est compromise, la production industrielle croît à un rythme inférieur à celui du Marché commun et la part britannique dans le commerce international ne cesse de baisser. Le Welfare State est mis à l'épreuve des faits et tout un ensemble de travaux s'efforcent alors de montrer, pour

---

8. Cf. Eric HOBSBAWM, « The Forward March of Labour Halted », *in Politics for a Rational Left*, Verso, Londres, 1989.

9. Cf. Anthony HEATH et Sarah-K. MCDONALD, « Social change and the future of the left », *in* Linda MCDOWELL, Philip SARRE et Chris HAMNETT (eds), *Divided Nation. Social and Cultural Change in Britain*, The Open University, Londres, 1989, p. 29-42.

l'Angleterre comme pour ailleurs, les impasses auxquelles il est voué[10].

Ces processus contribuent à mettre en cause la représentation historique, fortement évolutive, du statut juridique du citoyen au Royaume-Uni. Dans la version classique de Terence H. Marshall[11], la citoyenneté (et l'intégration qu'elle assurait) aurait connu trois phases successives : d'abord un moment civil (droits nécessaires à la liberté individuelle, de pensée, de parole, de croyance, droit à la propriété), ensuite un moment politique (droit de participer à l'exercice du pouvoir politique), enfin un moment social (participation au bien-être économique de la société). L'extension de ces droits aurait permis le développement d'un sentiment de loyauté de la classe ouvrière envers la citoyenneté plutôt qu'une stricte logique classiste. Les transformations qui viennent d'être décrites remettraient en question les rapports entre le capitalisme et la citoyenneté[12].

Aux difficultés socio-économiques du Welfare State vient s'ajouter l'émergence de nouveaux conflits, inattendus, et qui mettent en cause l'unité de la nation. A partir de 1970, en Ulster, des mouvements de protestation se déclenchent contre la non-représentativité du système politique, et l'IRA s'engage, en Angleterre, dans des actions terroristes. Au pays de Galles et en Écosse, des mouvements nationalistes prennent de l'ampleur et parviennent à être représentés au Parlement. Certains auteurs n'hésitent pas à parler d'une mutation générale de l'État[13]. A la même période, les

---

10. Voir, parmi bien d'autres, James O'CONNOR, *The Fiscal Crisis of the State*, St. Martin Press, New York, 1973, pour la crise d'accumulation et de légitimation de l'État-providence ; Claus OFFE, *Contradictions of the Welfare State*, Hutchinson, Londres,1984, pour les « contradictions » repérables entre les interventions politico-administratives et le système normatif ; Jürgen HABERMAS, *Raison et légitimité*, Payot, Paris, 1978 ; Pierre ROSANVALLON, *La Crise de l'État-providence*, Seuil, Paris, 1981, pour une analyse du processus de recouvrement du lien social par le lien étatique ; cf. aussi certains travaux de l'« école de la régulation ». Ou, pour un point de vue marxiste qui se veut orthodoxe sur la difficulté croissante de l'État-providence à assurer la gestion de la baisse du taux du profit suite à la suraccumulation, Paul BOCCARA, *Études sur le capitalisme monopoliste d'État, sa crise et son issue*, Éditions Sociales, Paris, 1973.

11. Terence H. MARSHALL, *Class, Citizenship and Social Development*, Doubleday, New York, 1965 ; notamment le texte écrit en 1950 : « Citizenship and Social Class ».

12. Voir pour une « mise à jour » de la problématique de Marshall, Brian S. TURNER, *Citizenship and Capitalism*, Allen and Unwin, Londres, 1986.

13. Tom NAIRN, *The Break-Up of Britain*, New Left Books, Londres, 1977, p. 39.

femmes prennent conscience de leur statut inégalitaire en matière de salaire et de droit et commencent à lutter contre les discriminations liées au sexe. Enfin, on l'a vu, la présence des travailleurs immigrés du Commonwealth apparaît comme un enjeu politique, notamment à la suite de la formation du National Front en 1967. Le succès auprès de l'opinion publique des discours anti-immigrés d'Enoch Powell en 1967 et 1968 oblige les deux partis principaux à prendre des positions publiques sur ce registre.

Ces « blocages », ces « résistances » corporatistes, cette « crise » de l'autorité gouvernementale connaissent un tournant important avec l'arrivée, en 1979, de la nouvelle droite au pouvoir, et plus précisément d'un Premier ministre, Margaret Thatcher, qui n'a pas l'intention de mener une politique de « consensus ». Une forme de modernisation fondée sur une politique monétariste et le libre jeu du marché est rapidement mise en œuvre. Les dépenses publiques sont réduites et un plan de privatisation est lancé[14] à travers la création d'un « capitalisme populaire » visant à créer des citoyens-actionnaires. Un plan de privatisation des logements du secteur public transforme certains locataires en propriétaires (actuellement trois syndiqués sur quatre sont propriétaires de leur logement), mais réduit aussi sévèrement le nombre de logements publics disponibles. Le taux de chômage grimpe au début de la décennie[15]. Au niveau local, les municipalités, notamment travaillistes, qui tentent de s'opposer à ces tendances voient leur capacité d'agir s'amoindrir, en particulier par la réforme de leur financement (introduction de la *community tax*, dite *poll tax*). Actuellement, les budgets municipaux reposent à 80 % sur des subventions du gouvernement central.

Un changement important des mentalités a lieu pendant les années Thatcher. Mais bien que la structure du Welfare State ait été transformée, il reste que les Britanniques sont attachés aux services sociaux assurés par l'État-providence : à commencer par le service national de santé, le système d'éducation, les allocations sociales et les retraites. Pourtant, même dans ces secteurs, des bouleversements importants

14. Parmi les entreprises privatisées se trouvent British Aerospace, Britoil, British Telecom, British Airways, Rolls Royce, Jaguar, Sealink, British Gas, etc.

15. Entre 1979 et 1981, le chômage passe d'un million six cent mille personnes (6 %) à trois millions (12 %), certains parlent même d'un taux avoisinant les 16 %.

s'observent à travers la mise en place d'une logique de concurrence privée : les assurances médicales donnant accès au secteur privé se consolident, ainsi que le modèle d'écoles *(opting out schools)* ayant choisi d'être financées directement par le ministère et gérées par les parents et des représentants locaux.

## Nation, citoyenneté et immigration depuis 1948

Avec plus de force qu'ailleurs, le Royaume-Uni, depuis la Seconde Guerre mondiale et la décolonisation, n'a cessé de redéfinir sa nationalité à travers le rapport à l'Autre (ancien colonisé, immigré, minorité ethnique). Bien que le nombre d'immigrés soit plus restreint que dans bien d'autres pays européens, la situation historique particulière du Royaume-Uni a amené la classe politique, très tôt, à s'engager dans un processus de révision constante de la législation sur trois points intimement liés entre eux. D'abord, la nécessité de contrôler les flux d'immigration en provenance de pays membres du Commonwealth. Ensuite, et à rebours du processus précédent, la redéfinition de l'idée de nationalité britannique. Enfin, le besoin de donner naissance à une législation contre la discrimination raciale, et plus largement la mise en place de politiques de relations raciales.

Ces législations successives, qui sont parfois des textes de compromis, voulant tenir compte autant de l'ancienne vocation impériale du Royaume-Uni que des nouvelles réalités socio-économiques ou culturelle, forment à bien des égards une sorte de combinaison instable. C'est ainsi que la législation conjugue parfois universalisme et racisme, qu'elle se veut tour à tour inclusive et excluante, qu'elle se précise à travers les années par des effets de domination et d'infériorisation de l'Autre ou qu'elle est écartelée entre l'opportunité politique de certaines mesures et la volonté de préserver une conscience morale.

Très tôt, en effet, l'immigration en provenance du Commonwealth a posé les termes d'un débat autour de la question : qui est britannique ? En 1948, année du début de l'immigration en provenance des Caraïbes et du premier *British Nationality Act* depuis 1914, aucune distinction n'existait en principe entre les sujets de la Couronne, unis dans leur allégeance. Être britannique, c'était alors jouir du statut de sujet, tous les sujets ayant le droit d'entrer librement au Royaume-Uni. Aucune autre définition n'existait, les ressortissants des protectorats n'étant pas des sujets, mais tout simplement des « British protected persons », considérées au Royaume-Uni comme des étrangers *(alien)*.

En 1948, le *British Nationality Act* s'impose comme une nécessité face à la redéfinition de la nationalité canadienne[16]. Il est décidé alors que les dominions et les nouveaux pays indépendants du Commonwealth fixeront chacun les conditions d'accès à leur propre nationalité, mais qu'un lien commun serait néanmoins préservé, puisque le statut de citoyen du Commonwealth serait équivalent à celui de sujet britannique. Cette équivalence de statut est à l'origine des droits civiques et politiques des citoyens du Commonwealth au Royaume-Uni[17] et pèsera lourd sur l'évolution britannique. En effet, par la suite, les notions de nationalité et de citoyenneté ne se distingueront qu'en termes de droit d'entrée et de séjour[18].

Définition large de la citoyenneté incluant toute personne née au Royaume-Uni ou dans les colonies, très rapidement, cette législation va buter sur le phénomène que constitue l'arrivée d'immigrés en provenance à la fois du Commonwealth et des colonies. Le problème est alors soulevé de distinguer entre les citoyens du Royaume-Uni et ceux des colonies, les deux ayant les mêmes passeports et le même statut. Mais la difficulté est considérée, dans le débat à la Chambre des communes en 1948, comme étant plutôt irréelle : les conservateurs et les travaillistes, pour des raisons

16. En 1948, s'établit le *Canadian Nationality Act*, par lequel le gouvernement canadien souhaitait accorder la nationalité canadienne aux immigrés ayant participé à l'effort de guerre. Le Canada était alors un dominion britannique, indépendant mais sans nationalité indépendante du Royaume-Uni. En votant une loi sur la nationalité, les Canadiens tentent de rester dans l'esprit de l'ancien code commun de l'Empire, et déclarent, après avoir défini les conditions d'accès à la nationalité canadienne, que les citoyens du Canada sont sujets britanniques. Situation donnant lieu à l'existence de deux définitions du « sujet britannique » : l'une par l'Acte britannique, l'autre par l'Acte canadien.

17. Le Royaume-Uni est le seul pays du Commonwealth à fonctionner de cette manière : le *Representation of the People Act* donne le droit de vote aux *British subjects*. Dans toute la législation britannique jusqu'à nos jours, *British subject* et *Commonwealth citizen* sont des termes interchangeables.

18. Pour bien des points abordés ensuite, voir John CROWLEY, « Consensus et conflit dans la politique de l'immigration et des relations raciales du Royaume-Uni », *in* Jacqueline COSTA-LASCOUX et Patrick WEIL (eds), *Logiques d'État et Immigrations*, Kimé, Paris, 1992, p. 73-118.

différentes, restent très attachés à la vocation universaliste de l'Empire britannique et aux devoirs de la *mother country* (« mère patrie »)[19].

La discussion porte alors moins sur l'élaboration d'un concept de nationalité, étranger à la tradition britannique[20], ou sur l'affirmation d'une identité culturelle commune, que sur la nécessité de préserver l'unité du Commonwealth dans une phase de transition[21]. Au cours du débat parlementaire, sont clairement affirmés l'égalité des droits des citoyens des colonies[22], et le refus légal de la discrimination à partir de différences de couleur. Mais, et c'est à remarquer, certains orateurs reviennent sur une définition des Britanniques en tant que race[23]. Ce qui n'est pas accidentel. Le nationalisme britannique est parcouru par une tension qui conduit souvent à une ambiguïté de la « nation » et de la « race », ce qui donne lieu à une représentation à la fois culturelle et biologique de la nation[24].

Bien que des mesures restrictives sur l'immigration aient été demandées dans les années cinquante et que le discours de l'époque tende avant tout à désigner comme un risque l'immigration de couleur[25], il n'y a aucune tentative en 1962 pour repenser la loi sur la nationalité britannique.

---

19. En effet, le ton général consiste à souligner que « c'est la tradition du Royaume-Uni de ne faire aucune distinction entre les différentes races des colonies britanniques en ce qui concerne les droits civiques et politiques ou le droit d'entrée et de séjour au Royaume-Uni », Nicholas DEAKIN, « The *British Nationality Act* of 1948 : A brief study in the political mythology of race relations », *Race*, XI, I, Institute of Race Relations, Londres, 1969, p. 77-83.

20. Pour Parry, avant la loi de 1948, « il n'y avait pas de conception légale de la nationalité britannique en tant que telle ». Clive PARRY, *Nationality and Citizenship Laws of the Commonwealth and of the Republic of Ireland*, Stevens and Sons Ltd, Londres, 1957, p. 110.

21. Nicholas DEAKIN, *op. cit.*

22. « Désormais, ce sont des sujets britanniques ; ils sont nos égaux ; ils peuvent venir dans ce pays [...] et trouver du travail ici ; ils sont entièrement nos égaux dans ce pays. » *Ibid.*

23. Ainsi, par exemple, le Lord Chancelier : « Je crois que de toutes les contributions remarquables que notre race a faites à l'art du gouvernement, la conception de notre Empire et du Commonwealth sont les plus grandes. » Cité par Nicholas DEAKIN, *op. cit.*, p. 78.

24. D'ailleurs, comme le souligne John Rex, en Grande-Bretagne les problèmes de l'immigration et de l'installation des immigrés ont été surtout discutés en termes de race et de couleur. En bref, l'immigration veut dire l'immigration de couleur. Cf. John REX, « Stratégies antiracistes en Europe », *in* Michel WIEVIORKA (ed.), *Racisme et modernité*, *op. cit.*, p. 337.

25. Cf. à ce sujet, Robert MILES, « The riots of 1958 », *Immigrants and Minorities*, vol. 3, n° 3, 1984.

A travers le *Commonwealth Immigrants Act* de 1962, le contrôle de l'immigration est effectué en distinguant entre les tenants d'un passeport britannique émis au Royaume-Uni et ceux pour qui il a été délivré dans les colonies. Un système de permis de travail est mis en place pour les ressortissants du Commonwealth. Néanmoins, puisqu'une fois arrivés au Royaume-Uni, les « immigrés » peuvent se faire délivrer un passeport sur place, et qu'il n'y a pas de quota concernant les permis de travail délivrés, la mesure n'aura qu'un impact minime.

C'est vers la fin des années soixante que le thème de l'immigration devient un véritable enjeu politique, suite aux discours d'Enoch Powell qui commence à articuler les thèmes de la race et de la nation, invoquant l'Angleterre plutôt que l'Empire, et les changements urbains dus à l'implantation d'une population de couleur. Très vite, les deux grands partis vont implicitement s'accorder sur la nécessité de retrouver un consensus autour du thème de l'immigration en diminuant sa charge électorale[26].

Sur fond de risques de dérapages politiques, en effet, et face au besoin de réglementer l'entrée des Indiens britanniques du Kénya, un amendement est introduit au *Commonwealth Immigration Act* en 1968. A partir de cette date, ceux qui sont nés au Royaume-Uni, ou dont un parent ou grand-parent y est né (d'où l'appellation de *grandfather clause* donnée à cet amendement), peuvent entrer librement sur le territoire. Tous les autres sont soumis au contrôle, et un quota annuel est même imposé pour la catégorie des « United Kingdom passport holders ». Cet amendement vise notamment les Indiens d'Afrique orientale n'ayant pas, lors de la décolonisation, accédé, pour diverses raisons, à la nationalité du pays de résidence.

En 1971, avec l' *Immigration Act*, le thème est à nouveau à l'ordre du jour. La loi vise l'abrogation de toutes les lois provisoires sur l'immigration ainsi que les distinctions introduites entre les membres du Commonwealth et les étrangers, et propose des mesures permanentes englobant l'ensemble de l'immigration. Le droit d'entrée des membres du Commonwealth est aligné sur celui des étrangers, mais une fois sur le territoire du Royaume-Uni, ils continuent de jouir de leur statut de sujets britanniques et des droits politiques et civi-

26. John CROWLEY, *op. cit.*

ques, avec même l'accès à la nationalité britannique sur simple *registration* — une procédure automatique après cinq ans de résidence. Cette législation tient également compte de l'entrée du Royaume-Uni dans la CEE[27].

Dix ans plus tard, en 1981, une loi sur la nationalité est votée qui entérine les définitions de « britannique » élaborées dans les lois sur l'immigration en provenance du Commonwealth. Le terme de *British subject* est remplacé par celui de *British citizen*[28], mais la définition de *British citizen*, qui comporte trois catégories différentes, est entièrement construite en termes de droits d'immigration. La définition de la nationalité, en 1981, peut être vue comme une tentative de mettre de l'ordre dans une situation postcoloniale où la nationalité se transmettait de manière extra-territoriale (notamment en Afrique orientale), parfois de manière non voulue (car produisant toujours des catégories potentielles d'immigrés à nationalité britannique). La loi réglemente aussi les droits des *non-belongers*, catégorie qui s'étend aux enfants nés au Royaume-Uni, dont les parents sont immigrés à statut temporaire.

La définition juridique de la nationalité britannique s'est donc construite à rebours du processus d'immigration, parfois avec le souci d'en maîtriser les flux, et porte en elle des risques spécifiques de racisme[29]. En effet, il y avait initialement dans cette définition, surtout dans sa perception populaire, la capacité de tolérer la diversité culturelle au sein de l'Empire où l'expansionnisme ne visait pas à l'assimilation (sorte de « démesure » rationaliste), mais s'appuyait sur un universalisme de droits d'autant plus facilement octroyables qu'ils se bâtissaient sur une réelle mise à distance de l'Autre.

---

27. La Communauté européenne ayant même demandé une définition restreinte de la nationalité britannique, ne souhaitant pas admettre dans la Communauté tous ceux que les Britanniques considéraient comme « britanniques », décision fut prise de limiter l'accès à la CEE aux seuls Britanniques ayant le droit de résidence permanent au Royaume-Uni et aux ressortissants de Gibraltar. Il existe ainsi dans la Communauté des Britanniques CEE et des Britanniques non CEE.

28. Néanmoins, la loi stipule que puisque le terme de *British subject* existe dans des lois définissant un certain nombre de droits (le droit de vote, de servir en tant que juré, d'être fonctionnaire, d'être militaire), le terme continuera de donner accès à ces droits.

29. En termes généraux, les poussées racistes en Grande-Bretagne entretiennent un double rapport à l'immigration. D'une part, à cause de ce processus de construction d'une nationalité/citoyenneté en opposition à l'Autre, surtout à travers une logique de dedans/dehors. D'autre part, du fait que les poussées racistes sont parfois très directement commandées par l'arrivée de nouveaux immigrés. Cf. Brian JACOBS, *Racism in Britain*, Christopher Helm, Londres, 1988, p. 50 et s.

Toujours est-il que la présence de minorités ethniques a pris une place croissante au Royaume-Uni, passant de 1 % de la population totale en 1961 à 2,3 % en 1971, puis à 3,9 % en 1981 et à 4,7 % en 1988 (avec un total de 2 580 000 personnes). Le groupe le plus important, mais aussi le plus récent, est celui des migrants du sous-continent indien (ils représentent à eux seuls la moitié des immigrés du Commonwealth). Plus jeunes que l'ensemble de la population du pays, nombre de membres de ces minorités sont nés au Royaume-Uni[30].

## Nation et multiculturalisme : le risque raciste

Les liens entre le racisme et le sentiment national britannique[31] peuvent être conçus de deux manières fort différentes, mais non contradictoires, selon que l'on se place plutôt dans la perspective du legs de la liquidation du passé colonial ou plutôt dans celle de l'émergence d'une société multiculturelle.

Dans la première perspective, la fin de l'Empire a signifié pour la Grande-Bretagne l'effondrement de la prétention à offrir un modèle universel de modernité auquel le pays s'était très fortement identifié. Effondrement d'un projet se traduisant par la dissociation d'un nationalisme « politique » et d'un nationalisme « ethnique » pouvant donner lieu, comme le signale Didier Lapeyronnie, à deux formes spécifiques de racisme. D'un côté, l'identification à la culture nationale et à des principes universels génère un racisme « conservateur » selon lequel l'Autre, défini par la tradition, doit s'assimiler afin de s'intégrer à la culture dominante. D'un autre côté, l'altérité est plutôt lue comme incompatible avec la culture nationale, voire comme un signe de sa désagrégation. Ces deux processus peuvent se rejoindre dans la racialisation de l'ancien colonisé, le racisme émergeant alors comme une forme de pathologie de l'intégration[32].

Mais c'est une seconde perspective que nous privilégions

30. C'est le cas de 53 % des Antillais et de 32 % des Bangladeshis.

31. Pour une réflexion générale sur cette problématique, cf. Robert MILES, « The articulation of racism and nationalism : Reflections on European History », intervention au colloque de l'université de Warwick et Birkbeck College, septembre 1991.

32. Didier LAPEYRONNIE, *L'Individu et les Minorités*, PUF, Paris, 1993.

dans les analyses qui suivent. En faisant référence à la société multiculturelle britannique, de nombreux auteurs s'intéressent à la manière dont une société peut maîtriser la différence culturelle (en préconisant, par exemple, une forte coupure entre le privé et le public)[33], ou au contraire en tirer profit[34], ou bien aux mesures législatives qui pourraient favoriser le déploiement de la diversité à l'école[35] ou dans le logement. Mais la question n'est pas pour nous, ici, de voir comment peut se constituer la version britannique d'une société capable d'intégration, de diversité culturelle, d'égalité des chances et de tolérance : elle est de saisir le processus culturel qui est à la base du sentiment d'affaiblissement de l'identité nationale, et, de là, du racisme.

Il n'y a pas grande utilité à parler d'une société multiculturelle pour désigner la coexistence de groupes culturels ou ethniques hétérogènes : le propre de la société nationale britannique, comme d'autres en Europe, fut justement de parvenir à structurer une unité culturelle et politique à partir de réalités dissemblables[36]. Et il n'est pas non plus exact de réduire la société multiculturelle actuelle au résultat d'une dissolution du national en faveur des résurgences ethniques[37]. Les nouvelles formes culturelles qui jaillissent en Grande-Bretagne sont à mettre en relation avec l'ancienne culture nationale, et le problème est de cerner les processus de constitution identitaire non pas à travers un jeu de miroirs (l'Autre devenant tôt ou tard le Même), mais à travers une construction en parallèle des identités (l'Autre restant l'Autre bien que l'altérité soit toujours définie à travers une relation équidistante au Même).

Bref, la société britannique n'est pas multiculturelle parce qu'en son sein il y a côtoiement inédit de diverses cultures : les sociétés nationales de classes furent toujours elles aussi traversées par des différences culturelles, aussi bien régionales que communitaro-classistes. Le Royaume-Uni, comme l'a

33. John REX, *Race and Ethnicity*, Open University Press, Milton Keynes, 1986.

34. Voir, pour une présentation des débats autour de la société multiculturelle, *Britain : a Plural Society*, Commission for Racial Equality (CRE), Londres, 1990.

35. Cf., par exemple, Alan LITTLE, « Schools and Race », *in Five Views of Multi-racial Britain*, CRE, 1978, p. 56-65.

36. Cf. pour l'idée de construction de la nation par les nationalistes, Ernest GELLNER, *Nations et nationalisme*, Payot, Paris, 1989, et Eric HOBSBAWM, *Nations et nationalisme depuis 1780*, Gallimard, Paris, 1992.

37. Cf. Anthony SMITH, *The Ethnic Revival*, Cambridge University Press, Cambridge, 1981.

montré Richard Hoggart, est même un cas paradigmatique de cette « coupure culturelle » entre « eux » et « nous » au sein de la société industrielle[38]. La société britannique est multiculturelle parce que les identités culturelles y acquièrent une autonomie croissante vis-à-vis des traditions prénationales ainsi que par rapport aux structures sociales.

Cette autonomie peut se lire sur deux registres que l'on pourrait appeler d'en haut et d'en bas. D'en haut, celui de la postmodernité, que nous laisserons ici de côté[39] , et d'en bas, celui plus directement associé au problème du racisme, de la culture populaire, dont l'importance est plus ou moins directement liée au brassage ethnique et à des influences internationales[40]. Parfois définies par un fort sentiment d'appartenance communautaire, voire culturelle, et d'exclusion (ou de non-intégration) sociale, ces expressions populaires, traversées d'ailleurs par des différences ethniques non négligeables, peuvent revêtir l'allure d'un art d'acculturation, de syncrétismes de cultures et, parfois, de synthèse des formes. C'est le cas, par exemple, de la culture des Afro-Caribéens au Royaume-Uni, fortement caractérisée par un sentiment de « diaspora » et une volonté permanente de continuer, voire de refaire, ce que d'autres Noirs, ailleurs (surtout aux Caraïbes et aux États-Unis), ont fait. Certes, l'appel est ici à une sorte d'« essence noire », mais cela n'empêche pas que le processus de création s'opère par un syncrétisme de formes culturelles définies, pour beaucoup, par leur éloignement (parfois manifeste) de tout support national.

Ce syncrétisme est parfois marqué par une extériorité sociale radicale, et placé sous une contrainte d'ouverture forcée. La création populaire naît alors comme un mélange entre le sentiment d'être « dedans » et le sentiment intarissable

38. Cf. Richard HOGGART, *La Culture du pauvre*, Minuit, Paris, 1970.

39. Au sein du mouvement postmoderne, il faut distinguer une problématique philosophique (liée notamment à la légitimation du savoir), une problématique sociologique (liée à l'éclatement de l'idée classique de société et à une logique de dissociation du système et de l'acteur) et une problématique proprement culturelle (liée à la combinaison de techniques modernes avec des éléments traditionnels afin, à la fois, de rétablir un rapport avec le public tout en préservant un code culturel propre aux experts).

40. Pour un aperçu historique des mouvements de la sous-culture au Royaume-Uni, cf. Dick HEBDIGE, *Subculture. The Meaning of Style*, Routledge, Londres, 1979, ainsi que John DAVIS, *Youth and the Condition of Britain*, The Athlone Press, Londres, 1990. Aussi Michel WIEVIORKA, *La Démocratie à l'épreuve*, La Découverte, Paris, 1993.

d'être malgré tout « dehors »[41]. C'est probablement cette tension qui explicite le mieux le recours et le caractère formellement « métis » des inventions culturelles populaires[42]. L'interpénétration de styles et de genres, bref, des formes, étant moins le « résultat » de la coexistence de différentes temporalités historiques ou matrices culturelles au sein d'une société, qu'un effort dialectique de clôture/ouverture culturelle face à une insertion sociale bloquée. Autrement dit, le processus « fonctionne » à travers l'assimilation et le syncrétisme, en essayant de rendre compatibles des éléments culturellement hétérogènes au sein d'une situation marquée par la domination, voire le déracinement. Si « ouverture » il y a par le bas, c'est à cause de la consommation, mais aussi de la domination, parfois même de l'exclusion : ouverture imposée, donc.

Des risques de dérapages racistes se trouvent dans ces processus de construction culturelle des identités. Certes, de fortes différences sont à établir entre les divers groupes mais, dans bien des cas, les phénomènes d'autoracialisation tirent une partie importante de leur force de leur capacité à fusionner le social et le culturel, qu'il s'agisse des groupes minoritaires ou du groupe majoritaire, pour qui l'identité culturelle est donnée initialement par l'appartenance nationale mais dérive plus ou moins vite vers des références à la race.

Chez les skinheads, par exemple[43], le processus est bien celui de la disparition d'une identité sociale ouvrière, la construction d'une sorte de communauté imaginaire et, surtout, l'incapacité à pouvoir établir (rétablir, dit l'acteur raciste) un statut social, ce qui se résout par la référence de l'acteur à la biologie, et par une forte production imaginaire autour de soi. Processus au sein duquel on ne peut pas sous-estimer le rejet dont furent objet les skinheads anglais de la part d'autres groupes culturels : chez eux, l'identité culturelle s'est construite autant comme rempart face à la dissolution sociale qu'agressivement contre d'autres modes d'identification

41. Pour l'analyse de ce double sentiment d'appartenance et de rejet, voir Didier LAPEYRONNIE, *op. cit.*

42. Des parallèles stimulants peuvent être proposés avec le métissage propre à l'art latino-américain. Pour un approfondissement de l'ensemble de ces réflexions, et notamment à propos de liens à établir avec la postmodernité, cf. Nathalie MALGUID et Danilo MARTUCCELI, *Le Postmodernisme, un avatar du national* (à paraître).

43. Le processus est, sous certains aspects, différent dans l'expérience française des skinheads, cf. Michel WIEVIORKA et *al.*, *La France raciste*, *op. cit.*

culturelle[44]. On peut ainsi dire que les skinheads sont « blancs » (au moins dans un premier temps) faute de pouvoir être autre chose, socialement et culturellement. On ne peut donc pas réduire la signification de leurs pratiques à un pur affaiblissement du communitarisme ouvrier. On ne peut pas davantage réduire ces pratiques à une crise d'adolescence ou à un acte politique instrumentalisé par l'extrême droite[45]. Certes, ces deux réalités participent de l'histoire du mouvement, mais une fois structuré, le milieu skinhead a dû chercher en lui-même (pour imaginaire que soit le processus) une partie des raisons de son évolution. Les skinheads, dont le déracinement n'a probablement jamais été aussi grand que le suggèrent certaines représentations médiatiques (en tout cas, jamais total), une fois en bande, subissent moins un vide qu'un trop-plein. Le racisme est au bout de ce processus. Dotés d'une identité imaginaire par laquelle ils sont tous attirés, placés dans un micro-milieu dense, et réduit, soumis à des pressions groupales à la fois sévères dans les attentes mais toujours floues dans les formes, les skinheads se sentent très vite prisonniers d'une image d'eux-mêmes à laquelle ils sacrifient tout sans véritablement savoir, au fond, ce qu'elle est. Les tatouages, par exemple, permettent d'afficher, face aux autres, la résolution à s'engager à fond et pour toujours dans le mode d'être skin[46]. Les skinheads sont un « look » et autre chose qu'un « look », et dans cette tension impossible à éradiquer parce qu'au fond dépourvue de toute signification précise, cette visée d'« autre chose » se dégrade et le skinhead colle alors à son « look »[47]... Ce mouvement constant est alimenté de fuites permanentes, ponctué par l'éla-

44. En effet, au début de leur histoire, les skinheads furent un des premiers groupes à être réceptifs à la musique reggae, à tel point que dans le film du cinéaste antillais Horace Ove, *Reggae* (1970), on les voit en train d'apprendre à danser auprès d'un musicien noir.

45. Pour une critique de ce réductionnisme, surtout à partir des manifestations sportives de cette violence juvénile skinhead, cf. Eric Dunning, Patrick Murphy et John Williams, *The Roots of Football Hooliganism*, Routledge, Londres, 1988, p. 181-183.

46. A cet égard, il serait intéressant de connaître avec plus de précision le rôle des tatouages à l'intérieur de la dynamique des skinheads. La permissivité plus ou moins grande qui existe à leur égard, et la volonté farouche qu'affichent certains du fait d'avoir été tatoués, signalent probablement ce double mécanisme. Il faut aussi tenir compte de la présence « traditionnelle » du tatouage dans le monde populaire anglais.

47. A nouveau, plus on assiste à une surenchère vers l'esthétisation de son « look », plus on peut faire l'hypothèse que le skinhead est déjà dessaisi de son projet imaginaire du dépassement de soi-même.

boration incessante de projets sans lendemain et déconnectés de toute réalité. Chassés du monde, les skinheads, dans leur milieu, essaient de s'en reconstruire un autre. C'est à ce moment, probablement, qu'il faut abandonner l'analyse interne du mouvement et se tourner vers les conditionnements externes : raison ultime où va s'inscrire le sens de leur action — une action dont le racisme devient une composante déterminante.

Un processus différent est à l'œuvre chez les jeunes issus des minorités ethniques. L'identité est ici moins perdue qu'à construire et faire reconnaître, et va d'expressions peu élaborées jusqu'à des formes ouvertement imaginaires. Sa recherche ne peut pas être réduite au seul mécanisme de la stigmatisation. Elle ne correspond que faiblement à des stratégies politiques, bien que, dans le cas des minorités en Grande-Bretagne, le rôle des leaders soit considérable. Ceux-ci ne représentent pas toujours la minorité dont ils sont issus, et souvent, même, leur action traduit une dissociation qui sépare leur groupe de référence de l'ensemble de la société sans les empêcher, au contraire, de se penser comme notables, de jouir d'une écoute, ou de se forger une carrière personnelle au sein des administrations. L'appel à des solidarités ethniques, même si cette dimension est secondaire, sert aussi les intérêts particuliers des leaders de minorités.

La construction imaginaire des minorités est également alimentée par des logiques d'amalgame ou d'amplification qui les visent tout particulièrement. Par exemple, il est symptomatique que, malgré le peu de personnes concernées, ce sont souvent des groupes extrémistes qui sont à la base des « images publiques » de toute une minorité immigrée, alors que les groupes de même type restent marginalisés en tant que « représentants » de groupes majoritaires. Personne ne prendra un skinhead — dont le mouvement est d'ailleurs aujourd'hui en déclin — comme prototype du « jeune Blanc anglais » ; à l'inverse, une représentation du « jeune immigré » comme « Rastafarian », « Black Power » ou « Asian Militant » s'impose souvent. Ce qui renforce de l'extérieur l'enfermement imaginaire de l'acteur « racisé ».

Néanmoins, on ne peut pas voir dans ce processus le seul résultat d'une hétéro-racialisation. Bien sûr, il s'agit, pour beaucoup, d'identités subies. Mais il s'agit aussi d'une invention sociale et culturelle ayant une signification particulière en Grande-Bretagne, où le social fut toujours très fortement clivé culturellement, et où le cadre même de définition de la « nationalité » donne une charge spécifique aux minorités, bien différente du cas français mais aussi de l'expérience américaine. Il ne s'agit pas seulement de constater que le « culte des ethnicités » risque de favoriser, encore plus, la désagrégation de la société et de mettre à mal la cohésion sociale, mais de comprendre qu'en Grande-Bretagne, où la culture a moins été un facteur d'intégration nationale qu'un élément de la distinction sociale, cette autonomie croissante du culturel est à elle seule productrice du racisme. L'appel des ethnicités n'a rien de traditionnel, au contraire même, il s'accomplit, au moins partiellement, à travers le dégagement extrême de l'acteur de toute identité sociale vécue réelle, générant des tensions interculturelles et, de là, un racisme avant tout différentialiste.

De fortes différences existent au sein de la « société multiculturelle », à cause, précisément, de l'autonomie croissante du culturel. Mais on peut aussi déceler la marque d'une logique principale. De la culture éclairée jusqu'aux manifestations identitaires populaires, en passant par le malaise relationnel quotidien, les acteurs sont partout, en effet, définis par la disjonction vécue entre le social et le culturel, *a fortiori* entre leur tâche économique, ou leur absence de tâche, et leur expérience subjective. Les pratiques identitaires signifient la fin de la société nationale et sont, en même temps, pour les plus inquiétantes, en lien étroit avec les anciens modes de construction des identités opérées par le « national ». Et c'est contre cette dissociation que se dessine l'essentiel des stratégies récupérant à leur manière la tradition anglaise où la différence sociale était fortement prolongée par une identité culturelle. Les acteurs munis de ressources culturelles et économiques sont à même de jouer avec cette distanciation, d'accepter la séparation entre le social et le culturel, de se doter de fantaisies cosmopolites d'autant plus facilement qu'ils gardent un fort sentiment d'être britanniques, possesseurs malgré tout d'une situation sociale et d'une distinction culturelle. Les plus démunis sont, pour beaucoup, privés de la possibilité du « détachement ». Déclassés, il n'y a pas chez eux de recours possible à l'« ironie ». La race ou l'ethnie (mais d'autres éléments identitaires peuvent aussi jouer tour à tour cette tâche) viennent combler ce vide : elles fusionnent, imaginairement, ce qui se sépare dans la réalité, le social et le culturel. Pour un skinhead, s'énoncer « blanc » signifie être à la fois « britannique » et « ouvrier ». Cela complète le processus signalé plus haut. Dans les cas extrêmes, le mouvement mène du dessaisissement d'une identité sociale vers un appel culturel, puis biologique, et, au-delà, à l'affirmation (et à la retraduction) de cette nature biologique en statut social. La « race » opère ainsi à la fois comme une ressource culturelle et sociale : culturalisation et biologisation d'un social perdu et socialisation (statutaire) d'une identité culturelle.

Les variations jouent à l'intérieur de ces mutations. Les uns entérinent la dissociation du social et du culturel, d'autres se cantonnent dans la fusion. Certains peuvent faire largement l'économie de tout racisme subjectif, d'autres, « pauvres Blancs » ou immigrés notamment, n'ont parfois d'autre « capital » à faire prévaloir que leur « biologie » ou leur « ethnie ». Et dans tous les cas, la société multiculturelle se traduit par une surenchère dans la construction des identités, à l'ombre de l'ancien modèle national, que ce soit de manière ouverte ou sournoise. De ce point de vue, les groupes minoritaires qui se sont dotés d'une forte identité ethnique ne sont que le paroxysme d'une situation beaucoup plus étendue et générale où le groupe majoritaire produit, de son côté, un nationalisme de la différence qui se prolonge, et parfois se dissout, dans la référence à la race[48].

## L'expérience des *inner cities*

A l'instar de ce que nous avons observé en France dans des villes comme Roubaix et Mulhouse[49], l'expérience du racisme des *inner cities* est directement commandée par le déclin de la société industrielle. Mais, à la différence du cas français, ce processus va avoir une traduction culturelle particulière, notamment dans des municipalités où la croissance urbaine a suivi très étroitement la croissance industrielle et ses rythmes, où la fermeture des usines s'accompagne du départ, vers des banlieues devenant une sorte de refuge, des populations les plus aisées, ou les plus dynamiques. Restent

48. Pour des indications dans ce sens, voir Michael BANTON, « The race relations problematic », *British Journal of Sociology*, mars 1991, surtout p. 127-128.
49. Cf. Michel WIEVIORKA et *al.*, *op. cit.*

sur place ceux qui n'ont pas la possibilité de chercher ailleurs, tandis que le quartier attire, par ses faibles loyers ou le délabrement des logements mis en vente, les populations les plus démunies[50], souvent d'origine immigrée. Au cours de la décennie soixante-dix, suite à des baisses importantes d'investissements, les emplois diminuent : dans le Grand Londres, la chute de l'emploi industriel a été évaluée à 48 % entre 1961 et 1981. Parfois, la rapidité de la désindustrialisation et l'ampleur du chômage font de la mairie, très vite, le principal employeur. Précisons que ce sont les jeunes qui connaissent le taux de chômage le plus élevé.

A cause de ces mouvements migratoires, l'offre de logements privés, de qualité très inégale, est considérable, ce qui pèse sur la nature et sur l'étendue des minorités qui sont présentes dans les quartiers défavorisés. Dans certains cas, la part de la population dite des « Black and ethnic minorities » devient importante. Dans d'autres cas, les quartiers sont cosmopolites, puisqu'ils comprennent diverses communautés. Là où la diversité et la permanence de l'immigration sont anciennes, comme par exemple à Hackney, cela donne lieu à des « alliances » s'établissant quelquefois sur fond de bases multiples, par exemple, sur fond de passé colonial commun[51]. Néanmoins, l'atomisation communautaire et, surtout, les rivalités existant entre les diverses communautés mais aussi en leur sein, et ce malgré l'image soudée qu'en a l'extérieur, donnent peu de possibilités pour des actions collectives[52].

Dans ces conditions, l'espace cesse d'être une projection des rapports sociaux de production et se charge d'autres significations, avant tout celles de la dualisation[53], de la fracture qui sépare les détenteurs d'un emploi stable et

50. John Rex et John Moore vont jusqu'à parler d'une véritable lutte des classes au sein des *inner cities*, opposant une logique du marché au point de vue des usagers ; cf. John MOORE, « Les problèmes de l'*inner city* en Grande-Bretagne », *Les Annales de la recherche urbaine*, n° 54, III-1992, p. 38-43.

51. Par exemple, Hackney comprend 3 000 enfants juifs orthodoxes scolarisés en dehors du système étatique, dans des écoles privées financées par la communauté, et sans subvention, témoignant d'un attachement à une culture et une religion qui est un exemple souvent cité par les musulmans et les « Rastafarians ». Ainsi ces derniers peuvent-ils soutenir les demandes des juifs orthodoxes, espérant de cette manière créer un précédent qui leur sera bénéfique aussi à la longue.

52. Brian JACOBS, *op. cit.*, p. 41 et s.

53. Les transformations liées à l'emploi frappent d'abord, et très durement, les minorités ethniques dont 70 % des jeunes étaient au chômage à Birmingham en 1982. Cf. Didier LAPEYRONNIE, *op. cit.*

bien rémunéré de ceux qui n'en ont pas[54]. Ceux qui sont « dedans » bénéficient de revenus plus élevés, d'une sécurité sociale, mais aussi d'une capacité de pression politique. Ceux qui sont exclus, au contraire, sont de plus en plus démunis, économiquement et socialement. Une situation difficilement enrayable par les seuls mécanismes de participation politique en dépit de leur succès relatif. En effet, certaines municipalités, suite à des études démontrant la persistance de la discrimination sur leur commune, ont décidé de se rallier à la pratique du *ethnic monitoring* (évaluation de l'origine ethnique des employés par rapport à l'origine ethnique de la population de la municipalité) pour les employés municipaux et les demandeurs d'emploi, afin d'instaurer une égalité des chances autant du point de vue du sexe que de la race[55]. Une fois constaté un déséquilibre entre le pourcentage d'employés municipaux de telle ou telle origine ethnique et sa représentation dans la population totale de la municipalité, des pourcentages à atteindre sont fixés. Les résultats de ces pratiques permettent d'augmenter sensiblement le nombre d'employés municipaux de la population appartenant aux « Black and ethnic minorities ».

Ce bouleversement du panorama social, qui fait des *inner cities* de « véritables microcosmes des handicaps[56] », amène certains à parler de la constitution d'un nouveau scénario de « confrontation » sociale entre un secteur majoritaire et une « sous-classe ». Néanmoins, pour suivre, par exemple, Ralph Dahrendorf, il s'agit en fait d'une conflictualité très particulière car le conflit, au fond, ne peut pas vraiment s'exprimer. La sous-classe n'a aucun enjeu dans la société et celle-ci n'a pas besoin d'elle. Ceux qui se trouvent dans cette situation en sont bien conscients. Pour eux, la société est surtout lointaine. Situation dangereuse, où les conflits ont tendance à se présenter sous le visage de l'anomie : véritable désintégration des normes puisque ceux qui n'ont pas d'enjeu réel

54. Ce clivage ne recouvre pas forcément, loin s'en faut, les appartenances ethniques. Si, dans certains endroits, les minorités se concentrent en centre-ville et si la périphérie reste une zone plutôt « blanche », dans bien d'autres situations, suite à l'extension de la pauvreté, s'opère le brassage de populations ethniquement différentes.

55. Les instruments juridiques utilisés pour parvenir à ces buts sont le *Sex Discrimination Act*, 1975, et le *Race Relations Act*, 1976.

56. L'expression est de Paul HARRISSON, *Inside the Inner City*, Penguin Books, Harmondsworth, 1985. L'auteur parle même à propos des *inner cities* d'une culture de la misère.

dans la société se détachent d'elle et parce que, à son tour, la société « établie » perd confiance en ses propres règles[57]. La pauvreté et l'exclusion marquent quotidiennement la réalité sociale. A Liverpool, selon un rapport, 51,5 % de la population de la ville vivent dans la misère ; ils seraient un tiers dans ce cas dans la ville de Manchester[58]. Par rapport à l'histoire urbaine britannique, la nouveauté se trouve moins dans la pauvreté que dans l'effritement du sentiment d'appartenance et de « loyauté » des masses ; lancés à propos de l'exclusion sociale, les appels à l'initiative individuelle peuvent apparaître comme des invectives moralisantes. En tout cas, la culture politique dominante devient particulièrement incompréhensible pour ces populations[59].

Ce contexte encourage la naissance d'actions symbolico-expressives, liées à la constitution d'identités collectives le plus souvent de type culturel, parfois ethnique, qui n'ont pas, ni ne prétendent avoir, un poids politique, mais qui ont une indéniable force de contestation. Ces actions sont surtout le fait d'une population jeune marquée par l'exclusion, le chômage, le « mal de vivre ». Acteur difficilement représentable politiquement parce que défini avant tout par un manque, une privation. Dans cette situation où s'expriment souvent les revendications particularistes de « minorités » et où se construisent, plus difficilement, des luttes contre la discrimination, les émeutes témoignent d'un type d'action circulant entre une hyper-participation culturelle et une violence qui répond à l'exclusion. Elles émergent à l'issue d'un processus ôtant toute opérationnalité au système politique traditionnel. Et surtout, la rapidité avec laquelle elles se répandent (leur caractère « mimétique ») et le peu de structuration communautaire qu'elles montrent suggèrent qu'il s'agit le plus souvent d'un malaise généralisé. D'ailleurs, le caractère racial de ces émeutes est à débattre : parmi les personnes arrêtées lors des émeutes de 1981 et de 1985, il n'y avait, respectivement, que 29 % et 33 % d'individus « non blancs »[60].

Des situations de ce type peuvent traduire le fait para-

---

57. Cf. Ralph Dahrendorf, *The Modern Social Conflict*, Weidenfeld & Nicolson, New York, 1988, notamment chapitre 7.

58. C. John Moore, *op. cit.*

59. Pour une mise en perspective historique de la réalité contemporaine des *inner cities*, voir Jacques Carré, « Ordre, violence et pauvreté dans l'histoire urbaine britannique », *Les Annales de la recherche urbaine*, n° 54, III-1992, p. 4-11.

60. Paul Gilroy, *op. cit.*, p. 32.

doxal que le système politique en fait à la fois « trop » et « pas assez », risquant de faire éclater de plus en plus toute nouvelle action soit vers le corporatisme ou le clientélisme participatif et opportuniste (comme c'est déjà le cas pour certains mouvements politico-communautaires), soit vers la violence et la rupture. En effet, les minorités sont très vite tiraillées entre une hyper-participation politique et des expressions culturelles ouvertement « infra » ou « extra »-politiques.

Dans le contexte des *inner cities* (dont la géographie ne coïncide pas entièrement avec celle de la misère en Grande-Bretagne), le racisme est souvent un opérateur visant à l'unité (la « fusion ») de trois problématiques.

D'abord, il reste marqué, dans ces situations, par l'épuisement du mouvement ouvrier, aussi bien dans ses dimensions communautaires que par le déficit de structuration de la question sociale. Désormais, il n'y a plus d'association immédiate du politique, du culturel et du social. Au contraire, le syndicalisme, en crise et secoué par de fortes poussées corporatistes, se montre, malgré ses efforts, incapable d'animer d'autres débats sociaux. L'exclusion ou la différence ethnique ne sont pas commandées par la référence à un combat de classe, tout au plus elles deviennent l'objet de logiques de stratification et de distinction sociales. Le système politique trouve de ce fait une certaine autonomie : non pas tant parce qu'il cesse de représenter telle ou telle catégorie sociale, mais parce que désormais ses enjeux sont dépourvus d'un contenu social évident et immédiat. Par là, un nouvel espace de manœuvre s'ouvre aux politiciens, de nouvelles alliances, autres que classistes s'organisent[61].

C'est à l'intérieur de cette dissolution des repères sociaux qu'il faut cerner la véritable signification de la dualisation[62].

---

61. Cette situation a même favorisé la construction largement idéologique, par la nouvelle droite, d'une « nouvelle classe » (constituée majoritairement par les médias et les intellectuels), qui serait responsable de la crise sociale contemporaine. L'autonomisation croissante du politique facilite en effet le détournement de la responsabilité des difficultés sociales du capital vers cette nouvelle classe. Pour une critique de cette notion, surtout dans sa version américaine, cf. Christopher LASCH, *The True and Only Heaven*, Norton Company, New York, 1991, p. 504-522.

62. En effet, il est difficile d'accepter l'idée d'un déplacement de la question sociale vers la question urbaine, comme le suggèrent Jacques DONZELOT et Joël ROMAN, « Le déplacement de la question sociale », *in* Jacques DONZELOT (ed.), *Face à l'exclusion*, Esprit, Paris, 1991. En revanche, il faut certainement parler d'un déplacement de la question sociale vers des problèmes sociaux, cf. François DUBET

Ni les pratiques des couches moyennes, avec leur tendance à la ségrégation, ni le sentiment de chute ou de désarroi qui s'empare des exclus ou de ceux qui ont assisté à la transformation de leur milieu social, et se retournent de façon plus ou moins raciste contre les minorités ethniques, ne sont plus compréhensibles à la lumière des réalités de la société industrielle épuisée. C'est dans la perte de sens social qu'émergent certaines figures du racisme. Frustrations pour certains, opacité du pouvoir pour d'autres, et détournement vers des boucs émissaires, peur de la chute ou sentiment de fragilisation individuelle : le racisme fédère bien des processus à travers une formule qui a l'avantage de la plus grande opérationnalité. En particulier, l'imaginaire raciste repose largement sur l'idée que le crime et la violence sont inhérents aux jeunes d'origine immigrée. Cette représentation est à la base de bien des expressions et des définitions du problème (black) des minorités ethniques, ce qui permet, selon Paul Gilroy, de fédérer l'anxiété populaire face au crime en général et de donner un visage au déclin national, à la crise et au chaos[63].

Les deux processus, sociaux et culturels, sont constamment imbriqués. La pratique de la ségrégation n'autorise pas toujours à distinguer entre un racisme avant tout communautaire et un racisme plutôt social pouvant se contenter de la discrimination ou de la mise à l'écart de l'Autre. La situation au Royaume-Uni encourage en effet non seulement une ethnicisation de l'espace social, mais très vite, et plus largement, des relations sociales. L'espace se segmente en « morceaux » divers, sans grande communication entre eux, ayant ou risquant d'avoir une forte connotation ethnique mais aussi culturelle. Ce qui donne naissance à une ethnicité à deux faces, l'une qui opère, ou est susceptible d'opérer, comme une sorte de palliatif identitaire, surtout pour les populations les plus démunies, et l'autre qui est fortement marquée par la perte de l'identité sociale dont elle reste pour beaucoup débitrice. La réalité la plus large au Royaume-Uni semble être celle où les acteurs sont capables de « jongler » entre une identité nationale ou ethnique et une identité sociale, entre

---

et Didier LAPEYRONNIE, *Les Quartiers d'exil*, Seuil, Paris, 1992. La difficulté est de parvenir analytiquement à structurer des expériences de plus en plus dépourvues de cadres précis de signification sociale.

63. Paul GILROY, *There Ain't no Black in the Union Jack*, Hutchinson, Londres, 1987, p. 110.

une volonté de retrouver un sentiment national ou ethnique et ce qui reste parfois d'une ancienne identification sociale, de combler les défaillances de la seconde par l'appel à la première, de s'affirmer donc à la fois, par exemple, comme *British* (Britannique) et *worker* (travailleur), ou *white middle class* (classe moyenne blanche). Processus d'autant plus fréquent que l'ethnicité a, au Royaume-Uni plus que sur le continent, des connotations positives, d'invention de nouvelles pratiques culturelles.

Les *inner cities* et le racisme dont elles témoignent sont très directement liés à cet émiettement et entrecroisement des logiques : celle de la fin des repères de la société industrielle, de la montée de pratiques sociales « opaques » (comme l'exclusion), celle aussi de la consolidation d'une culture détachée du politique (sauf en ce qui concerne la dimension stratégique des communautés), voire du social tout court. L'action culturelle se dégage de l'action politique aux yeux de certains groupes, et notamment des jeunes, elle s'y substitue même, dans l'ordre fonctionnel et significatif. On l'observe d'autant mieux au niveau local qu'on y assiste, en dépit de la discrimination raciale mise en œuvre, à un côtoiement de groupes ethniques différents, et à l'interpénétration croissante des dimensions sociales et des dimensions culturelles de la vie collective.

A la division sociale traditionnelle (qui ne disparaît pas entièrement) s'ajoutent la fracture de l'exclusion et l'altérité prônée par le multiculturalisme. C'est ici que prend naissance une troisième source du racisme : la montée de la diversité culturelle entraîne un décalage des modes de comportement ou de communication et, pour certains, un sentiment de crise des codes de conduites interpersonnels. Situation fortement structurée, imaginairement, par une représentation de l'Autre, surtout le jeune de couleur, comme source potentielle de violence physique[64].

La culture anglaise, comprise en tant que système de règles pour bâtir une relation avec autrui, entre en tension. Dans certains témoignages, les gens affirment hésiter, ne plus savoir, ou difficilement, comment s'adresser les uns aux autres. Ce processus ne concerne pas seulement les *inner*

---

64. Cf. Paul GILROY, *op. cit.* Surtout le chapitre III, pour une « archéologie de la représentation de l'Autre au Royaume-Uni » et la consolidation de cette image du jeune Noir/Black à travers un mélange d'hédonisme et de dangerosité.

*cities* et peut être illustré par de nombreux exemples : demandes de sikhs employés dans les transports en commun à Manchester et Wolverhampton pour remplacer la casquette de l'uniforme par leur turban, débats à l'intérieur des minorités ethniques sur les mariages mixtes, ou encore, au sein des travailleurs sociaux, quant à la possibilité pour une famille « blanche » d'adopter des enfants de couleur[65], sans parler du débat engagé autour de l'affaire Rushdie.

La mise en question de l'existence d'un modèle national dominant se traduit par l'explosion des minorités et, parfois, simultanément, par l'extension du racisme. Mais, à la différence d'autres dimensions, le processus semble pour l'instant autant repérable au niveau du malaise culturel au quotidien qu'à travers la crise du sentiment de solidarité politique et civique. Autrement dit, c'est à la fois la désagrégation du civisme et la sociabilité interindividuelle qui sont ici remises en question.

En résumé, le racisme en Angleterre se traduit toujours, simultanément, sur un double registre « social » et « culturel », car il est placé dans le sillage de la déstructuration d'une société industrielle nationale. Le racisme est ainsi à la fois différentialiste et inégalitaire, quelle que soit, par ailleurs, dans ses expressions concrètes, la forme précise qu'il revêt.

L'égalité des chances, traditionnellement assurée en Grande-Bretagne par une politique des droits civils, est désormais remise en question de deux côtés. D'une part, par l'émergence d'un « social » détaché de plus en plus de toute expression politique ou de traitement par la citoyenneté (la « sous-classe »). Et d'autre part, par la consolidation des identités culturelles de plus en plus autonomisée (le « multiculturalisme »). Entre les deux, visant à les fusionner imaginairement, ou à entériner leur séparation, s'étend l'espace du racisme.

---

65. Dans ce dernier exemple, il ne faut pas sous-estimer les intérêts propres aux travailleurs sociaux et leur « rationalité » de travail. Paul GILROY, *op. cit.*, p. 66 et s.

# 3

# Face au racisme

L'ensemble des mesures prises au Royaume-Uni pour combattre le racisme, directement ou indirectement, est tellement vaste et varié qu'il est impossible de rendre compte, même de manière schématique, de toutes ces initiatives. C'est pourquoi, dans ce qui suit, nous nous attarderons sur trois points, qui méritent plus particulièrement notre attention. D'abord, un examen des quelques politiques explicitement antiracistes. Ensuite, une analyse des conditions qui ont entravé la montée électorale du National Front. Enfin, une présentation de l'espace du débat sociologique sur le racisme.

## Les politiques antiracistes au Royaume-Uni

### *La législation contre la discrimination raciale*

Ce n'est que dans les années soixante qu'une politique de lutte contre la discrimination se met en place. Avant cette époque, et même si la pratique était courante, elle n'était pas l'objet d'une attention spéciale[1]. Pourtant,

1. D'abord par le faible nombre de personnes susceptibles d'être discriminées (50 000 individus en 1945), et ensuite parce que les victimes ne portaient que très rarement plainte. Même les associations existant au Royaume-Uni étaient peu concernées par ce sujet. C'est par exemple le cas, dans les années trente, de la League of Coloured People, animée par des étudiants originaires des colonies, plus intéressée par les relations entre l'Empire et les colonies que par le sort des *coloured people* en Grande-Bretagne.

dès l'arrivée, à partir de 1948, de travailleurs en provenance du Commonwealth et avec l'extension des pratiques de *colour bar*[2] (l'interdiction d'accès à certains endroits à des personnes de couleur), des discussions s'engagent quant au bien-fondé d'une législation contre la discrimination raciale. Mais, en 1953, la Chambre des communes rejette le projet de loi intitulé *Colour Bar Bill* dont le but était de rendre illégale la discrimination raciale dans les hôtels et les endroits publics.

La législation dans ce domaine connaît en fait trois grandes périodes. La première, avant la promulgation des lois, qui va de 1945 à 1965. La deuxième, qui va de 1965 à 1976, est celle où les premières lois sont votées. Enfin, celle qui s'étend de 1976 à aujourd'hui est caractérisée par un renforcement continu de la législation, dont l'importance peut être lue, à rebours, comme un symptôme, et de l'extension des pratiques de discrimination, et de la prise de conscience grandissante de l'opinion publique, et en tout premier lieu des minorités.

Jusqu'à 1965, la discrimination raciale n'est pas pénalisée par la loi. Bien qu'aucune institution ne repose ouvertement sur elle, le phénomène semble assez courant à l'époque, notamment dans l'emploi : les employeurs embauchent la main-d'œuvre de couleur pour les tâches les moins intéressantes. Au sein de cette population, deux catégories sont plus anciennes que les autres.

Un premier groupe est celui des *coloured seamen* travaillant dans les ports de Cardiff, Liverpool, Londres et Bristol, sujets à des réglementations d'embauche fondée sur la nationalité, et très fortement discriminés, ainsi que leurs femmes ou enfants[3]. Isolée et discriminée, cette population est pour beaucoup l'objet d'un racisme d'infériorisation, mais certains, en son sein, connaîtront un mouvement de mobilité sociale ascendante[4].

---

2. Voir à ce sujet Anthony Richmond, *The Colour Problem*, *op. cit.* ; Kenneth Little, *Negroes in Britain. A Study of Racial Relations in English Society*, Routledge & Kegan, Londres, 1948 ; et Clifford S. Hill, *How Colour-Prejudiced is Britain*, Gollancz, Londres, 1965.

3. Voir, pour une analyse de ces formes de discrimination, Kenneth Little, *op. cit.*, pour Tiger Bay et Cardiff ; Anthony Richmond, *Colour Prejudice in Britain. A Study of West Indian Workers in Liverpool, 1941-1951*, Londres, Routledge, 1954, pour Liverpool ; et, pour Londres, Michael Banton, *White and Coloured*, Jonathan Cape, Londres, 1959.

4. Cf. lord Gifford, Wally Brown, Ruth Bundey, *Loosen the Shackles*, 1989. En 1913, est élu le premier maire de couleur à Battersea. Voir Peter Fryer, *Staying Power : The History of Black People in Britain*, Pluto Press, Londres, 1984, p. 290.

Le second groupe est celui des travailleurs coloniaux recrutés afin de remplacer la main-d'œuvre britannique pendant la Seconde Guerre mondiale, surtout dans les usines de Liverpool et de Manchester. Logés dans des foyers, ils ne connaîtront vraiment la discrimination qu'une fois la guerre terminée, en particulier à l'occasion des émeutes de Liverpool en 1947.

Bien qu'une législation spécifique n'ait pas encore vu le jour, la période est celle d'une prise de conscience graduelle du problème, et des premiers efforts du Parti travailliste et du Movement for Colonial Freedom pour introduire un cadre légal. La fin de cette période est aussi marquée par l'influence croissante du mouvement des droits civiques des États-Unis, renforcée par la visite au Royaume-Uni de Martin Luther King Jr. en 1964, qui encourage les partisans d'une loi. La « campagne contre la discrimination raciale » est lancée à la fin de 1964[5]. Le premier *Race Relations Act* interdisant la discrimination raciale dans les lieux publics et l'incitation à la haine raciale est voté en 1965.

La décennie 1965-1976 est surtout marquée par deux enquêtes nationales sur la pratique de la discrimination raciale, l'une en 1968 et l'autre en 1977. Il en résulte le constat de la nécessité de reformuler les lois de 1965 et de 1968 afin de tenir compte de la discrimination indirecte. Enfin, la période est aussi caractérisée par la séparation entre les libéraux, partisans d'une législation antidiscrimination, et les minorités de couleur (qu'elles soient d'origine antillaise ou indo-pakistanaise), de plus en plus crispées autour de la défense de leurs identités.

La première enquête *Racial Discrimination in England* aboutit à deux grandes conclusions[6]. La première est que l'expérience de la discrimination raciale directe augmente au fur et à mesure que les immigrés s'habituent à la vie au Royaume-Uni. Ainsi, dès 1968, les responsables prennent conscience que le plus grand danger sera pour les enfants des primo-immigrants. La seconde est que la discrimination a comme effet sur les immigrés de renforcer les tendances au

5. Cf. Benjamin W. HEINEMAN Jr., *The Politics of the Powerless. A Study of the Campaign Against Racial Discrimination*, Oxford University Press, Londres, 1972.

6. William W. DANIEL, *Racial Discrimination in England*, Penguin, Londres, 1968.

repli communautaire et à la formation de toute une frange de citoyens de seconde classe[7].

En avril 1968, et malgré un contexte fortement hostile[8], il est décidé d'étendre la loi de 1965 et de rendre illégale toute discrimination raciale dans les domaines du logement, de l'emploi et de l'accès aux services. La loi fixe aussi une procédure de plainte et se préoccupe d'orienter le plus possible les cas repérés vers des conciliations.

Conduite en 1974, la deuxième enquête ternit encore davantage l'image de la discrimination raciale. Elle constate, en effet, que suite à la loi de 1968 la discrimination a tendance à devenir de plus en plus sophistiquée et feutrée[9]. Mais l'enquête montre surtout les difficultés à prouver les actes de discrimination, la non-conscience de certaines victimes d'être discriminées et l'ignorance de la législation existante, ainsi que le fait que la loi contre l'incitation à la haine raciale n'a en fait été utilisée que contre les militants du Black Power[10] et jamais contre le National Front ou Enoch Powell.

En 1975, le gouvernement travailliste de Harold Wilson prend acte des recommandations du rapport du Select Committee of the House Commons on Race Relations and Immigration. Il reconnaît les risques qu'apporte l'accumulation de désavantages sociaux et raciaux pour certains groupes, et l'urgence d'une intervention allant à l'encontre de ces tendances[11]. Les buts de la législation s'élargiront jusqu'à inclure, à certains égards, une « justice de groupe », afin de prendre activement en considération l'histoire de certaines minorités[12].

---

7. *Ibid.*, p. 224.

8. En février 1968, le gouvernement travailliste vote une loi restreignant la définition de la nationalité britannique à ceux qui sont nés, ou dont un parent ou grand-parent est né au Royaume-Uni, et instaurant un système de permis spéciaux et la fixation d'un quota annuel pour les Indiens porteurs de passeports britanniques en Afrique orientale. Par ailleurs, rappelons que c'est en avril 1968, à Birmingham, qu'Enoch Powell prononce son plus célèbre — et très violent — discours.

9. Par exemple, l'enquête révèle que des expressions du type « *no coloured* » ont tendance à disparaître, mais non la discrimination, qui se réfugie désormais sous d'autres types d'expressions. Cf. David J. SMITH, *Racial Disadvantage in Britain*, Pelican, Londres, 1977, p. 122-126.

10. Par exemple, le procès d'Obi Egbuna en 1968.

11. Home Office, *Racial Discrimination*, Cmnd 6234, HMSO, Londres, 1975.

12. Christopher MCCRUDDEN, David J. SMITH, Colin BROWN, *Racial Justice at Work: The Enforcement of the Race Relations Act 1976 in Employment*, Policy Studies Institute (PSI), Londres, 1991, chapitre premier.

Le *Race Relation Act* de 1976 est une refonte importante de la législation précédente. Non seulement il pénalise la discrimination directe, mais il vise aussi à proscrire la discrimination indirecte, définie comme l'imposition d'une condition qui s'applique à tous, dont l'impact est inégal et défavorable à un groupe racial, et qui ne peut être justifiée indépendamment de la couleur ou de la race. Est visée par là, avant tout, la discrimination de type institutionnel. Enfin, la loi modifie aussi la procédure permettant la défense des victimes qui ont désormais le droit de s'adresser directement à la justice sans avoir à transiter par des mécanismes intermédiaires visant à la conciliation des parties.

Bref, année après année, enquête après enquête[13], les pouvoirs publics sont amenés à reconnaître la persistance des pratiques de discrimination, voire, à suivre certaines études, leur approfondissement.

## *La lutte contre la discrimination au niveau local*

La reconnaissance de l'existence d'un désavantage racial[14] ainsi que de besoins spécifiques aux minorités ethniques se traduit par la mise en place de politiques d'action positive lors de la rénovation urbaine de certaines villes. Les différences entre les politiques locales sont importantes, dans la mesure où elles font souvent face à des situations fort diverses[15] (histoire de l'immigration, nombre des minorités présentes) mais aussi à la grande variété des tendances politiques et des rapports de force propres à chaque situation locale. Enfin, la situation a connu des variations récentes du fait de l'entrée croissante d'élus municipaux originaires des minorités ethniques (ils représentent jusqu'à 20 % du conseil municipal à Leicester et Hackney).

L'origine des politiques locales remonte aux années cin-

13. La troisième enquête nationale sur l'incidence de la discrimination raciale, publiée en 1984, conclut sur un ton plutôt pessimiste au sujet de la persistance des pratiques de discrimination. Voir Colin BROWN, *Black and White Britain. The Third PSI Survey*, Heinemann, Londres, 1984, p. 323.

14. Le concept fut notamment souligné dans le rapport de lord Scarman après les émeutes de Brixton en 1981, prolongées par d'autres émeutes dans plusieurs grandes villes. Cf. lord SCARMAN, *The Scarman Report. The Brixton Disorders 10-12 April 1981*, Penguin, Londres, 1986.

15. Pour une critique sévère des politiques mises en place par des municipalités travaillistes, cf. Russell LEWIS, *Antiracism: a Mania Exposed*, Quartet, Londres, 1988.

quante et à la création de comités d'accueil visant à aplanir les difficultés de logement et d'établissement des nouveaux venus et animés par des Églises, des syndicats et des organismes non gouvernementaux (tels que les Community Service Volunteers). En 1965, au niveau local, on pouvait compter sur trois types d'acteurs : des associations d'immigrés, des associations de lutte contre la discrimination raciale et des comités de volontaires. Signalons, encore une fois, la spécificité de l'ensemble des politiques antiracistes britanniques, axées le plus souvent sur un traitement civil des problèmes.

Suite à la législation de 1976, les municipalités mettent en œuvre des politiques d'égalité raciale et la promotion de bonnes relations interethniques, et surtout s'efforcent de prendre en compte les besoins spécifiques des minorités dans les services dont elles assurent la gestion (le logement du secteur public — *council housing* —, une partie de l'éducation et les services sociaux). C'est ainsi, par exemple, que les repas servis dans les écoles prennent en considération les spécificités alimentaires des minorités.

L'élan est poursuivi par des politiques de *positive action* (action positive). Il n'y a pas de quotas au Royaume-Uni, et ceux-ci sont même formellement interdits par la loi. Il s'agit en fait de politiques visant à combler le désavantage racial, et essayant d'assurer une certaine « représentativité » ethnique aux différentes minorités au sein, par exemple, du personnel d'une municipalité[16]. Cet élan est rendu plus difficile par la volonté du gouvernement de Margaret Thatcher de limiter les pouvoirs du gouvernement local et leur financement.

Les différences d'une ville à une autre sont moins à mettre en relation avec les tendances politiques des municipalités qu'avec la diversité sociale des situations auxquelles ces politiques locales doivent faire face. Pour le montrer, concentrons-nous sur les différents traitements assurés à la discrimination dans trois villes gérées par des municipalités travaillistes.

Hackney, la municipalité la plus pauvre de Londres, avec un taux important de chômage et une population composée pour moitié de minorités ethniques d'origines très diverses,

---

16. Cf. Naomi CONNELLY, *Ethnic Record-Keeping and Monitoring in Service Delivery*, PSI, Londres, 1988.

connaît, en 1981, des débuts d'émeutes. Le conseil municipal, travailliste de gauche, décide de rencontrer les jeunes et leur promet un local où se réunir. Par ailleurs, à partir de 1980, et tous les deux ans, le maire élu est originaire des minorités ethniques et une variation importante dans la composante ethnique des employés de la municipalité s'opère.

Cette pratique favorise à sa manière la montée des communautés au politique, qui est parfois la seule possibilité pour elles d'asseoir une mobilisation collective, et pour les autorités de gérer la municipalité. A Hackney, municipalité travailliste de longue date, et où les travaïllistes détiennent en 1989 51 sièges sur 60, la stabilité politique n'est pas totalement étrangère à la capacité du Parti travailliste à présenter des conseillers élus appartenant aux « Black and ethnic minorities » (sur un total de 17 élus appartenant aux différentes minorités — soit 28 % du total —, 15 l'ont été pour le compte du Parti travailliste). Pourtant, le système politique impose une identité collective aux minorités, et notamment des catégories globales comme « Blacks » ou « immigrés » qui ne tiennent pas compte des diversités ethniques. Il comporte des risques de dérapages vers une logique de représentation politique des minorités axée sur la recherche d'élus issus de leur sein, et non pas sur leur capacité à obtenir des résultats[17].

Leicester, à l'inverse, est une ville assez prospère. La population est composée pour près de 30 % de minorités ethniques, et est en fait très homogène puisque les Indiens d'Afrique orientale constituent l'essentiel de ces minorités[18]. Quelque peu délaissés par la municipalité, les Indiens se sont pris en charge eux-mêmes : ils rachètent les anciennes usines textiles, et le Melton Road, au lieu de tomber en désuétude, est devenu un des plus importants centres commerciaux hindous de l'Europe. C'est alors que la mairie a reconnu le poids croissant de cette minorité en lui donnant une capacité de peser sur les décisions municipales et en créant une Race Relations Unit en 1981.

Liverpool, une des plus anciennes concentrations de « Black British », n'a toujours pas de Race Relations Unit

---

17. Pour une mise en garde dans ce sens, Brian JACOBS, *op. cit.*, p. 83.

18. Lorsqu'en 1972 les Indiens britanniques furent expulsés de l'Ouganda, la ville de Leicester paya une annonce dans la presse ougandaise déclarant que la ville était déjà au complet. Les chaînes migratoires ont fait néanmoins qu'une partie importante de cette population est allée s'installer à Leicester.

au sein de la municipalité, n'a que deux conseillers de couleur et n'applique qu'avec beaucoup de difficulté une politique d'action positive. A Liverpool, la discrimination se révèle plus enracinée et difficile à changer, au point que la situation est caractérisée comme *uniquely horrific* (« exceptionnellement terrifiante ») par un rapport officiel[19].

Il faut donc conclure par un double constat : d'une part, celui de la persistance du phénomène de la discrimination au Royaume-Uni, voire même de son extension en des formes plus subtiles ou indirectes ; d'autre part, celui de la multiplicité des politiques locales.

## Les limites du National Front

Trois phénomènes, chacun à leur niveau, ont entravé la montée électorale du National Front, et pesé sur son déclin.

### *La réaction du mouvement culturel*

Il faut ici probablement distinguer entre les réactions culturelles ayant eu un relais du côté de certaines formations politiques, de celles ayant gardé un caractère strictement « culturel ». D'une part, suite à une déclaration de soutien à Enoch Powell du guitariste Eric Clapton, quelques musiciens et étudiants aux Beaux-Arts décident de lancer une campagne intitulée « Rock Against Racism »[20]. Cette campagne est prise en main politiquement par le Socialist Workers Party (ex-International Socialists). L'année suivante, le Socialist Workers Party crée la Anti-Nazi League, une organisation qui vise à regrouper les efforts antifascistes de tout un

19. Gifford Report, *Loosen The Shackles*, Karia Press, Londres, 1989, p. 23. Et un peu plus haut, dans le même rapport, on peut lire : « Nous exprimons notre stupéfaction devant le fait que les Noirs de Liverpool n'ont pas encore atteint, même de façon limitée, d'amélioration dans le travail, pour le logement et pour un traitement égal obtenus par des communautés noires arrivées plus récemment dans d'autres villes du Royaume-Uni. » *Ibid.*, p. 22-23.

20. « Aux élections municipales de Londres en 1976, le National Front obtint plus de voix que les libéraux et devint le troisième grand parti. A la même époque, à ma stupéfaction, j'entendis un discours d'Eric Clapton dans un concert à Birmingham. Il disait qu'il ne voulait plus d'étrangers dans le pays et qu'Enoch Powell ferait un grand leader. Hallucinant ! J'ai écrit au *Melody Maker* pour m'indigner. Clapton ! Qui tirait tout son fric du blues et la musique noire ! J'écrivis que je voulais lancer une campagne intitulée Rock Against Racism. » Red SAUNDERS, *Actuel*, n° 30, juin 1993 ; et David WIDGERY, *Beating Time. Riot 'n' Race 'n' Rock 'n' Roll*, Chatto, Londres, 1986.

ensemble d'individus et d'associations politiques qui veulent contrer le National Front, et comprenant, entre autres, la revue antifasciste *Searchlight*.

D'autre part, le mouvement punk arrive sur la scène et le passage du groupe *Sex Pistols*[21] avec, en 1976, « Anarchy in the UK » et, en 1977, « God Save the Queen » (interdit partout), qui comprend le slogan le plus connu : « No Future », suscite d'importantes réactions. Leur répertoire comprend aussi le titre « Belsen was a Gas », et la croix gammée fait partie de leurs symboles[22]. Au cours de l'année suivante, les punks sont identifiés à l'extrême droite par les médias, et tout ce mouvement, à commencer par les musiciens, est pressé de se prononcer sur ses affiliations politiques. Les Clash représente l'antiracisme dans ce mouvement, enregistrant « White Riot » et une version de « Police and Thieves » en 1976. Enfin, Bob Marley enregistre « A Punky Reggae Party » en 1978. Deux films rappellent cette époque : *Rude Boy* (avec les Clash) et *The Great Rock and Roll Swindle*, l'histoire des Sex Pistols par leur manager, Malcolm MacLaren.

Les interactions entre ces diverses campagnes et d'autres mouvements des minorités sont nombreuses, ce qu'attestent, par exemple, les campagnes sur « the Right to Work » (le droit au travail) menées par le Socialist Workers Party, le droit d'être homosexuel mené par un groupe d'étudiants aux Beaux-Arts, le répertoire du Tom Robinson Band, membre actif de Rock Against Racism, et la campagne de l'Anti-Nazi League contre le National Front, avec ses slogans comme « National Front = No Future », et « National Front = No Fun », qui reprennent des refrains des Sex Pistols.

Les manifestations du National Front deviennent de plus en plus violentes. A Lewisham en 1978, la confrontation avec les antiracistes fait une centaine de blessés et la police est débordée, ce qui avait déjà été le cas en 1976 et 1977 à la fin du carnaval tenu tous les ans au mois d'août à Notting Hill par les Trinidadiens et Jamaïcains (voir le film *Blacks Britannica*).

Du côté du National Front, Martin Webster a reconnu que la campagne de l'Anti-Nazi League et de Rock Against

---

21. Greil MARCUS, *Lipstick Traces: A Secret History of the Twentieth Century*, Harvard University Press, Cambridge, Mass., 1989, p. 33.

22. *Ibid.*, p. 117. L'expression « Belsen was a Gas » est un jeu de mots ; l'expression renvoie aux chambres à gaz et signifie en même temps, en argot, « Belsen était formidable ».

Racism avait eu un effet profond non seulement sur le recrutement au National Front, mais aussi sur son image[23], ternie, par ailleurs, par ses relations avec des groupuscules violents comme les skinheads. Mais, bien qu'importantes, ces actions n'ont pas pu, à elles seules, éroder l'espace électoral du National Front.

## *Les faiblesses du National Front*

Bien qu'on ne puisse ici que présenter certaines hypothèses, il nous semble que l'analyse de l'effondrement électoral du National Front doit aussi et surtout tenir compte, d'une part, de son inspiration initiale et, d'autre part, de la démarche politique suivie par Margaret Thatcher. La clé de son échec est à chercher dans ses orientations premières (plutôt que dans son histoire postérieure) et dans sa difficulté à se transformer, à cause de l'action du gouvernement conservateur, en un véritable parti populiste et xénophobe.

L'émergence du National Front a, dans une certaine mesure, devancé la crise sociale du Royaume-Uni des années soixante-dix et le cœur de son discours (en tout cas au niveau de son efficacité symbolique) se trouve (mais aussi, comme on l'a vu, chez Enoch Powell) dans l'expression d'un sentiment de menace, identitaire et sécuritaire, lié très vite à la présence des immigrés sur le sol anglais. Certes, ce discours initial subit au fil des années des variations et des infléchissements thématiques non négligeables, mais il n'empêche que l'identité politique du National Front a été plus celle d'un parti soucieux de l'avenir de la nation anglaise que d'une force plébéienne traduisant au niveau politique le désarroi des laissés-pour-compte de la crise sociale ou économique. Notons aussi que, dès le départ, le thème mobilisé par le National Front, à savoir le sentiment de menace identitaire et d'insécurité, a recours pour se structurer à des éléments imaginaires. Quant aux analyses sociologiques de ce vote, certaines recherches lient la montée électorale du National Front aux restructurations sociales et économiques des *inner cities* des anciens bastions ouvriers[24], d'autres, au contraire, ont tendance à souligner plus largement la présence des immi-

---

23. David WIDGERY, *op. cit.*, p. 111.
24. Cf. Annie PHIZACKLEA et Robert MILES, *Labour and Racism*, Routledge, Londres, 1980.

grés, les changements économiques locaux ainsi que les virevoltes de la politique raciale[25]. D'où, par ailleurs, comme on l'a vu, les limites très vite atteintes d'un soutien électoral toujours très localisé du National Front, et les divisions internes secouant le parti[26]. Mais concentrons-nous sur les aspects « symboliques » du processus.

L'appel à la défense d'une identité nationale était susceptible d'être très facilement prolongé par une référence aux traditions, elles-mêmes se structurant par un appel à l'ordre. Face à l'éclatement socio-culturel du Royaume-Uni des années soixante-dix, le National Front a eu alors tendance, pour certaines couches sociales au moins, à exprimer des demandes idéologico-sécuritaires réagissant aux transformations d'une société de plus en plus « tolérante », « permissive », et aux « blocages corporatistes » qui la rendaient « ingouvernable ».

Ces réalités permettent de nuancer l'explication de la retombée électorale du National Front par l'existence d'une sorte de « loi » politico-stragégique, selon laquelle la montée de l'extrême droite n'est qu'une conséquence plus ou moins directe, fâcheuse mais transitoire, d'un gouvernement de gauche, un malaise que l'arrivée au pouvoir de Margaret Thatcher aurait à elle seule permis d'apaiser. Explication trop courte qui passe sous silence les caractéristiques congénitales du National Front : plus un appel nationaliste et autoritaire, teinté de nostalgie post-impérialiste, qu'une véritable poussée populiste capable de structurer les peurs et les déclassements du « peuple ».

A ces éléments s'ajoutent la stabilité du bipartisme et le rôle discriminant du mode de scrutin britannique, qui pénalisent fortement les partis minoritaires. Dans ces conditions, le National Front ne pouvait pas lier le malaise social à un malaise politique. En comparant la France et la Grande-Bretagne, Didier Lapeyronnie suggère qu'en Grande-Bretagne la plus forte sectarisation de la classe ouvrière britannique, sa résistance à une modernisation externe, le rejet que subissent les minorités ethniques de la part de communautés ouvrières aboutissent, en opposition à la France (où les banlieues sont plutôt frappées d'« anomie »), à des formes de dislocation plutôt sociale et culturelle, structurées par

25. Cf. Christopher HUSBANDS, *Racial Exclusionism and the City*, *op. cit.*
26. *Ibid.*

la xénophobie et la crispation, tandis qu'en France c'est le politique qui vient combler un vide de formes de participation[27].

Mais revenons plus en détail sur le « non-passage » au politique du racisme au Royaume-Uni. L'analyse ne doit pas oublier, ni sous-estimer, le fait qu'au Royaume-Uni, très tôt, les deux grands partis sont arrivés à un consensus quant aux orientations générales d'une politique d'immigration, et ont convergé dans leur volonté d'enlever le plus possible une charge électorale au thème de l'immigration. De ce point de vue, le cas britannique est aux antipodes de l'expérience française : en effet, en France, un certain consensus règne autour du modèle d'intégration républicain, et cela, malgré ses difficultés actuelles, et le débat politique est très désordonné en ce qui concerne le contrôle des flux d'immigration ou la réalité des clandestins. Situation parfaitement inverse au Royaume-Uni où, au consensus très tôt acquis quant au contrôle des flux d'immigration, s'opposent de plus en plus de forts débats quant au mode d'insertion future des minorités.

## *Margaret Thatcher et le racisme : la réponse du libéralisme autoritaire*

Il revient au Parti conservateur et au discours musclé de Margaret Thatcher le mérite d'avoir agi sur la montée du National Front. Déjà en 1978, le score électoral du National Front commençait à baisser aux élections locales — à Leicester, par exemple, le National Front ne recueille plus que 5 % des voix[28]. Il est vrai que Margaret Thatcher avait déclaré à la télévision que les conservateurs mettraient en place un contrôle d'immigration très strict car « les gens ont vraiment peur que ce pays soit submergé par des individus d'une autre culture[29] ». Dans les discours de Margaret Thatcher, l'appel, « anglais » chez Powell, devient le plus souvent *British*, souvent associé au thème de l'Empire, qui sera exploité à fond pendant la guerre des Malouines. La fermeté du ton et la volonté de récupérer les thèmes du National

27. Cf. Didier LAPEYRONNIE, *op. cit.*
28. David WIDGERY, *op. cit.*, p. 111.
29. John SOLOMOS, *op. cit.*, p. 7.

Front vont se révéler payantes : le Parti conservateur prendra des voix à l'extrême droite[30].

L'explication de la réussite électorale des conservateurs doit tenir compte à la fois de la force idéologico-identitaire mobilisée par Margaret Thatcher en 1979 (et, de ce point de vue, l'expérience anglaise est bien aux antipodes du cas français où, tout au long des années quatre-vingt, la gauche gestionnaire et l'opposition néo-libérale n'ont fait que rapprocher leurs positions) et des effets de sa politique ôtant tout espace à la consolidation d'un populisme à relents tribunitiens. En effet, la « nation » sera, pour Margaret Thatcher, le moyen de lier l'efficacité du thème plus ou moins implicite de la « race » avec le projet plus général d'un libéralisme ferme, autoritaire même, accusant la « nouvelle classe », selon l'expression des conservateurs, de tous les maux du pays[31]. Autrement dit, la transformation du powellisme en thatchérisme s'opère par la consolidation d'un nouveau langage politique[32] : la nation, sinon la race, devient le cadre d'une rhétorique de l'ordre à travers laquelle les conservateurs mobilisent le mécontentement populaire contre le déclin britannique. Ce ton est en accord avec la fermeté montrée par les conservateurs sous la direction de Margaret Thatcher en matière de contrôle de l'immigration, à tel point que le nombre d'immigrés, suite à des restrictions sur la venue des femmes et des enfants, baisse de 8 500 personnes en 1986, pour n'être cette année-là que de 46 800, le nombre le plus bas depuis 1962[33].

Les limites du passage au politique du racisme au Royaume-Uni tiennent donc pour beaucoup à la nature de l'appel initial du National Front (plutôt national que social) ainsi qu'à la capacité de Margaret Thatcher (aidée en cela par la forte survivance au Royaume-Uni du clivage gauche/droite en dépit même du déclin de la classe ouvrière) d'incarner et de gérer des aspirations autoritaro-nationales. Ce résultat, auquel la guerre des Malouines n'est pas totalement

---

30. Zig Layton-Henry, « Race and the Thatcher Government », *in* Zig Layton-Henry et Paul Rich (eds), *Race, Government and Politics in Britain*, Macmillan, Londres, 1986.

31. Pour une analyse de l'importance de la « guerre de propagande » dans le succès de Margaret Thatcher, cf. François Poirier, *Génération Thatcher*, Presses universitaires de Vincennes, Saint-Denis, 1992, surtout p. 117-118.

32. Cf. Paul Gilroy, *op cit.*, p. 47-48.

33. Brian Jacobs, *Racism in Britain*, Christopher Helm, Londres, 1988, p. 57.

ngère[34], a pour effet de repousser, en tout cas pour un certain temps, toute éventuelle pression populiste. La meilleure et la plus courte présentation de cette pratique politique consiste à examiner le mode de légitimation auquel fait appel le gouvernement conservateur.

La légitimité est souvent associée à la capacité d'un gouvernement d'engendrer la conviction chez les citoyens que les institutions en place sont les plus adéquates. Mais si ce sentiment s'appuie sur l'idée que les institutions sont et doivent être valorisées en elles-mêmes, il n'empêche que, aux yeux de l'opinion publique, la valeur d'un ordre politique dépend plutôt d'un ensemble d'institutions interdépendantes qui visent à assurer un consensus moyennant une distribution équitable de la richesse socialement produite. Lorsque la possibilité d'assurer cette conviction par la redistribution n'est plus garantie, un régime moderne entre dans une phase de crise de légitimité.

La Grande-Bretagne des années soixante-dix était dans une situation de ce type. Le système politique pouvait difficilement continuer à chercher une légitimité du type « social-démocrate », comme celle qu'avait connue le pays depuis au moins la Seconde Guerre mondiale[35]. C'est à ce moment que deux stratégies contraires ont pris corps. D'une part, l'appel à une légitimité libérale pure, consistant à privilégier la « séduction individualiste » en s'appuyant sur la fragmentation du tissu social et sur la revalorisation de la réussite individuelle. D'autre part, la montée d'une légitimité populiste tirant sa force de la double faille créée par la dissociation du social et du politique et par le besoin fortement ressenti par les appareils politiques de se doter d'un surplus symbolique de légitimité.

Le propre du thatchérisme fut d'être un mélange des deux, de s'appuyer sur une stratégie de légitimation libérale, axée principalement sur la « séduction individualiste » et la méfiance envers les organisations sociales, mais déployée pratiquement à travers des attitudes plébéiennes et un ton

34. Voir, pour un approfondissement dans cette direction, Paul GILROY, *op. cit.*, p. 51 et s.

35. Pour Stuart Hall, le succès du thatchérisme est à lier plus largement au déclin britannique, à l'effondrement du troisième gouvernement travailliste d'après-guerre et à la fin du consensus social-démocrate, enfin, au retour de la guerre froide. Cf. Stuart HALL et Martin JACQUES (eds), *The Politics of Thatcherism*, Lawrence and Wishart, Londres, 1983.

autoritaire. Libéral dans son contenu et autoritaire dans ses formes, l'appel de Margaret Thatcher a permis de ressouder le lien entre les gouvernés et les gouvernants, et d'ôter tout espace politique à la poussée de l'extrême droite[36]. Si Margaret Thatcher a effectivement récupéré bien des thèmes de celle-ci, elle l'a fait en leur enlevant toute charge « extrémiste » : plus simplement, elle a rendu possible leur traitement par le système politique établi en les détournant.

En effet, Margaret Thatcher arrive au gouvernement à un moment où certains secteurs du pays « désespèrent » des blocages corporatistes, associés selon eux à de graves difficultés économiques[37]. Ayant longtemps « résisté » à la modernisation économique, le gouvernement conservateur fait alors passer l'idée qu'une des raisons centrales de la crise britannique se trouve dans les protections dont jouissent les syndicats. Le cœur de la pratique libéralo-clientéliste de Margaret Thatcher est alors de s'opposer le plus possible aux acteurs sociaux constitués (avant tout les syndicats)[38], et d'encourager par la « séduction individualiste » un modèle qui emploie les inégalités (en tout cas les différences) sociales comme source de participation : l'individu participe de manière singulière aux services sociaux. Mais au sein de ce dispositif, Margaret Thatcher se charge efficacement de souder le « petit peuple » contre la « nouvelle classe »[39].

Confronté aux exigences de la rigueur économique, le gou-

---

36. Pour cette caractérisation du populisme thatchérien, voir Monica CHARLOT, « Doctrine et image : le thatchérisme est-il un populisme ? », *in* Jacques LERUEZ (ed.), *Le Thatchérisme : doctrine et action*, La Documentation française, Paris, 1984, p. 19-21.

37. Cf. Stanley ARONOWITZ, *The Road from Thatcherism*, Lawrence and Wishart, Londres, 1981 ; Ph. JONES, « The Thatcher experiment », *Politics and Power*, 2, RKP, Londres, 1980.

38. Une situation aggravée politiquement par la fermeté du ton de Margaret Thatcher, le climat de révolution idéologique créé par la nouvelle droite libérale, la méfiance du nouveau gouvernement face aux négociations collectives, très imprégnées à ses yeux de réflexes corporatistes, le tout exigeant donc un affaiblissement progressif du pouvoir des syndicats.

39. Ce qui nous éloigne des analyses fondées sur la notion des « deux nations », cf. Bob JESSOP, Kevin BONNETT, Simon BROMLEY et Tom LING, « Authoritarian populism, two nations and Thatcherism », *New Left Review*, 147, septembre-octobre 1984, p. 32-61 (pour une traduction française condensée, cf. *Politique aujourd'hui*, n° 9, mars-avril 1985, p. 114-123). D'ailleurs, en février 1983, Margaret Thatcher déclarait au *Sunday Times Review* : « Je suis plus près de créer une seule nation que le travaillisme ne le sera jamais. Le socialisme, c'est deux nations. Les dirigeants avec leurs privilèges et tous les autres. [...] Pour moi, ce que je m'acharne à faire, c'est de créer une seule nation dans laquelle chacun serait propriétaire ou aurait la chance de le devenir. » Cité par Monica CHARLOT, « Doctrine et image : le thatchérisme est-il un populisme ? », *op. cit.*, p. 20.

vernement conservateur entend promouvoir la modernisation du pays. Sa marge de manœuvre est réduite, l'identification à ce que les conservateurs considèrent comme étant l'intérêt national allant à l'encontre des intérêts de certains groupes sociaux. Dans cette situation, un clientélisme traditionnel est d'autant moins de mise qu'il a, tôt ou tard, tendance à entraver l'action d'un gouvernement par la démultiplication de demandes sociales hétérogènes.

Pour ce faire, certains gouvernements glissent alors vers un modèle essayant de tenir compte des demandes sociales diverses, d'unir si possible autant les couches moyennes que les secteurs appauvris autour d'un pacte social, aussi faible soit-il, quitte à isoler certains groupes sociaux. Tout autre a été la visée de Margaret Thatcher, pour qui il s'est agi moins d'isoler la classe ouvrière que de l'intégrer à son projet libéral par la « séduction individualiste » et la création de nouveaux mécanismes clientélistes d'État. Les droits de propriété et la mise en forme d'un capitalisme populaire, avec la constitution d'un nombre considérable de citoyens-actionnaires, sont les ressources clés du processus.

La décomposition de la classe ouvrière, la crise économique et les risques d'explosion urbaine vont ainsi favoriser la « fuite » vers la réussite individualiste, au détriment des anciennes solidarités collectives. Il ne s'agit pas pour nous de nier l'emprise des identités classistes dans l'autoperception des acteurs, ni d'expliquer ce changement par la seule transformation des mentalités (bien qu'elle ait eu un rôle important dans cette évolution), mais d'insister sur la force de séduction[40] d'un modèle capable de faire des anciens travailleurs de petits propriétaires, de gérer la question sociale non plus seulement par l'extension de la consommation, mais par l'octroi de statuts sociaux[41], en recréant à travers une politique libérale le rêve traditionnel d'un populisme (à l'américaine), celui d'une société de citoyens-propriétaires. Mais la réflexion ne peut pas en rester là. Cette politique visait

---

40. Le poids idéologique de la « nouvelle droite » ne peut pas être sous-estimé, ni le climat de « révolution conservatrice » de la période, d'ailleurs fortement représenté par Ronald Reagan et Margaret Thatcher. Voir, pour la nouvelle droite, *The New Right. Image and Reality*, The Runnymede Trust, Londres, 1986 ; et pour ses liens avec le racisme, Paul GORDON et Francesa KLUG, *New Right/New Racism*, Searchlight, Londres, 1986.

41. Cf. Peter SAUNDERS, « Beyond housing classes : the sociological significance of private property rights in means of consumption », *in* Linda MCDOWELL, Philip SARRE et Chris HAMNETT (eds), *Divided Nation*, *op. cit.*

autant à dynamiser l'économie qu'à établir et à renforcer un lien entre les citoyens et le gouvernement à un moment de crise (où l'État n'avait pas beaucoup d'autres possibilités de redistribution).

C'est ainsi que la loi de 1980, qui permet aux collectivités locales de vendre les logements sociaux aux locataires à des prix très avantageux, exerce, à cause de son étendue[42], une importance politique non négligeable. En effet, toutes conditions sociales égales par ailleurs, les propriétaires de leur logement ont tendance à voter plutôt pour le Parti conservateur (le pourcentage des propriétaires de leur logement qui votent pour les conservateurs passe, entre 1979 et 1987, de 68 % à 76 %)[43].

Les possibilités de réussite de Margaret Thatcher face au National Front étaient d'autant plus élevées que celui-ci s'est surtout efforcé de mobiliser les peurs des gens. Le caractère musclé du gouvernement conservateur[44], son appel aux traditions et à la fierté britanniques, « à la loi et à l'ordre », les mesures fermes (parfois même à la limite de la légalité) prises à l'encontre de l'immigration, et la logique de « distinction » introduite et peaufinée tout au long des dernières années autour de la nationalité ont ôté au racisme sinon bien des raisons d'être, du moins l'occasion de s'installer sur la scène politique.

---

42. Sorte de politique publique de « distinction » sociale, son efficacité symbolique n'est pas contrariée par le fait qu'une partie importante des immigrés sont propriétaires de leur maison. A la différence « qualitative » des logements s'ajoute le sentiment de promotion sociale expérimentée par une partie de la classe ouvrière. Ajoutons que, jusqu'en 1984, la loi a permis de privatiser 650 000 logements, faisant passer le taux de propriétaires-occupants de 56 % à 62 % dans l'ensemble du pays (le chiffre ira jusqu'à 67 %). Cf. Jacques LERUEZ, « Le thatchérisme à l'épreuve du pouvoir : "incrémentalisme" et radicalisme », *Pouvoirs*, n° 37, 1986, p. 37.

43. Cf. Monica CHARLOT, « Un effet patrimoine ? », p. 33-51, et Anne DAVIE, « Une politique patrimoniale », p. 11-32, *in* Monica CHARLOT (ed.), *L'Effet Thatcher*, Economica, Paris, 1989.

44. Et cela pas seulement dans son discours. Entre 1979 et 1983, les crédits d'équipement et de fonctionnement de la police ont été accrus de 33 %. Cf. Jacques LERUEZ, *op. cit.*, p. 164.

## Le débat des sociologues britanniques

Les analyses que nous avons développées reposent sur l'hypothèse générale selon laquelle les manifestations du racisme en Grande-Bretagne procèdent de transformations sociales, culturelles et politiques. D'une certaine façon, les débats, vifs et animés, au sein de la sociologie britannique peuvent être lus eux aussi à partir de cette hypothèse, et des différentes positions intellectuelles qu'elle autorise.

Ces débats sociologiques se structurent autour de deux positions extrêmes : d'un côté, ceux qui s'efforcent d'interpréter le racisme dans les termes propres à la société industrielle ou, plus précisément, à travers différentes articulations théoriques entre la notion de « race » et le concept de classe (l'imbrication du social et de l'économique) ; et de l'autre côté, au contraire, ceux qui, à différents degrés, prônent une autonomisation croissante, voire totale, de la problématique raciste vis-à-vis de l'analyse de classes et insistent dès lors sur l'imbrication du culturel et du politique. Entre ces pôles se range tout un éventail d'auteurs, essayant d'articuler plutôt que de dissocier ces thèmes.

### *Le racisme à l'imbrication du social et de l'économique*

Le texte « classique », dans cette perspective, est américain, il s'agit de *Caste, Class and Race* d'Oliver Cox[45] publié en 1948. Bien que l'œuvre ne soit pas dépourvue de tensions internes[46], pour Cox, les relations entre les races doivent être saisies comme des relations entre prolétaires et bourgeois, et à la limite comme des relations politiques de classes. Chez Cox, l'inégalité raciale est directement liée aux intérêts des capitalistes dans leur volonté de surexploiter la classe ouvrière, à travers la production artificielle de tensions dans son sein. Véritable effort de réductionnisme analytique, le livre de Cox s'efforce constamment de ramener l'exploitation raciale à l'exploitation de classes.

45. Olivier Cromwell Cox, *Caste, Class and Race*, Monthly Review Press, New York, 1948, p. 336.

46. Voir à cet égard Michael Banton, « Epistemological Assumptions in the study of social differenciation », *in* John Rex et David Mason (eds), *Theories of Race and Ethnic Relations*, Cambridge University Press, Cambridge, 1988, p. 42-63.

Fortement critiquée[47], l'analyse du racisme à travers le modèle marxiste n'a cessé depuis lors de connaître des développements successifs[48]. Et à l'intérieur de ce paradigme, c'est probablement Robert Miles qui tient les positions les plus vigoureuses.

Pour Miles, dans la relation théorique entre la « race » et la classe, le véritable objet d'étude ne peut être autre que la reproduction de relations capitalistes de production. Miles n'exclut pas que le racisme et la racialisation aient des effets réels, mais ceux-ci restent limités à ses yeux. A le suivre, la notion de race et la catégorie de classe ne sont pas équivalentes : en fait, elles correspondent à des degrés différents de réalité. La classe est une catégorie analytique, tandis que la race est une construction sociale. D'où, à ses yeux, tout l'intérêt de la notion de « catégorisation raciale » (ou de « processus de racialisation ») : la pratique par laquelle se construisent les frontières entre les groupes à travers la référence à de supposées caractéristiques biologiques (généralement phénotypiques). Il s'agit pour cet auteur d'un processus idéologique pouvant s'accomplir aux trois niveaux d'une formation sociale (économique, politique et idéologique), mais sans capacité à véritablement modifier la structure déterminante et donc, en dernière instance, les relations de production.

Dans cette perspective, les études menées par Miles visent à montrer les liens existant entre le phénomène de l'immigration et les activités de la classe ouvrière[49]. Il s'agit pour lui d'indiquer comment la notion de race se reproduit et

---

47. Position « classique », elle a connu différentes critiques et n'est plus aujourd'hui soutenue par d'autres auteurs. Les critiques sont venues de l'extérieur du marxisme. On signale alors l'impossibilité du modèle à tenir compte de divisions et de luttes sociales autres que celles directement liées à l'économique (cf., pour une critique sévère du réductionnisme présent dans toute analyse marxiste, Frank PARKIN, *Marxism and Class Theory: a Bourgeois Critique*, Tavistock, Londres, 1979). Mais il y a aussi des critiques faites à partir du marxisme : c'est, par exemple, le cas de Harold Wolpe, pour qui la définition abstraite de classes sociales (liées au mode de production) est ici rapidement confondue avec des processus sociaux réels, opérant par là une réduction de l'hétérogénéité propre à toute classe historiquement constituée à une unité, économique, supposée originelle ; cf. Harold WOLPE, « Class concept, class struggle and racism », *in* John REX et David MASON (eds), *op. cit.*, p. 119-120.

48. Voir, pour une brève présentation, sur certains points divergente de celle développée ici, John SOLOMOS, « Varieties of marxist concepts of "race", class and the State : a critical analysis », *in* John REX et David MASON (eds), *op. cit.*

49. Annie PHIZACKLEA et Robert MILES, *Labour and Racism*, Routledge and Kegan Paul, Londres, 1980.

comment les relations sociales sont susceptibles d'être « traduites » en relations entre « races ». D'ailleurs, aux yeux de l'auteur, la « race » n'a de ce point de vue aucun privilège analytique : elle n'est qu'un des modes possibles de fractionnement de la classe ouvrière, parmi d'autres, comme le sexe, les qualifications professionnelles, la religion, les origines régionales[50].

Pour Miles, le concept de race n'a pas de « réalité » en lui-même : à l'inverse, l'analyse doit toujours s'efforcer de saisir les intérêts auxquels sert la racialisation d'une fraction de la classe ouvrière. « La tâche analytique n'est donc ni d'identifier un lieu pour un concept de ''race'' ni d'essayer de développer une théorie des ''relations raciales'', mais d'identifier les conditions de naissance et de reproduction de l'idée de ''race'', c'est-à-dire expliquer pourquoi certaines situations et relations sont socialement construites comme des ''relations de races''[51]. » En fait, l'acceptation de l'idée de race amène à la réification des relations sociales de production en termes idéologiques.

## *Le racisme à l'imbrication du culturel et du politique*

Presque à l'inverse de cette position, le point de départ des tenants d'un autre modèle, surtout soutenu par Gabriel et Ben-Tovim[52], se trouve non plus du côté de l'analyse des structures socio-économiques, mais dans l'étude d'une constellation de luttes, avant tout politiques et idéologiques. Les auteurs ici abandonnent les « essences » (les classes) pour prendre comme seule réalité les « phénomènes » (les manifestations du racisme). L'économie politique est remplacée (déplacée) par un tournant symbolique : non qu'ils n'admettent pas les conditionnements sociaux (comme le suggère une critique un peu trop hâtive), mais ceux-ci ne sont repérables, dans leurs limites, qu'à travers l'analyse du déploiement de luttes spécifiques et de situations concrètes. Véritable modèle discursif du social, cette position permet selon les auteurs de circonscrire l'autonomie propre au racisme et surtout de donner analytiquement toutes ses lettres de noblesse à une poli-

50. Robert MILES, *Racism and Migrant Labour*, Routledge and Kegan Paul, Londres, 1982.

51. *Ibid.*, p. 43.

52. John GABRIEL et Gideon BEN-TOVIM, « Marxism and the concept of racism », *in Economy and Society*, 7, 2, 1978, p. 118-154.

tique antiraciste[53] : celle-ci est créditée d'une capacité de renverser la « mauvaise idéologie » dont est porteur le racisme et de la remplacer par d'autres interpellations populaires.

Position sans doute extrême, c'est dans les travaux de Ernesto Laclau et de Chantal Mouffe que se trouve développée la totalité de ces présupposés[54]. Pour ces auteurs dont, d'une certaine manière, s'inspirent Gabriel et Ben-Tovim, le social est conçu comme un ensemble d'interpellations démocratico-populaires constitué discursivement par le politique, sans qu'il y ait véritablement d'éléments de la réalité sociale qui préconditionnent les interpellations politiques. Ce qu'ils contestent par là, c'est l'existence d'une scène où des agents parfaitement constitués autour de leurs intérêts s'engageraient dans une lutte sociale bien délimitée. Au contraire même, toute l'analyse consiste à montrer les difficultés que connaissent les classes à se constituer en tant que sujet historique. Les mouvements sociaux et, par extension, les idéologies ne sont alors que des luttes aux buts les plus divers, se déployant dans des situations sociales elles-mêmes variées, où le conflit engagé n'est jamais prédéterminé par des facteurs structurels, mais résulte, au contraire, de la lutte. Ce qui donne aux dimensions culturelles de l'action, raciste comme antiraciste, une importance qu'on ne trouve pas dans les analyses marxistes.

## *Les positions intermédiaires*

Bien que le modèle marxiste soit toujours vigoureux en Grande-Bretagne, il connaît de plus en plus de difficultés théoriques. Il est difficile en effet de vouloir encore et toujours articulei (avec différents degrés « d'autonomie et de discontinuité ») les trois affirmations propres à une analyse marxiste du racisme selon lesquelles : il n'y a pas de problème de « relations raciales » pensable en dehors des traits structurels de la société capitaliste ; il ne peut pas y avoir une théorie générale du racisme si chaque situation doit être lue à la lumière de ses propres spécificités ; les divisions « raciales » ou « ethniques » ne peuvent pas être complètement réduites

53. Gideon BEN-TOVIM et *al.*, « A political... », *in* John REX, David MASON (eds), *op. cit.*, p. 171-192.

54. Cf. Ernesto LACLAU, *Politics and Ideology in Marxist Theory*, Verso, Londres, 1979 ; et, surtout, Ernesto LACLAU et Chantal MOUFFE, *Hegemony and Socialist Strategy*, Thetford Press, Londres, 1985.

aux contradictions structurelles des sociétés capitalistes[55]. Ce sont ces difficultés et les nouveaux défis posés par les changements observables concrètement qui sont à la base d'un processus d'assouplissement constant de la notion de classe jusqu'à la « désintégration » opérée par le modèle discursif du social.

Mais, entre ces deux extrêmes, bien des positions intermédiaires sont repérables. Dans ce qui suit, on se contentera d'un bref rappel, la logique de présentation étant moins leur plus grande ou faible liaison avec le marxisme que leur éloignement d'une problématique avant tout économique du racisme et leur déplacement vers une thématique politico-culturelle.

Pour Stuart Hall, il faut notamment désunidimensionnaliser la notion de classe, définie par les relations de production, mais formée, pratiquement, par l'entrecroisement de divers éléments : au niveau du concret historique, les classes sociales sont toujours et simultanément économiques, politiques et idéologiques. L'analyse vise par là à doter la notion de racisme d'une plus grande autonomie, mais aussi à historiser davantage la notion en l'ancrant toujours dans des situations concrètes, en cherchant à la mettre en relation avec l'analyse générale des conditions du pouvoir en Grande-Bretagne[56]. La poursuite des travaux du CCCS (Centre of Contemporary Cultural Studies) se fait dans le sens d'un accroissement de l'autonomie relative du racisme, surtout à travers l'étude du rôle de l'État dans sa reproduction et d'une conception selon laquelle le racisme ne serait pas une formulation idéologique unique mais plutôt un état en perpétuelle évolution[57].

La première présentation du cadre théorique d'une analyse en termes de *race relations* se trouve chez Michael Banton[58] qui se centre notamment autour de situations de contact culturel et sur la manière dont les relations sociales sont constituées ou vécues à travers des représentations raciales. De façon relativement différente, pour John Rex et les tenants du modèle de *race relations*, l'analyse ne doit plus chercher

---

55. John SOLOMOS, « Varieties of marxist conceptions... », *op. cit.*, p. 104.
56. Stuart HALL, « Racism and reaction », *in Five Views of Multiracial Britain*, Commission for Racial Equality, Londres, 1980.
57. Cf. CCCS Race and Politics Group, *The Empire Strikes Back : Race and Racism in 70s Britain*, Hutchinson, Londres, 1982.
58. Michael BANTON, *Race Relations*, Tavistock, Londres, 1967.

un socle de réalité ultime où la « race » et le « racisme » trouveraient leurs raisons finales. Ici, on abandonne en quelque sorte l'étude de la « nature » sociologique de la race et on se concentre sur la distinction de deux domaines d'analyse : d'une part, celui des relations interethniques non oppressives, et d'autre part, celui des relations caractérisées par l'exploitation[59]. C'est vers ce dernier ensemble politiquement significatif que se tourne l'analyse de Rex, afin de déceler les grands axes de ce type de situations structurelles : une oppression qui va bien au-delà de la seule exploitation « conventionnelle » de la main-d'œuvre; qui concerne davantage des groupes que des individus ; enfin, un système d'exploitation justifié en termes de « races »[60]. Néanmoins, le conflit entre ces groupes, et quelles que soient leurs « *sheer cultural differences* », trouve sa dynamique dans l'accès inégal que ces groupes ont au pouvoir[61].

John Rex s'est également efforcé de présenter différentes situations de relations raciales. Il en signale notamment trois pour les métropoles (d'un ancien pays colonisateur) : les situations urbaines, avec des systèmes complexes de stratification ; les situations de parias, et les situations de type « bouc émissaire ». Mais, dans tous ces cas, le thème unificateur tient au fait que ces divers groupes vivent ensemble dans un seul système socio-économique et avec un accès inégal au pouvoir politique légitime. L'analyse vise ainsi à démêler la manière dont différentes conditions interagissent avec les définitions des acteurs pour produire une structuration raciale de la réalité sociale. Ce modèle d'analyse anime les études faites par Rex sur la situation des minorités en provenance du Commonwealth en Grande-Bretagne et sur les processus par lesquels ces minorités, ne bénéficiant pas des mêmes avantages que la classe ouvrière « locale », notamment dans l'accès au logement, à l'emploi et à l'éducation, constituent une véritable « sous-classe » exclue du Welfare State[62].

---

59. Pour un bilan personnel de l'itinéraire de John Rex ainsi que pour une présentation du déplacement de la problématique de classe d'un cadre marxiste vers une perspective wébérienne, cf. John REX, « The role of class analysis... », *in* John REX et D. MASON (eds), *op. cit.*

60. John REX, *Race Relations in Sociological Theory*, Weidenfeld and Nicholson, Londres, 1970.

61. John REX, « A working paradigm for race relations research », *in Ethnic and Racial Studies*, 4, 1981, p. 1-25.

62. John REX et Sally TOMLINSON, *Colonial Immigrants in a British City — A*

Tout autre encore est la position de Paul Gilroy, dont les travaux se placent, jusqu'à un certain point, dans le prolongement des études de Stuart Hall. Pour lui, les nouvelles relations entre les secteurs industriels et les services, le rôle grandissant de l'État à la fois en tant qu'employeur et redistributeur de revenus, ainsi que la montée du chômage obligent à reconsidérer la notion même de classes et de luttes de classes. Il est désormais clair à ses yeux que les luttes s'organisent autour de différentes formes de subordination. La poussée raciste en Grande-Bretagne serait ainsi moins le résultat d'une crise de représentation, naguère assurée par le Parti travailliste, que celui d'un brouillage des identités classistes, de l'impossibilité d'une classe à se représenter en tant que classe, sans prendre en compte les catégories par lesquelles les structures capitalistes la reproduisent à travers notamment la notion de race[63]. Gilroy emprunte la notion de « formation de classe » à Przeworski pour qui « les sociétés classistes existent même lorsque les classes ne sont pas nommées ; mais comment et pourquoi les classes sont nommées dans des endroits et à des moments particuliers relève de l'étude de la formation des classes[64] ». Autrement dit, il subsiste dans cette position un dualisme du monde social : l'analyse de classes permettant d'articuler l'histoire et les luttes concrètes, la structure et le processus, malgré le fait que, dans certaines périodes, la conscience de l'époque ne s'autoreprésente pas, ou peu, en termes de classes. Position dure qui amène à une véritable dissociation entre « le monde social en soi » (les classes) et ses différentes manifestations ou « phénomènes » : « race », « peuple », « âge », « genre », le lien s'établissant non pas à travers l'étude des « intentions » des acteurs, mais à travers celle de leurs « effets »[65].

En s'inspirant de cette notion, Paul Gilroy parle alors de *race formation* : la race étant une catégorie politique susceptible d'imposer différentes significations déterminées à leur tour par les luttes, il y aurait ainsi différents modes de racia-

*Class Analysis*, Routledge and Kegan Paul, Londres, 1979. L'analyse de classe est ici wébérienne, la sous-classe étant définie par le processus de perte d'accès à la sphère de la distribution.

63. Paul Gilroy, *op. cit.*, surtout chapitres IV et V.

64. Cité par Paul Gilroy, *ibid.*, p. 30.

65. Ce serait le propre du cas anglais actuellement. Les luttes sociales ne font plus recours à un langage classiste et, parfois même, elles font amplement recours à d'autres notions telles que la race ou la nation.

lisation à l'œuvre dans les sociétés capitalistes[66]. L'analyse du racisme, ou plutôt, à suivre l'auteur, des racismes, étudiés dans le cadre de la formation de races, consiste à les saisir en tant que processus dynamiques conflictuels, autant au niveau des éléments idéologiques construits autour de différences phénotypiques que lorsque la « race » est réappropriée et pénètre le discours politique ou institutionnel. Bref, l'étude du racisme consiste à tracer les évolutions d'un mot vide de tout contenu précis, dangereux du fait même de sa volatilité.

En conclusion, l'étude du racisme au Royaume-Uni (et, de ce point de vue, la bipolarisation du débat sociologique est fortement représentative) ne peut en chercher l'unité ni du seul côté socio-économique, ni du seul côté politico-culturel. Pourtant, une solution de syncrétisme est loin d'être satisfaisante. En vérité, il nous semble que le racisme joue à l'intérieur de cet espace en palliant les insuffisances de l'un par l'autre, processus dans lequel les deux pôles se déstabilisent mutuellement, trouvant leurs sources autant dans le sillage de l'épuisement du social que dans l'autonomisation du culturel ; enfin, se structurant largement par les impasses que connaît la citoyenneté.

---

66. Paul Gilroy : « La "race" doit être socialement et politiquement construite et un travail idéologique doit être mené pour assurer et maintenir les différentes formes de "racialisation" qui caractérisent le développement capitaliste. » *Ibid.*, p. 38.

# Conclusion

## Société, culture, racisme

A partir des années soixante-dix, le Royaume-Uni est frappé de plein fouet par l'approfondissement des inégalités sociales et la consolidation de phénomènes lourds de précarité et d'exclusion sociales[1]. Rien d'étonnant si, dans cette période, l'idée d'une classe dangereuse de plus en plus importante fait à nouveau irruption dans le débat social. Le modèle socio-économique anglais ayant très longtemps résisté à la modernisation, celle-ci s'opère avec une force et une rapidité extrêmes et dans des conditions beaucoup plus dures que dans bien d'autres pays européens.

Mais ces transformations socio-économiques sont indissociables d'une autre grande nouveauté de la période, l'émergence, l'explosion même, des identités, avant tout culturelles[2]. Naguère, l'idée nationale servait de ciment culturel à un modèle économique alliant l'intégration sociale et le développement économique[3]. Tout au long des années quatre-vingt, le développement économique est de moins en

1. Retour, diront alors certains, à une situation sociale plus « classique », celle de la pauvreté et de l'exclusion.

2. Cf. Nigel Thrift, « Images of social change », *in* Chris Hamnett, Linda McDowell et Philip Sarre (eds), *The Changing Social Structure*, Sage Publications, Londres, 1990, p. 12-42.

3. Ce qui justifiait même l'expression de société nationale, celle-ci étant définie comme « la correspondance entre une économie industrielle, un ensemble social, un système politique et une culture moderne sur un territoire délimité et contrôlé par un État », cf. Didier Lapeyronnie, *L'Individu et les minorités*, *op. cit.*

moins un facteur d'unification, et apparaît comme source de brisure et d'épuisement. La situation britannique est ainsi aujourd'hui, à bien des égards, post-industrielle, mais aussi probablement, post-nationale, et peut-être même post-historiciste, dans le sens où aucune philosophie sociale ne vient expliquer les faits en les liant à une vision de progrès et d'avenir. Au contraire même, la Grande-Bretagne vit avec une très grande force la secousse produite par la distanciation entre l'expérience culturelle des individus et des groupes, et les réalités de l'exclusion.

Le propre du pays est alors d'associer une forte accentuation des inégalités, un approfondissement de la dualisation sociale (ou, en tout cas, de la société « deux tiers, un tiers ») et le retour de la pauvreté, avec l'explosion des minorités culturelles ou ethniques, dans le contexte de la crise et de la rétraction différentialiste d'une identité nationale ne pouvant plus assurer l'intégration et incarner le sens du progrès. En Grande-Bretagne, on assiste à l'enchevêtrement de deux questions, sociale et culturelle, de la tradition classiste, épuisée et prolongée par la pauvreté et l'exclusion, et de l'émergence de tout un ensemble de nouvelles identités culturelles très largement « autonomes » les unes par rapport aux autres.

Ces deux questions ont subi dans un passé récent des inflexions importantes. D'abord, les classes sociales, si elles continuent pour certaines à dessiner le cadre des inégalités sociales, ne sont plus désormais, ou de moins en moins, un outil important d'explication des mobilisations sociales, voire d'autoperception sociale des individus[4]. Ensuite, le retour de la pauvreté (qui toucherait désormais un bon dixième de la population) est saisi par beaucoup comme une conséquence inévitable d'un modèle économique fortement compétitif. Enfin, l'exclusion sociale et la marginalisation civile se soldent par une forte différenciation culturelle, voire raciale, des populations issues de l'immigration. De là, la spécificité du racisme au Royaume-Uni, à savoir le fait qu'il bascule sans arrêt entre deux pôles, qu'il est tiraillé entre l'héritage d'une pensée de classes qui reste forte en Grande-Bretagne (et cela bien au-delà du seul milieu intellectuel), l'extension d'une violence *inner city* (bien qu'elle se place plus dans les consé-

4. Le point est toujours très controversé en Grande-Bretagne. Pour une présentation critique du débat : Fiona DEVINE, « Social identities, class identity and political perspectives », *in The Sociological Review*, mai 1992, p. 229-252.

quence de l'exclusion que dans la descendance d'une stricte logique classiste, voire de sa déstructuration)[5], et les tendances prononcées à l'ethnicisation et à l'affirmation de fortes autonomies culturelles, minoritaires et ethniques, ou majoritaire et nationaliste.

L'importance prise par les identités culturelles en Grande-Bretagne provient non seulement de l'affaissement progressif des identités sociales traditionnelles, mais aussi de l'évolution de l'idée nationale britannique. En effet, la mosaïque identitaire actuelle n'est pas sans liens avec les différentes formes de construction du couple nationalité/citoyenneté à l'intérieur du Commonwealth. Bref, elle procède d'une crise sociale et d'un renversement du rapport colonial, elle est à la fois une importation et une transmutation qui s'opère sur le sol britannique.

La force croissante des identités culturelles, au sens large, est accentuée par l'action des minorités elles-mêmes, ce qui donne lieu à la consolidation d'un processus de racialisation des interactions sociales et à l'émergence de formes particulières de racisme. L'ethnicisation des relations, omniprésente, produit une crise des codes de conduites au quotidien : les uns ne savent plus comment s'adresser aux autres.

La spécificité du Royaume-Uni tient, d'une part, au fait qu'il a été pendant plus longtemps, et avec plus de force que d'autres pays, une société de classes et de communautés ouvrières, que l'intégration sociale s'est historiquement faite à travers les droits liés à la citoyenneté, et que le déclin économique, le renversement de la puissance coloniale et la dualisation ont été ressentis avec plus de violence qu'ailleurs. Elle tient, d'autre part, à la vigueur avec laquelle se met en place une nouvelle structuration socio-culturelle, avec plus d'acuité que dans bien d'autres pays européens.

Dans cette perspective, la tentation est grande d'autonomiser les différentes manifestations du racisme et d'isoler différentes formes principales du phénomène. D'abord, un racisme largement commandé par la chute sociale ou l'exclusion, se traduisant par une volonté manifeste de distinction sociale vis-à-vis des *coloured people*, avec des tensions qui ont lieu à l'intérieur du monde du « dehors », mais qui sont éventuellement interprétables en référence au modèle des rapports de classes dont elles proviennent. Ensuite, un racisme

5. Cf. François DUBET, *La Galère*, Fayard, Paris, 1987.

animé par des acteurs intégrés, socialement et culturellement, essayant de tenir à l'écart les immigrés et de se protéger de leur ascension sociale. Enfin, un racisme très répandu et fortement commandé par l'autonomisation du culturel et le mouvement centrifuge des identités.

Classe, exclusion, culture : le racisme en Angleterre ne résulte pas d'une source unique, et le propre d'une démarche analytique est, avant tout, de distinguer soigneusement différentes logiques à partir des diverses sources du phénomène. D'une certaine façon, l'éclatement de la problématique intellectuelle du racisme en Grande-Bretagne est largement commandé par des choix analytiques qui procèdent de cette nécessaire décomposition. Mais il faut aller plus loin, et reconnaître dans le racisme britannique le résultat d'une fusion des logiques, d'un brouillage qu'il accomplit entre le social et le culturel d'où il est lui-même issu.

La « nouveauté » du racisme britannique contemporain ne se trouve pas seulement dans son glissement de la biologie à la culture (le « néo-racisme » décelé par Martin Barker[6]), ou encore, comme le signale Paul Gilroy, dans sa capacité à lier ensemble, derrière la notion de « race », le patriotisme, le nationalisme, la xénophobie, l'*Englishness*, la *Britishness*, le militarisme et la différence des genres. Elle n'est pas réductible au passage d'un racisme de la supériorité/infériorité à un racisme de l'inclusion/exclusion au « corps national »[7]. Elle tient à un processus général qui est celui de l'affaissement du modèle sociétal précédent[8], c'est-à-dire celui de la désintégration d'une formule arrimant l'économie et la culture l'une à l'autre.

Il participe ainsi de transformations plus générales que l'on peut aussi bien décrire comme « culturalisation » du social que comme (dé)socialisation du culturel. Il se déploie sur une structure sociale inégalitaire, servant, dans bien des cas, à sa reproduction, mais il ne fait pas toujours sens par rapport à elle. Il procède d'une autonomisation de la culture et du jeu des identités qu'elle génère, mais pas seulement non plus. Sa signification tient à sa double nature, simultanément et

6. Martin BARKER, *The New Racism*, Junction Books, Londres, 1981.
7. Paul GILROY, *There Ain't no Black in the Union Jack*, op. cit., p. 43.
8. Ici réside une partie des causes de l'échec de pures stratégies classistes dans l'Angleterre contemporaine et l'appel à des « interpellations politico-démocratiques » à gauche, ou à des « populismes » autoritaires teintés d'appel nationaliste à droite.

immédiatement « sociale » et « culturelle ». S'il occupe une place si centrale au Royaume-Uni aujourd'hui, c'est bien parce que ce pays vit intensément la destruction d'un modèle d'intégration du social, du politique et du culturel qui a prévalu jusque dans les années soixante, et qui est désormais périmé.

# II

# *L'expérience belge*

*par Philippe Bataille*

# Introduction*

Le racisme, en Belgique, est avant tout un phénomène politique et institutionnel. Bien moins qu'ailleurs en Europe, il ne revêt la forme de la violence de rue, qu'il s'agisse des épisodes spectaculaires que l'on rencontre actuellement en Allemagne, ou de la multiplication des actes de harcèlement que l'on observe quotidiennement en Angleterre. Cependant, dans ce pays également, il est constamment question de la présence des immigrés, largement mis en cause pour expliquer les difficultés que rencontre la Belgique. Mais au lieu de provoquer l'unité de la nation, ce débat participe activement à son éclatement.

Dans un moment d'incertitude sur le devenir de la monarchie, pilier des institutions, le racisme fait partie des enjeux nouveaux auquel est confronté l'État belge. La vive émotion suscitée le 31 juillet 1993 par le décès du roi Baudouin, unanimement présenté comme le garant de l'unité nationale, ne saurait le masquer : aujourd'hui, sur fond de déstructuration de l'identité nationale belge et de crise institutionnelle sans précédent, le succès de certaines idées racistes et du thème de l'exclusion que suggèrent l'ensemble des partis d'extrême droite candidats aux élections législatives du 24 novembre 1991 indique à sa manière la force du racisme.

---

* Nous remercions tout particulièrement Alain Dubois, Xavier Mabille, Guy Bajoit, Bruno Winikas, Bernard Francq, Piet Jamssem, Jan Vranken et Marc Swingedouw pour leur aide et leurs encouragements.

Ainsi, le Vlaams Blok, parti extrémiste flamand, a emporté l'adhésion d'un électeur sur quatre à Anvers, lors de ces élections. En Wallonie, le Front national wallon a tenté de bénéficier de la dérive extrémiste de l'Europe en prônant l'unité nationale belge, et le parti AGIR (parti proche du Front national français) prône la séparation d'avec la Flandre.

Cependant, la question régionale qui recouvre traditionnellement la querelle linguistique entre les régions ne suffit pas à expliquer les processus en œuvre. Les partis d'extrême droite, qui ont pénétré le dispositif institutionnel en remportant des sièges dans les Parlements régionaux, disent n'être préoccupés que par l'affirmation identitaire des régions : ce discours recouvre en fait une tout autre marchandise, qui est celle du racisme et de la xénophobie. Le souvenir des succès du nazisme qui avait gagné, tout comme en France, une certaine intelligentsia, se manifeste à nouveau, réactivé au moment de la mort du roi Baudouin par l'évocation du comportement politique de son père. Les démocrates, au besoin alarmistes, ne manquent pas de souligner la faiblesse historique du sursaut national belge de l'époque. Ils dénoncent l'aspect débonnaire des partis d'extrême droite, notamment du Vlaams Blok qui assure ses assises les plus solides dans les quartiers aussi bien les plus pauvres que les plus riches de la périphérie d'Anvers. La presse bruxelloise, assez peu lue en Flandre où les journaux adoptent un tout autre profil, dénonce la menace des dérives idéologiques. Elle évoque la formation de groupuscules extrémistes à grand renfort de clichés photographiques présentant des jeunes au crâne rasé et au bras levé[1]. Le sursaut démocrate en réponse aux appels à la séparation, malgré quelques succès, comme la grande manifestation du 22 mars 1992 qui a rassemblé plusieurs dizaines de milliers d'antiracistes, ne semble pas pouvoir arrêter la montée en force des sentiments racistes et leur traduction politique.

Cela indique d'emblée la complexité du problème du racisme en Belgique. Parmi les éléments qui relèvent des trois axes principaux de notre raisonnement d'ensemble, de l'État, de la société et de l'identité nationale, il faut d'abord accorder une attention toute particulière aux conflits identitaires qui opposent la Flandre, la Wallonie, ainsi que la capitale du pays, Bruxelles.

---

1. Voir le supplément gratuit au *Soir* du 16 mars 1993, « L'extrême droite », l'éditorial de Guy DUPLAT.

L'identité nationale belge n'a jamais été très puissante et personne ne peut dire combien de temps durera le sursaut observé à l'occasion du décès du roi Baudouin. Celui-ci doit d'ailleurs beaucoup lui-même à la défaillance lancinante dans ce domaine et à une prise de conscience de l'accélération du déchirement intérieur de ces dernières années, que la mort du roi est soudain venue signifier. De plus, le temps est loin où la Belgique conquérante pouvait, avec le Congo, se vivre comme une puissance coloniale. En outre, le choix de Bruxelles comme siège de nombreuses institutions européennes, s'il a contribué à la restructuration urbaine de cette ville, ne vient assurément pas renforcer le sentiment national belge défaillant, et l'annonce du départ du Parlement européen de la capitale belge laisse en chantier le cœur même de la ville. La Belgique a su, dans le passé, assurer une relative intégration de la nation, de l'État et de la société à partir d'un système dense de relations et de négociations, de compromis et d'entente entre acteurs de la vie sociale et politique, à commencer par la bourgeoisie libérale, le syndicalisme ouvrier et la démocratie chrétienne : ce système se défait, et sa dégradation accélérée exacerbe des tensions qui, ne pouvant plus, ou de moins en moins, être proprement sociales, prennent un tour culturel et, à la limite, racial. Les plus visibles de ces tensions prennent l'allure d'un différentialisme culturel et national creusant chaque jour davantage le fossé qui sépare la Flandre, la Wallonie et Bruxelles. Mais ce différentialisme séparatiste ne met pas en cause seulement l'unité belge ; il se leste en permanence d'une thématique du refus de l'Autre, d'une xénophobie et d'un racisme qu'il amalgame dans le discours des droites radicales et dans le vote de leur électorat. La force du séparatisme est telle, aujourd'hui, qu'il pénètre l'ensemble du système politique. Tous les partis politiques, en effet, défendent la thèse d'un fédéralisme qui entérine *de facto* la dissociation des régions, rendant difficile ou artificiel tout appel à un modèle belge d'intégration des immigrés ; tous les syndicats, aujourd'hui, sont scindés en structures distinctes pour la Flandre et la Wallonie.

Là où une formule déjà différentialiste assurait à des communautés fortement dessinées la possibilité de développer une double logique, d'intégration sociale et économique d'une part, et, d'autre part, de nette distinction culturelle, comme avec les Juifs d'Anvers, les tensions interculturelles et, derrière elles, le racisme trouvent un terreau qui s'enrichit chaque jour ; là où la participation sociale et économique, pour les étrangers, se prolongeait par l'intégration culturelle, comme ce fut le cas pour la plupart des immigrés, notamment italiens, venus travailler dans les industries wallonnes, la capacité de voir fonctionner une logique d'intégration à l'échelle de la Belgique, bien plus qu'à celle de la Wallonie, disparaît, et le différentialisme, là aussi, prospère. De ce point de vue, l'échec des différentes commissions chargées de définir le modèle belge d'intégration est patent et éclairant, tout comme les difficultés du Commissariat royal chargé de l'intégration depuis 1989.

Le point de départ de la montée du racisme, en Flandre, en Wallonie, et à Bruxelles n'est pas partout le même, puisqu'une logique différentialiste est à l'œuvre d'emblée en Flandre vis-à-vis de certaines communautés, juives ou immigrées, alors que si racisme il y a depuis longtemps en Wallonie, c'est plutôt sur une base initialement inégalitaire et d'infériorisation. Mais, en revanche, il y a convergence au point d'arrivée.

La nation belge semble éclater, tandis que l'État n'inspire plus guère confiance et se montre incapable de gérer les tensions identitaires, que la classe politique traditionnelle est disqualifiée aux yeux de son électorat habituel, que les compromis entre sociaux-chrétiens, libéraux et socialistes sont de plus en plus difficiles à trouver, et que les récents succès électoraux de candidats écologistes traduisent bien plus la crise du système politique classique qu'une recomposition politique où les préoccupations écologiques deviendraient centrales : tel est le contexte où se joue la montée du racisme dans ce pays.

# 1

## La société nationale belge

Aujourd'hui, plus rien n'y fait, les crises gouvernementales qui provoquent la vacance du pouvoir[1] se superposent à des crises de société qui doivent elles-mêmes beaucoup à l'incapacité du pouvoir central à imposer et gérer ses réformes. Les questions liées à l'immigration et à l'intégration se développent sur fond de violentes polémiques. Elles révèlent les failles et les faiblesses de la force coercitive de l'État.

### État, nation, société

L'État belge s'est formé en 1830 sur un modèle qui devait bientôt être définitivement renversé en France, celui d'une monarchie parlementaire. A cette période se constitue un État bourgeois et libéral qui place à sa tête un monarque dont le pouvoir procède d'arrangements et d'équilibres entre les différents monarques européens. Sa légitimité, au départ, est plus diplomatique que populaire, même si par la suite il en sera autrement, et si la monarchie devra son maintien à des facteurs internes plutôt qu'externes. L'État ainsi formé, avec le français pour langue nationale, suit sur bien des points les tendances à la centralisation telle qu'on la rencontre en France. Bourgeois, libéral, francophone : c'était plus

1. La crise de 1990 a laissé le gouvernement Martens en suspens durant plus de cent jours.

qu'il n'en fallait pour que se développe une double opposition à cet État[2].

D'un côté, et essentiellement en Wallonie, s'organise le mouvement ouvrier alors naissant et s'affirment les intérêts de classe des travailleurs contre le pouvoir libéral et bourgeois de Bruxelles. D'un autre côté, le peuple flamand, et pas seulement sa bourgeoisie, se découvre une spécificité culturelle, jusque-là jamais revendiquée malgré les turpitudes de l'histoire. Ce peuple flamand s'affronte à son tour, mais sur un créneau différent du mouvement ouvrier en Wallonie, à l'hégémonisme francophone de Bruxelles, ville qui se trouve, de surcroît, en terre flamande.

Si les deux revendications, toutes deux éminemment populaires, mais sociale et ouvrière en Wallonie, culturelle et nationaliste en Flandre, s'étaient rejointes, par exemple dans les zones industrielles de la Flandre, l'histoire de la Belgique aurait sans nul doute été autre. Or elles sont constamment restées disjointes, et elles n'ont même jamais cessé de s'affronter l'une à l'autre, en même temps qu'elles affaiblissaient la capacité de l'État à former une nation belge. Le XIXe siècle est donc traversé par la montée et la formation de cette double contestation : d'une part le mouvement ouvrier qui met l'accent sur les conditions sociales et économiques de l'ouvrier belge, d'autre part ce qui deviendra le mouvement flamand qui accentue la question linguistique et culturelle en dénonçant la très faible cohérence de l'État belge.

Un autre affrontement, plus classique celui-là, se joue entre catholiques et laïcs. Il renvoie à l'axe droite-gauche que connaissent particulièrement bien les Français lorsque, dans le contexte de la formation de l'État républicain, a été appelé « gauche » tout ce qui s'assimilait à l'idée républicaine, et « droite » tout ce qui s'y opposait[3]. En Belgique, compte tenu des caractéristiques différentes de la situation et de la prégnance de l'opposition culturelle flamande qui ne cesse de progresser, l'axe droite-gauche définit plutôt une opposition entre catholiques et laïcs, et il donne naissance à trois groupes : les catholiques, qui deviendront très vite les sociaux-chrétiens car de nombreux travailleurs les rejoin-

---

2. Cf. Xavier MABILLE, *L'Histoire politique de la Belgique*, CRISP, Bruxelles, 1992, que nous remercions pour l'entretien qu'il nous a par ailleurs accordé.

3. Maurice AGULHON, *La République*, Hachette, coll. « Histoire de France », Paris, 1990.

dront ; les libéraux, tenants de la libre entreprise dégagés des références au catholicisme ; et les socialistes qui représentent plutôt le monde du travail.

La centralisation des pouvoirs à Bruxelles et le rôle joué par le roi deviennent bientôt déterminants pour toute l'histoire de la Belgique. En fait, le roi gagne en autorité et en légitimité lorsqu'il maintient l'équilibre entre les différentes oppositions qui parfois dynamisent, parfois affaiblissent le pays. Car les oppositions culturelle d'un côté et ouvrière de l'autre ne cessent de dénoncer le libéralisme des bourgeois, et par ailleurs l'affrontement entre catholiques et laïcs commence à dessiner des clivages, mais aussi des arrangements nouveaux qui sont autant de zones de pouvoirs qui échappent aux efforts de centralisation de l'État. C'est une société de compromis qui se met alors en place, où les capacités de négociation de l'État fondent la cohésion du pays ; le compromis fondateur associe les catholiques et les laïcs, et non les Wallons et les Flamands. Point important : il suppose qu'il y ait alternance entre les uns et les autres au sommet de l'État.

Contrairement à la France qui s'installe à la fin du XIX^e^ siècle dans la forme républicaine de la gestion de la nation, et qui dissocie nettement le religieux du politique et des affaires de l'État, la Belgique renonce à choisir. Le véritable problème dès lors est celui des frontières linguistiques entre la Flandre néerlandaise d'un côté, la Wallonie francophone d'un autre, et Bruxelles, capitale bourgeoise et libérale, qui, bien qu'en terre flamande, devient une ville francophone. Le système à trois acteurs centraux, catholiques, libéraux et socialistes, ne recoupe donc pas les clivages qui divisent la nation belge proprement dite, puisque sa définition sociale, économique et culturelle, ne correspond pas aux divisions culturelles, territoriales et frontalières du pays. L'importance du compromis et de la capacité de négociation est même, à la limite, inversement proportionnelle à celle de ces divisions, puisque plus s'impose le compromis, et moins les divisions sont opérantes. Le développement industriel doit pourtant être examiné dans une perspective qui distingue la Flandre et la Wallonie. Au XIX^e^ siècle, c'est plutôt la Wallonie qui domine dans l'expansion économique de la Belgique, avec ses mines et les industries de la vallée de la Meuse. Mais, en cette fin de XX^e^ siècle, elle subit plus violemment la crise et le déclin qui frappent toutes les anciennes sociétés industrielles. Et inversement, la Flandre, en retard économique au XIXe siècle, semble aujourd'hui plutôt moins touchée par la crise industrielle, et plus capable de s'en protéger, notamment en faisant revivre avec force le thème de la séparation.

## L'efficacité des « piliers »

Dans son modèle classique de société nationale, la Belgique a très tôt instauré une formule de solidarité, unique en son genre, au sein de familles philosophiques, cultuelles ou politiques. Lorsqu'on naît catholique en Belgique, on va à l'école catholique, on se soigne dans le système de santé catholique, on adhère à la mutuelle, au parti et au syndicat chrétiens. Si l'on naît socialiste, on suivra le même parcours, mais dans les structures socialistes et laïques.

### *Les syndicats*

Le rôle des syndicats est déterminant dans l'histoire de la formation de la société nationale belge. Tout d'abord, parce qu'ils rassemblent l'ensemble des composantes de cette société en respectant la pluralité des opinions et des identités autres que celles liées au monde du travail. Ensuite, parce qu'ils sont un élément central dans le jeu des compromis et des arrangements qui garantissent la pérennité de l'État.

Deux organisations syndicales dominent la vie sociale belge : la Fédération générale du travail de Belgique (FGTB) et la Confédération des syndicats chrétiens (CSC)[4]. Par leur dénomination, ces syndicats évoquent plus le regroupement en fonction de proximités éthiques et culturelles que selon des critères professionnels. Mais dans le domaine syndical comme dans d'autres, dominent les affiliations selon les régions (Flandre, Wallonie). C'est si vrai que l'histoire du syndicalisme belge est celle du passage d'une définition corporatiste, comme on la rencontrait partout en Europe vers le milieu du XIXe siècle, à cet aspect régional qui dépasse finalement le seul rapport à l'outil de travail et à la production. Comme

4. Sur toute cette question, cf. Étienne ARCQ et Pierre BLAISE, « Les organisations syndicales en Belgique », *Dossier du CRISP* (Centre de recherche et d'information socio-politique), n° 23, Bruxelles, 1986.

le soulignent Étienne Arcq et Pierre Blaise, « les syndicats se sont regroupés selon les clivages confessionnels et idéologiques qui ont déterminé la structuration des partis politiques. Bien que l'unification ait souvent été réclamée, le mouvement ouvrier dispose d'institutions (mutualistes, coopératives, partis politiques, syndicats) concurrentes. Le clivage culturel ou linguistique entre la Flandre, où la CSC est dominante, et la Wallonie, où la FGTB est majoritaire, divise aussi le mouvement ouvrier et date de ses origines[5] ».

Malgré cette relative dispersion du mouvement ouvrier, le syndicalisme belge doit être considéré comme un acteur privilégié de la vie sociale et comme un véritable interlocuteur du patronat. Sa puissance n'a cessé de croître au cours du XXe siècle, jusque dans les années soixante. Ses effectifs, aujourd'hui encore, sont de nature à faire pâlir ses homologues d'autres pays d'Europe : pour une population totale d'environ 9 millions d'habitants, la FGTB compte, en 1985, 1 097 594 affiliés et la CSC 1 367 589.

La FGTB s'est heurtée la première à des difficultés importantes pour harmoniser les intérêts des affiliés wallons et ceux des flamands. Dès le début des années soixante, ce syndicat traverse de graves crises au fur et à mesure que les tensions séparatistes montent. La CSC, implantée principalement en Flandre, connaît moins de difficulté à articuler les différents aspects de sa mission de représentation des forces syndicales au niveau national. Dans les deux cas, cependant, il existe des structures régionales, flamandes et wallonnes, qui sont regroupées dans des structures nationales[6]. La troisième organisation syndicale (par ordre d'importance), la CGSLB (Confédération générale des syndicats libéraux de Belgique), qui a par tradition une structure plus centralisée que les deux autres, est moins directement affectée par ce clivage entre les régions.

Bien qu'ils s'en défendent souvent, ces principaux syndicats sont proches des partis politiques belges : « Les statuts des trois organisations syndicales interprofessionnelles prévoient explicitement leur indépendance vis-à-vis des partis politiques. Il n'en reste pas moins qu'elles appartiennent

---

5. *Ibid.*, p. 4.

6. En 1985, la FGTB compte 468 256 affiliés dans son interrégionale wallonne et 470 561 dans son interrégionale flamande, alors que la CSC compte à la même période 271 847 affiliés dans ses fédérations régionales wallonnes et 934 220 dans ses fédérations régionales flamandes.

toutes trois à l'un des "mondes" philosophiques ou "familles" idéologiques et elles participent par là à la structuration caractéristique de la société belge, cette *verzuiling* qui consiste dans la coexistence de puissants réseaux cloisonnés d'organisations — partis, mutuelles, établissements de soins, coopératives, écoles, organismes bancaires ou d'assurance, mouvements de jeunesse ou d'éducation permanente — dans lesquels un Belge peut se mouvoir sa vie durant[7]. » On ne peut guère évoquer en termes plus précis la « théorie des piliers » en Belgique, l'expression étant synonyme du fait que, jusqu'à une date très récente, on naissait, on vivait et on mourait en étant pris en charge par les structures de la famille philosophique à laquelle on appartenait de naissance. Les syndicats jouent un rôle central dans cette structuration. Ils sont des prestataires de services au même titre que les services de santé ou d'éducation, et assurent une certaine sécurité de l'emploi : « De fait, la cotisation syndicale donne droit à divers services tels que la défense en justice en cas de litige avec l'employeur, dans certains cas à une assurance complémentaire en cas d'accident du travail, etc. Et de fait aussi, les syndicats ont la réputation d'être efficaces dans le traitement des dossiers des chômeurs[8]. »

Dans le modèle classique de la société nationale belge, c'est à partir de l'entreprise et finalement du monde du travail, que s'organise l'ensemble des équilibres les plus décisifs. Le principe de solidarité entre les travailleurs, même s'il est entaché par le clivage entre la Wallonie et la Flandre, se gère finalement par des oppositions entre des familles philosophiques structurées par les syndicats. Lorsque des conflits déchirent la société belge, même au-delà des rapports de production, c'est par l'intervention syndicale qu'ils se gèrent. Les grèves ouvrières ne sont pas toujours orientées contre le patronat, elles portent bien souvent sur des enjeux qui relèvent de l'intervention des pouvoirs publics. Les syndicats interviennent directement au plan national et ils participent activement aux jeux et aux compromis qui caractérisent toute la gestion étatique des problèmes sociaux.

---

7. Étienne ARCQ et Pierre BLAISE, *op. cit.*, p. 14.
8. *Ibid.*, p. 15.

*Les partis politiques*

La tradition libérale de la Belgique n'est plus à démontrer. Depuis 1830, et la formation de l'État moderne, elle s'est concrétisée sous la forme d'un parti (puis deux, depuis 1979) qui, à de nombreuses reprises, s'est trouvé à la tête du pays. Sans entrer dans le détail de ses passages au gouvernement tout au cours du XXe siècle, disons que par « libéralisme » il faut comprendre la réunion des « libres penseurs » qui sont attachés au principe du libéralisme économique. Aujourd'hui, ce courant représente, selon les élections, la deuxième ou la troisième force politique en Flandre avec le Partij voor Vrijkeid en Voorvitgang (PVV — Parti de la liberté et du progrès), et souvent la deuxième en Wallonie et à Bruxelles avec le Parti réformateur libéral (PRL). C'est dire que l'idée libérale est parvenue à s'inscrire dans la durée autant en Belgique néerlandaise que francophone et qu'aujourd'hui encore il faut apprendre à observer le comportement de cette force pour analyser le jeu politique et les compositions gouvernementales. L'aspect anticlérical qui pouvait au départ caractériser ce parti s'est amoindri au fil du temps, surtout en Wallonie, il conserve un certain poids en Flandre, historiquement plus catholique. Cet affaiblissement de la doctrine doit être interprété comme un effort de modernisation du parti qui, aujourd'hui comme hier, assume son message sur la libre entreprise et pose la question des limites à apporter à la dimension de « Welfare State » de la Belgique. Le parti libéral s'est probablement plus que d'autres modernisé, il est moins encombré par ses dogmes que ses adversaires politiques. Il est de ceux qui peuvent tenter aujourd'hui de s'inscrire dans une nouvelle dynamique économique, et il résiste plutôt bien à l'érosion dont sont victimes les partis traditionnels de Belgique.

Les partis d'obédience catholique ou chrétienne représentent une force considérable en Belgique, notamment néerlandaise. Au lendemain de la Seconde Guerre mondiale, les appartenances catholiques se sont doublées d'une préoccupation sociale et économique qui devait transformer les blocs catholiques en partis sociaux-chrétiens, le Christelijke Volks-Partij (CVP) en Flandre et le Parti social-chrétien (PSC) en Wallonie. Cette mutation payante permet au PSC d'être aujourd'hui le premier parti politique de Belgique. Sa participation à un titre ou à un autre aux gouvernements qui se sont succédé depuis cette période est quasi ininterrompue. Il a pourtant, lui aussi, connu des désagréments liés au clivage entre la Flandre et la Wallonie, notamment en 1968 lorsque, sous la pression des Flamands, la section française de l'Université catholique de Louvain a été transférée vers la Wallonie[9]. Depuis cette date, le CVP et le PSC ont en quelque sorte gagné en autonomie et ils présentent depuis lors des programmes distincts à leurs électeurs. Le CVP est aujourd'hui le premier parti de Flandre et même du pays, en suffrages recueillis, alors que le PSC a été à plusieurs reprises devancé par les libéraux et les socialistes en Wallonie.

Enfin, autre force traditionnelle en Belgique, les partis socialistes. Inspiré par l'héritage du XIXe siècle, le socialisme aujourd'hui encore défend le principe de la laïcité et fait vivre le sentiment d'appartenance à une classe ouvrière. Toutefois, ici comme ailleurs, il a été confronté à des réalités nouvelles et il a lui aussi appris l'art du compromis pour maintenir son existence, même si les socialistes belges défendent toujours le principe de l'intervention de l'État en lui rappelant son rôle de garant de la redistribution des richesses nationales.

Malgré un fond idéologique commun et une histoire d'un siècle, l'unité du Parti socialiste n'a cessé de se dégrader au cours des années soixante-dix pour véritablement éclater en 1978. La question linguistique se trouve à l'origine de cette séparation en deux ailes distinctes, le PS pour les Wallons et le SP (Socialistische Partij) pour les Flamands. Aujourd'hui le PS, qui a toujours été un tenant du fédéralisme en Wallonie, représente la première force politique de cette région, alors que le SP représente traditionnellement, derrière les sociaux-chrétiens, la seconde force en Flandre.

Ces trois forces politiques sont parvenues jusqu'à une date récente à gérer les trois clivages principaux qui divisent généralement les sociétés industrielles au XIXe et au XXe siècle : Église et État ; possédants et travailleurs ; centre et périphérie. Ce dernier axe, rappelle Xavier Mabille, doit faire l'objet d'une attention particulière « dans un État dont la création relativement tardive, relativement artificielle, n'est pas au même degré que dans les États voisins le point d'aboutissement d'un processus de formation nationale et qui se trouva

9. Ces événements sont évoqués par Xavier MABILLE dans « Les partis politiques en Belgique », *Dossier du CRISP*, n° 21, Bruxelles, 1986, p. 4.

confronté, dès sa naissance, aux problèmes posés par la dualité des cultures et des langues et par la diversité du fait régional. La tension est en fait double : il y eut d'une part opposition entre francophones et néerlandophones sur des enjeux comme les problèmes d'emploi des langues et les rapports de forces entre communautés et d'autre part oppositions entre fédéralistes et unitaristes sur des enjeux comme les problèmes institutionnels et notamment l'organisation des rapports entre les divers niveaux de décision au sein d'un État en cours de réforme profonde. On ne peut cependant dissocier entièrement ces deux aspects de la même tension : dans chaque communauté, unitaristes et fédéralistes réagissent différemment face aux problèmes intercommunautaires et, en même temps, les conceptions de l'un ou l'autre régime peuvent diverger selon la communauté[10] ». Ce qui nous permet de préciser la nature du modèle belge classique de société nationale. Celle-ci reste intégrée aussi longtemps que les forces politiques parviennent à représenter les acteurs sociaux sans être déstabilisées ni par la question des rapports de l'Église et de l'État, ni par les oppositions régionales entre Flandre, Wallonie et Bruxelles.

Dans le modèle classique belge, un système d'entente entre familles philosophiques, les fameux « piliers » belges, assure une certaine sécurité et un véritable bien-être à une population qui connaît la prospérité durant toute une partie du XXe siècle. Le pays est structuré par la question sociale et sa mise en forme politique et idéologique, tandis que les différences culturelles et régionales peuvent être surmontées. Mais, désormais, les oppositions traditionnelles entre familles philosophiques se dégradent, la question sociale se délie, les problèmes culturels prennent le dessus. C'est dans cet espace qu'il convient d'analyser les conditions d'essor et les raisons du succès des idées et des pratiques racistes et xénophobes.

10. *Ibid.*, p. 9.

# 2

## La fin de la société nationale belge

Le modèle que nous venons de décrire est en effet affaibli. Les syndicats et les partis sont toujours en place, mais ils ne parviennent plus à relancer à eux seuls la tradition de négociation entre les acteurs de la vie locale. Tout au cours des années soixante-dix et quatre-vingt, les rapports sociaux se sont dégradés et les incompréhensions de toute sorte multipliées. Les différents groupes sociaux, bourgeoisie, chrétiens, travailleurs laïques ne s'accordent plus, et pas même sur les termes d'un conflit qui les opposerait. Les régionalismes se développent et s'expriment avec vigueur, et même avec violence, comportement jusqu'alors inconnu. Le racisme, les appels à la xénophobie rencontrent un écho important. Les institutions qui furent capables de réduire les pires crises durant cent cinquante ans réagissent encore, mais de plus en plus faiblement. Elles ne parviennent plus à répondre aux demandes qui leur sont adressées. Et lorsque des réponses sont trouvées, il leur devient impossible de les mettre en œuvre. C'est le cas notamment avec l'intégration, où le Commissariat royal à l'intégration, face aux problèmes qui lui sont soumis, répond rapidement en énonçant une série de mesures qui ne sont jamais réellement appliquées.

Dans cette situation, c'est au quotidien que les Belges sentent leur situation se précariser. Une grande sensibilité au contexte international renforce ce sentiment. Par le flot d'informations quotidiennes, ils apprennent la fin de l'empire soviétique, les risques de conflits majeurs et les drames que cela suppose, ils suivent la montée des intégrismes islamistes, les émeutes au Maroc alors que la communauté marocaine de Belgique est importante. Face à ces événements, qui concernent plus ou moins directement le territoire national belge, le citoyen se sent impuissant alors qu'autrefois la Belgique était une nation conquérante qui s'asseyait, même modestement, à la table des grands de ce monde. Le sentiment de domination ou d'emprise sur les populations étrangères a longtemps été vivace, et la Belgique diffusait encore, dans les annés soixante, des tracts dans les pays étrangers, comme ceux du Maghreb, pour attirer sur son territoire une importante main-d'œuvre, certaine qu'elle était de maîtriser cette situation. Certes, l'écroulement ne date pas d'aujourd'hui, mais c'est maintenant qu'il est perçu dans toute son ampleur.

Tout devient en effet propice au déchirement de la société. Le moindre fait, la moindre tension prend des proportions alarmantes, on frôle constamment la crise majeure, le blocage des institutions. Dans ce contexte, il est tentant de désigner les étrangers comme responsables du malaise et de la déstructuration de la société nationale belge.

On constate que l'opposition Église-État joue moins au fil du temps, tout comme le clivage entre travailleurs et possédants s'estompe au fur et à mesure que s'installe la crise économique, mais que, en revanche, les tensions centre-périphérie et entre régions envahissent la scène politique. Ce qui pose en substance la question de l'état du modèle culturel belge et indique un blocage de capacité d'initiative et de renouvellement idéologique de l'ensemble des partis traditionnels au profit des formations d'extrême droite et des écologistes.

## Les facettes de la crise

### *La crise industrielle*

La crise de l'industrie, la fermeture systématique des entreprises les plus symboliques, les espoirs de relance constamment déçus sont autant d'éléments qui provoquent le désespoir et accroissent le sentiment d'abandon. Ce phénomène, s'il s'apparente à bien des égards à ce qu'on observe en France ou en Grande-Bretagne, présente aussi des caractéristiques singulières.

Tout d'abord, la certitude des travailleurs belges d'œuvrer pour le progrès collectif et l'enrichissement du pays était un sentiment partagé par tous. Par sa tradition social-démocrate, le mouvement ouvrier, plusieurs fois représenté au gouvernement depuis la Libération, n'était pas dans la stricte opposition. Il a été partie prenante de bon nombre des décisions. Mais la formule social-démocrate est épuisée, et aucune formule de rechange n'est apparue du type, par exemple, du socialisme tel qu'il a été pratiqué en France durant les années quatre-vingt. L'idée d'une formule néo-libérale à l'anglaise ne pouvait pas sauver les Belges du désarroi, puisque ce néolibéralisme ne disposait pas de vecteurs concrets dans le pays. La singularité belge, ici, est qu'il n'a pu être question d'aucune formule politique inédite ou renouvelée, et que l'image qui s'impose est celle de la lente agonie. Cette agonie de la social-démocratie se solde par l'impuissance croissante de tous ceux qui ont contribué à son succès et hésitent à rompre avec son projet. Seuls les partis politiques et leurs leaders qui s'en dégagent en montrant un nouveau visage connaissent le succès. C'est le cas notamment des partis d'extrême droite et des écologistes. La crise du système politique est de toute évidence informée par le déclin de la société industrielle, et ce phénomène est spectaculaire en Wallonie. Encore faut-il être précis, car la décomposition du tissu social revêt des formes distinctes, comme l'ont montré Didier Lapeyronnie et Bernard Francq[1] à propos de deux villes wallonnes, Seraing et Flémalle, dont le passé a été, surtout pour Seraing, celui de « la réunion de trois significations : figure emblématique de l'industrialisation, berceau des luttes ouvrières des métallurgistes, exemplarité de l'action municipale au service des intérêts de la classe ouvrière[2] ». Les auteurs parlent de véritable désintégration de ce qui fut jusque-là le principe de l'histoire sociale des habitants. A les suivre, les références les plus intimement ancrées dans les expériences de vie de chacun volent en éclats en l'espace de quelques années. La désorientation est absolue et rien n'y fait, l'espoir est rompu. L'image du monde qui s'écroule et de la solitude

---

1. *Les Deux Morts de la Wallonie sidérurgique*, Éditions Ciaco, Louvain-La-Neuve, 1990.
2. *Ibid.*, p. 155.

prend définitivement le pas sur celle de la participation à la modernité par la solidarité ouvrière.

Mais Seraing et Flémalle, bien que voisines puisque toutes deux situées dans la banlieue de Liège, n'ont pas fonctionné, au temps de leur gloire, sur le même modèle et elles ne se décomposent pas de la même manière. Bien qu'elles soient ouvrières l'une et l'autre, Seraing est, plus que Flémalle, un symbole des luttes ouvrières, alors que Flémalle est plus orientée vers l'action politique. La classe, dans le premier cas, le peuple, dans le second font que Seraing continue de défendre son idéal pendant la crise et résiste plutôt mieux aux appels régionalistes et à la xénophobie qui servent de fonds de commerce à l'extrême droite locale, alors que Flémalle est plus sensible à cette thématique. La crise est la même, ses caractéristiques sont identiques mais les traductions diffèrent.

A Seraing, il est encore possible de désigner les causes générales du déclin et de faire front unitairement au malheur et au désarroi. Bien que « forteresse assiégée » par la crise industrielle et victime de tous les corollaires de la misère, un sursaut d'honneur, fondé sur la solidarité de classe, maintient les liens sociaux. « La solidité du sentiment d'appartenance, l'importance de la conscience de classe et la force de la conviction ouvrière ne parviennent pas à masquer toutes les difficultés du monde ouvrier de Seraing. Si la crise économique est brutale et menace de transformer la ville en cité fantôme, les difficultés internes sont plus diffuses, plus délicates à saisir. Il n'y a pas de relations d'implications directes qui permettraient de repérer les conséquences du chômage et des menaces qui pèsent sur la sidérurgie, sur la vie sociale à Seraing. C'est d'abord un climat général qui apparaît, un sentiment de gêne qui se forme. Derrière la façade d'un monde ouvrier encore solide, il y a "malaise", disent les jeunes, un mal-vivre dont on saisit mal les raisons et les formes. Les repères sont un peu moins clairs, les conduites un peu moins bien définies. Le statut d'ouvrier n'est plus tout à fait satisfaisant. Une fracture s'opère dans la vie des individus, qui les rend étrangers à eux-mêmes, à leur statut, au monde ouvrier[3]. »

A Flémalle, les choses se délient plus brutalement, le bastion n'est plus assiégé, il est défait. La fatalité l'emporte et

3. *Ibid.*, p. 165.

l'individualisme succède à la solidarité. Les références sociales se dissolvent et, dans cette situation d'intégration des politiques sociales à fortes médiations institutionnelles, les désertions sont plus mal vécues. « A Flémalle, les difficultés de la ville apparaissent d'emblée dans les débats et ne sont pas masquées par la façade lisse qu'offrirait une forte structure communautaire. La crise est ici interne. Elle est vécue par tous, d'abord individuellement, tant par les jeunes que les adultes ou les travailleurs sociaux. Le monde urbain de Flémalle ne résiste pas à la crise, mais affirme la vivre, et y être plongé tout entier. La crise est d'abord désorganisation. Désorganisation des rapports sociaux, des relations de voisinage, des institutions comme la famille, mais aussi des individus eux-mêmes qui peuvent être profondément déstructurés. Dans l'ensemble, par rapport au monde ouvrier, les individus ou les groupes de Flémalle apparaissent d'ailleurs plus instables, plus fragiles et plus angoissés, voire parfois, pour certains, déjà brisés. Sur ce plan le monde de Flémalle évoque incontestablement celui de Marienthal[4]. »

A Flémalle, la ville fonctionnait de manière clientéliste, avec une forte intégration de tous les intervenants du social dans la structure municipale socialiste. La décomposition ne pardonne pas : aujourd'hui, « l'offre de service ne parvient plus à enrayer une désorganisation croissante et la mobilisation politique est de plus en plus hétéronome, se teintant d'appels à l'ordre et de racisme[5] ». A Seraing, les ouvriers gardent, si faible soit-elle, une capacité d'action qui leur permet de dénoncer la corruption gagnante et le désordre ambiant. La xénophobie plane mais ne s'exprime pas encore aussi librement qu'à Flémalle. Le conflit qui domine est plutôt un conflit de générations, entre les jeunes qui se séparent de la culture ouvrière et les plus anciens qui s'y accrochent. La culture communautaire survit à la dérive sociale et il est possible de continuer à penser la recomposition de liens pourtant fortement distendus.

Au-delà de ces différences locales, qui suggèrent que le racisme et la xénophobie se déploient plus fortement, dans leurs expressions politiques, là où le social et le politique, la communauté ouvrière et la vie municipale, étaient le plus imbriqués l'un dans l'autre, il faut bien voir que partout,

4. *Ibid.*, p. 195.
5. *Ibid.*, p. 222.

dans la Wallonie industrielle en profond déclin, les partis d'extrême droite ont beau jeu. Il leur est aisé de se présenter comme des partis nouveaux et de tirer les bénéfices du désarroi généralisé des populations. Le sentiment de perte de sens est exacerbé par les scandales financiers, mais aussi judiciaires, qui agitent la classe politique dont on dénonce de plus en plus couramment la corruption. Toutes les institutions sont touchées, c'est à une véritable crise de confiance que l'on assiste, en Wallonie plus qu'ailleurs, et surtout là où le modèle de développement de la vie locale était fortement intégré à un idéal politique. Et, dans un tel contexte, la présence et, plus encore, la venue de populations d'origine étrangère provoquent une réaction disproportionnée, les mouvements migratoires s'effectuant dans une conjoncture d'immenses difficultés sociales vécues par les populations locales, pour qui ces mouvements sont un signe supplémentaire, et intolérable, de leur déchéance.

## *La montée de l'exclusion et la fin de l'aide sociale*

Dans un rapport récent, Jan Vranken[6] apporte des précisions sur l'accroissement de la pauvreté, et souligne les dysfonctionnements des politiques de protection sociale ; les difficultés inhérentes à la montée du chômage affectent la capacité d'intervention de l'État par manque de moyens financiers, mais aussi par manque de cohérence entre les différentes instances de pouvoir qui ont la charge d'affronter ce problème. Cette nouvelle forme de vacillement de l'État atteint un domaine pourtant central de son action : l'aide sociale et le maintien du niveau de vie pour les populations victimes de la crise industrielle. Ainsi, la fin de la société industrielle est indissociable de la crise du « Welfare State ». Le chômage atteint des scores inégalés dans l'histoire sociale de la Belgique en même temps que se dessine la fin d'un mode de développement qui avait garanti l'unité de la nation. Il est passé de 4,5 % de la population active en 1970 à 13,3 % en 1985. Et si on ne compte « que » 352 337 chômeurs, soit 10,4 % de la population active en 1990, ce qui pourrait donner à penser que le chômage a diminué ces cinq dernières années, c'est parce que ce chiffre officiel ne

6. *Social Exclusion in Belgium 1990-1991*, University of Antwerp, Department of Sociology and Social Policy, 1992.

comptabilise pas des milliers de sans-emploi. Dans la période récente, les rapports sur la situation économique de la Belgique indiquent tous une remontée notoire du chômage.

L'image d'une crise profonde s'installe dans les esprits de chacun et se cristallise différemment, selon que l'on se trouve en Wallonie ou en Flandre, sur les enjeux que constitue l'accès à l'aide sociale. L'État, dans sa fonction de répartition de la solidarité nationale, s'en trouve fortement mis en cause.

La décentralisation et le renforcement des pouvoirs de décision au niveau régional par l'activation de cellules régionales, dans le courant des années quatre-vingt, ne font que renforcer le clivage entre les Flamands et les Wallons sur cette question de la répartition de l'aide sociale. De plus en plus, les Flamands, moins concernés par le déclin de l'industrie lourde, sont convaincus de subvenir aux besoins de la Wallonie. Ils disent combler le manque à gagner de la fin de la période de plein emploi par leurs impôts et autres prélèvements sur leurs revenus. Il ne se passe pas un jour sans que, du côté flamand, un article de presse ne dénonce ce principe de la solidarité nationale qui contraint les régions les plus fortunées à financer le système de lutte contre la pauvreté des régions les plus démunies. Or, précisément parce que la répartition de l'aide sociale revient aux assemblées régionales qui gagnent en autonomie, les Flamands ont acquis une plus grande sensibilité à ce principe de solidarité qui s'inscrit à l'intérieur d'un cadre national. Ce principe, jusqu'à une date très récente, était à leur avantage.

A travers le démantèlement d'une société industrielle, c'est l'ensemble de l'identité nationale belge qui se désintègre. Dans ce contexte, le thème de l'intégration des immigrés et le racisme gagnent un terrain considérable, au point d'envahir toute la vie politique. L'État, comme garant de la pérennité des institutions et du contrôle du changement, ne parvient plus à assurer son rôle, et les élections législatives du 24 novembre 1991, en révélant la montée en puissance de l'extrême droite flamande, bouleversent encore plus les données du problème. Depuis lors, les spécialistes des politiques sociales s'accordent à penser que le thème de l'aide sociale et de la solidarité entre les régions va devenir un enjeu majeur de l'ensemble du débat politique belge.

Même si la dégradation s'opère en fonction des situations régionales et locales à des rythmes et selon des processus différents, partout, que ce soit dans les villes, dans les campagnes ou dans les anciens bassins industriels, le sentiment de régresser l'emporte sur celui de continuer à participer à la modernité qui passait pour l'essentiel par le plein emploi et le succès de l'industrie belge. Tous les partis traditionnels sont atteints, tous les syndicats reculent et tous leurs relais, que ce soit les mutuelles, les coopératives ou les associations, perdent leur emprise sur le monde qu'ils représentaient autrefois. La société, l'État et la nation belges sont aujourd'hui en situation de crise, une crise dans laquelle la question de l'immigration prend de l'importance au point de devenir pour les partis d'extrême droite le centre des débats et des tensions.

## Vagues migratoires et gestion institutionnelle de l'intégration

### *L'immigration*

En 1989, la Belgique compte une population totale de 9 927 612 habitants, dont 5 722 344 en Flandre, 3 234 767 en Wallonie et 970 501 à Bruxelles. Sur ce total, le pays dénombre 868 757 étrangers, soit 8,8 % de sa population totale, dont 238 117 en Flandre (27,4 % de la population étrangère), 366 618 en Wallonie (42 %) et 264 022 à Bruxelles (30,4 %). 27,2 % de la population de Bruxelles est composée d'étrangers, 11,3 % de la région wallonne et 4,2 % de la région flamande. Si ces chiffres donnent un aperçu de la réalité de l'immigration selon les régions, ils ne rendent pas vraiment compte des disparités existantes entre l'est et l'ouest du pays. De plus, la plupart des étrangers, 536 665 sur 868 757, sont originaires de pays d'Europe, les Italiens constituant la plus importante communauté. Les 214 224 autres sont principalement originaires de la Turquie (0,8 % de la population totale) et du Maroc (1,4 %). Les Italiens résident pour l'essentiel en Wallonie, les Marocains plus généralement dans la région de Bruxelles et les Turcs en Flandre[7].

La situation actuelle de l'immigration doit être rapportée à la situation démographique de la Belgique et aux phénomènes de peuplement des centres urbains. Dans toute la

7. Ces chiffres sont tous issus du volume I, novembre 1989, du rapport du Commissariat royal à l'intégration des immigrés.

Belgique, les centres urbains connaissent une baisse de la population belge de souche, alors que c'est généralement dans les villes que s'installent les familles issues de l'immigration. Le départ massif des centres urbains, dans les années soixante-dix et quatre-vingt, des Belges d'origine, et leur remplacement par des étrangers sont particulièrement sensibles à Bruxelles. Autre phénomène majeur, l'effondrement du taux de fécondité des femmes belges[8]. Il était de 1,42 enfant en 1988 (3,72 pour les femmes hors CEE, soit plus du double). L'image d'une immigration dynamique, et qui marque sa présence passe par cette fécondité effectivement plus forte des populations étrangères. De même, dans les quartiers à forte concentration d'étrangers, comme Saint-Josse ou Schaerbeek à Bruxelles, les jeunes de moins de 15 ans peuvent aisément représenter près de la moitié de la population totale. Les deux phénomènes, dépeuplement des villes par les Belges et forte présence des jeunes dans les quartiers à l'abandon et réinvestis par l'immigration, se combinent alors et donnent à certains centres urbains, notamment Bruxelles, une image qui s'est entièrement renouvelée en moins de vingt ans. Mais, plus généralement, tous les quartiers populaires de Belgique sont concernés, avec une forte disparité entre les régions, puisque la Flandre accueille nettement moins d'étrangers que la Wallonie ou Bruxelles. Cette remarque est à relier à l'histoire de l'immigration en Belgique, qui est elle-même fortement contingente de l'histoire politique et industrielle du pays.

Dans un ouvrage récent, Anne Morelli retrace de façon exhaustive les grands moments de l'histoire de l'immigration en Belgique[9], avant tout liée aux besoins de l'industrie du pays, à tel point que les politiques de l'immigration ont toujours correspondu aux politiques de l'emploi. « En 1964, rappelle le Commissariat royal à l'intégration, une brochure *Vivre et travailler en Belgique* a été diffusée en Afrique du Nord, par l'intermédiaire de nombreux consulats et ambassades[10]. » Cette brochure, commandée par le ministère de l'Emploi et du Travail, était destinée à faire venir

8. Christine WATTELAR, « L'immigration étrangère en Belgique : étude par nationalités », Association internationale des démographes de langue française (AIDLF), *Actes du colloque*, 1985.

9. Anne MORELLI, *Histoire des étrangers et de l'immigration en Belgique*, Vie ouvrière, Bruxelles, 1992.

10. *Op. cit.*, note de synthèse, vol. I, p. 18.

en Belgique des ouvriers non qualifiés. Il était souligné dans le texte lançant l'invitation que « les travailleurs seraient les bienvenus » et que « nous les Belges sommes heureux que vous veniez apporter à notre pays le concours de vos forces et de votre intelligence. Mais nous désirons que cette vie nouvelle contribue à votre bonheur ». C'était plus qu'il n'en fallait pour provoquer de fait une immigration, dont le Commissariat royal souligne qu'elle était orchestrée par le gouvernement de l'époque et le patronat belge. « Le moins qu'on puisse dire de cette brochure, précise-t-il, c'est qu'elle exprime de manière particulièrement claire un certain état d'esprit des autorités belges, du patronat et d'autres milieux d'il y a vingt-cinq ans. Tout démontre aussi l'absence du moindre mouvement d'opposition de la part de l'opinion publique. Les chroniques de l'époque ne font état de nulle trace de protestation, même dans les milieux d'extrême droite d'alors. C'était une période de haute conjoncture économique[11]. » Comprenons qu'à l'époque personne ne s'indigne des critères de recrutement de ces nouveaux arrivants, à savoir sur des fondements économiques qui autorisent des formes d'exploitation extrêmes. Et on peut insister sur le fait que les partis d'extrême droite considèrent eux aussi qu'il s'agit d'une main-d'œuvre d'appoint destinée aux tâches pénibles que des Belges ne veulent plus accomplir.

Cette page tout de même très récente de l'histoire de l'immigration en Belgique doit être lue comme une récidive de ce qui s'était produit quelques années plus tôt, lorsque, à la sortie de la guerre, l'économie belge était florissante. C'étaient alors les Italiens candidats à l'immigration qui étaient invités à se rendre en Belgique. Pour plus de clarté sur leur statut de « travailleurs immigrés », l'État belge signa des accords avec l'État italien le 20 juin 1946, qui prévoyaient textuellement « l'arrivée à court terme de 50 000 travailleurs italiens pour les mines de charbon en Belgique. [...] Entre juin 1946 et fin 1949, dans le contexte de la bataille du charbon, la Fédération des associations charbonnières recrute 77 000 travailleurs italiens[12] ». Cette main-d'œuvre supplée elle-même aux 40 000 prisonniers de guerre allemands qui travaillaient à la fin de la guerre dans les mines de charbon, mais aussi pallie les conséquences de l'infléchissement démo-

11. *Ibid.*
12. *Ibid.*, p. 17.

graphique qui prive la Belgique d'une part non négligeable de son taux de renouvellement naturel. Si l'enjeu démographique est bien là, il n'empêche qu'à l'époque c'est aussi et avant tout pour suppléer à la défection des travailleurs belges que se pratique le recours massif à la main-d'œuvre étrangère : « Le dédain, soulignent Albert Bastenier et Felicé Dassetto, des travailleurs belges à l'égard de la mine exprime, dès ces années, leur souci de valoriser une formation scolaire et professionnelle plus importante en évitant autant que possible les postes de travail "de force" pour accéder aux occupations moins pénibles, plus qualifiées et mieux rémunérées[13]. » Selon l'argument, plus les Belges montent dans la hiérarchie sociale en se dégageant des emplois pénibles, plus les industriels recrutent leur main-d'œuvre à l'étranger en bénéficiant d'accords gouvernementaux. Le procédé du recours à l'étranger restera ininterrompu pendant de longues années. Les périodes creuses, comme au moment de la rupture des accords avec l'Italie, suite à une catastrophe minière qui devait provoquer la mort de plusieurs centaines d'Italiens dans les mines en août 1956, sont aussitôt comblées par l'apport d'autres populations comme les Grecs[14] ou les Portugais. Pendant toute la période de croissance, l'État belge n'a jamais cessé d'encourager le recrutement des travailleurs immigrés et ni les syndicats, ni les partis politiques traditionnels n'ont contesté ou discuté cette habitude ; ils ne se sont pas non plus préoccupés de l'encadrement de ces travailleurs. Ceux-ci servaient au contraire à assurer la promotion de l'ouvrier belge qui se dégageait des emplois pénibles en accédant à une meilleure situation économique. En moins de vingt ans, entre 1938 et 1956, le nombre des Belges travaillant dans les mines est passé de 123 000 à 48 000 et celui des étrangers de 25 000 à 62 000. Les étrangers sont alors plus qu'une main-d'œuvre d'appoint, ils occupent une fonction sociale importante puisqu'ils signifient par leur travail et leur présence, dans les emplois pénibles et les quartiers

---

13. Albert Bastenier et Felicé Dassetto, « L'efficacité des politiques migratoires. Les possibilités et les limites de l'intervention étatique vues au travers du cas de la Belgique », AIDLF, *Actes*, *op. cit.*, p. 314.

14. « L'accord belgo-hellénique sur les conditions de recrutement pour les charbonnages a été signé entre la Grèce et la Belgique en date du 12 juillet 1957. [...] Cet accord précise le statut des travailleurs grecs, afin qu'ils soient occupés uniquement aux travaux de fond. Il est calqué sur les accords précédemment conclus avec l'Italie. » Amelia Alexiou, « L'immigration grecque en Belgique », *Histoire des étrangers et de l'immigration en Belgique*, *op. cit.*, p. 275.

dégradés, la cohésion et le bon fonctionnement de la société industrielle belge.

Cet aspect de l'histoire de l'immigration, constamment souligné par les spécialistes de la question en Belgique, mérite notre attention. La main-d'œuvre recrutée à l'étranger n'a jamais été, comme cela a pu l'être (au moins idéologiquement) en France, invitée à s'intégrer. Elle a au contraire été maintenue dans un statut dominé par l'ensemble de la société belge. Et quand la crise économique s'est annoncée, le premier réflexe a été de renvoyer chez eux ces travailleurs étrangers. Cette idée du « retour » au pays est de ce point de vue beaucoup plus un fantasme des Belges que des étrangers. Bastenier et Dassetto soulignent cette constante des politiques d'immigration belges : « Au moment où la Belgique entre de plain-pied dans le processus d'appel massif à la main-d'œuvre étrangère qui caractérise l'Europe industrielle des années 1945-1975, l'esprit de la loi s'origine dans l'idée de l'État en guerre qui doit tenir l'étranger établi sur son territoire pour un individu potentiellement "dangereux". [...] Le désir gouvernemental de licencier et d'expulser les étrangers pour les remplacer ensuite par des chômeurs belges reflète une conception nationaliste pour laquelle la nécessité d'une protection du marché du travail autochtone fait de l'étranger un intrus dont il faut se défendre[15]. » Ainsi, dans les conjonctures économiques favorables au marché de l'emploi et à la montée des Belges dans la hiérarchie sociale, le gouvernement fait appel à des populations étrangères et, dans les périodes de crise, le premier réflexe au niveau le plus haut de l'État est de fermer les frontières et si possible d'inciter au retour ces travailleurs étrangers.

Aussi, la question de la gestion institutionnelle des étrangers prend en Belgique un sens tout particulier, et permet de lire les tendances idéologiques dominantes du rapport à l'immigration. Entre la fin de la Seconde Guerre mondiale et aujourd'hui, il n'existe pas de profonde divergence entre les formations politiques qui se sont succédé au gouvernement sur la question de la gestion des populations étrangères. Toutes s'accordent à penser que les travailleurs immigrés peuvent être maintenus dans des catégories défavorisées de

15. Albert BASTENIER et Felicé DASSETTO, « L'efficacité des politiques migratoires. Les possibilités et les limites de l'intervention étatique vues au travers du cas de la Belgique », *op. cit.*, p. 315.

la hiérarchie sociale, et aucune ne défend véritablement l'idée d'un modèle d'intégration « à la française », c'est-à-dire par l'incorporation dans la société, dans la République et dans la nation. « L'insertion au sein de l'entité nationale, soulignent Bastenier et Dassetto, s'opère moins par le canal d'une relation directe entre les citoyens et l'État que par la médiation d'instances intermédiaires comme la famille, l'école, les Églises, les syndicats, les organisations et associations diverses, les médias [...]. Ce n'est donc pas la disposition *a priori* de la citoyenneté qui assure l'intégration, mais bien la participation aux instances et structures transversales qui charpentent la société civile. Or il n'est pas évident que la société civile belge, en raison de ses spécificités socio-culturelles, manifeste une capacité d'intégration des nouveaux venus comparable à ce que devrait normalement permettre le formalisme abstrait des institutions étatiques si le problème se posait à ce seul niveau-là[16]. »

La faiblesse historique manifeste d'une idéologie de l'intégration exerce aujourd'hui encore ses effets, puisque la Belgique a constamment hésité entre plusieurs formules de ce qui, ailleurs, s'est appelé un « modèle » d'intégration. Par certains aspects, le mode de gestion des étrangers rappelle la formule allemande selon laquelle l'étranger ne peut pas acquérir la nationalité allemande dans la mesure où il n'est pas de sang allemand ; il est tout au plus un *gastarbeiter* (« travailleur invité ») venu pour travailler et non pour s'intégrer à la nation. Mais l'indéniable faiblesse de l'unité nationale en Belgique, indissociable de l'exacerbation des différences régionales, fait que ce principe, contrairement à ce qu'on observe en Allemagne, ne renvoie à aucune réalité historique et surtout pas à un espace national clairement délimité et immédiatement repérable pour le citoyen belge. Et, puisque la Belgique ne propose pas une formule comparable à celle du modèle républicain français de droit du sol, ne faut-il pas finalement considérer qu'elle se rapproche plutôt d'une formule anglaise ? Encore faudrait-il ici qu'elle s'applique à des populations définies politiquement comme des minorités ethniques ayant leur place dans une société multiculturelle, ce qui ne correspond pas véritablement à la réalité observable pour l'époque qui nous intéresse ici, et qui s'achève au tournant des années soixante-dix. Il vaut mieux

16. *Ibid.*, p. 320.

parler d'une pratique très décentralisée et très localisée de l'intégration, par défaut d'une formule nationale. Cette formule locale a été gérée par des institutions qui ne parviennent plus aujourd'hui à faire valoir la force idéologique qu'elles tiraient localement des équilibres politiques entre les partis traditionnels. C'est aussi et surtout dans l'espace ouvert par cette déchirure entre populations locales, institutions et équilibres politiques, que se développent les appels à la xénophobie et au racisme.

## *La gestion institutionnelle*

C'est dans les années soixante-dix que les dirigeants politiques prennent conscience de l'ampleur du problème de la gestion des populations étrangères. Il devient impossible de le contourner et de continuer à croire au retour au pays des étrangers. Manifestement, les immigrés s'installent définitivement et sont eux aussi sévèrement touchés par une crise économique qui ne fait que s'annoncer. Il n'est pas non plus possible de maintenir les distances sociales entre les autochtones et les immigrés. Dans ce contexte, où les syndicats exercent une pression pour que ne soient pas renouvelés les contrats de travail des immigrés, et où ceux-ci risquent de devenir des clandestins, la protection de l'ordre public préoccupe le gouvernement, qui envisage une première réponse, en 1975 : naturaliser massivement les étrangers. Mais cela ne suffit pas à assurer leur intégration et à éviter la montée de l'appel au racisme de plus en plus orchestré par des partis d'extrême droite. La réalité de l'éclatement de la société belge commence à s'imposer et l'échec des tentatives de gestion institutionnelle de l'immigration va bientôt signifier celui de la formule institutionnelle qui a garanti l'unité du pays. La Belgique passe d'une crise économique, caractéristique des années soixante-dix, à une crise politique à la fin des années quatre-vingt qui se traduit par la fin des partis traditionnels et la montée en puissance des partis écologistes et d'extrême droite.

La prise de conscience du début des années soixante-dix fait suite à un véritablement revirement. Au milieu des années soixante, l'arrivée en Belgique de Turcs et de Marocains se fait soit sous la forme de contingents directement affectés à des villes ou des régions, soit par le biais de passeports touristiques qui, à l'époque, permettent de s'installer sans permis de travail sur le territoire national. Dans tous les cas, cette immigration affirme très tôt son désir d'installation durable. Elle fait preuve de moins de maniabilité que l'immigration italienne de la fin des années quarante. Au niveau national aussi bien qu'au niveau régional, se développe dès lors une nouvelle conception de la gestion des populations étrangères et de leur intégration dans la société. Un Conseil consultatif de l'immigration est mis en place en 1965. Sa mission est de permettre une meilleure articulation entre les différents ministères concernés par l'arrivée et l'installation des populations étrangères. Au niveau régional, des services d'accueil sont installés dans les principales villes, notamment à Liège. Leur fonction est de « fixer définitivement dans nos régions le plus grand nombre possible des immigrants. Et non seulement de les fixer, mais de les intégrer à notre population, de les assimiler[17] ». On souligne à l'époque que ce dispositif ne s'étend pas sur tout le pays : « Il faut toutefois remarquer que l'extension et la diffusion de cette forme d'organisation ne sont pas faites, ou fort tardivement, vers d'autres provinces où un nombre important d'immigrés résidaient. Il faut attendre avril 1974 pour que se crée une structure semblable dans la province de Brabant. Ni la province d'Anvers, ni la province de la Flandre occidentale ne trouvent utile de créer un tel service[18]. » Aussi, la distinction entre la Wallonie et la Flandre dans leurs politiques de gestion des étrangers s'affirme dès le début de la mise en place des nouvelles dispositions gouvernementales et institutionnelles, dans un contexte où le poids des pouvoirs régionaux ne cesse de croître dans ce domaine. Pour autant, la formule de l'intégration par assimilation dans des espaces communaux parvient très vite à son épuisement et ne semble pas être la réponse adaptée aux problèmes qui sont posés. C'est si vrai qu'aujourd'hui, sur les trente-deux conseils consultatifs communaux qui s'étaient mis en place entre 1968 et 1976, seuls cinq continuent de fonctionner, tous dans la région wallonne ou bruxelloise. C'est à une réorientation complète du dispositif que s'attachent dès lors les ministères concernés, avec d'autant plus d'inquiétude que la présence des étrangers

17. P. CLERDENT, « Une politique nouvelle d'immigration, condition essentielle du développement liégois », *Discours d'ouverture*, session ordinaire du Conseil provincial, Liège, 1er octobre 1962.

18. Pierre BLAISE et Albert MARTENS, « Des immigrés à intégrer. Choix politiques et modalités institutionnelles », *CRISP*, n° 1358-1359, 1992, p. 12.

est maintenant indissociable de la dégradation accélérée de la situation économique et du chômage qui se généralise. Les différences d'attitude ou de volonté politique s'affirment entre les régions. Entre 1980 et 1990, de très nombreux décrets et lois concernant l'immigration entrent en vigueur, dont, en 1989, une loi qui tend à réprimer les actes racistes[19]. Par le simple fait qu'elle soit votée, cette loi laisse entendre que le climat social s'est singulièrement dégradé et que les tentatives d'assimilation ne posent pas de problèmes qu'aux seuls immigrés. Dans les années quatre-vingt, il n'est pas rare de voir des annonces de logements privés où il est précisé que ceux-ci sont « réservés aux Belges et aux étrangers de la CEE ». Malgré la loi de 1981, on trouve encore parfois ce genre de mention, notamment en Flandre.

L'objectif assimilationniste de la région wallonne s'essouffle d'ailleurs bien vite, alors que la perspective différentialiste de la région flamande s'affirme. Au niveau national, la tension entre ces deux perspectives se vit si mal que finalement un décret royal crée un Commissariat royal à la politique des immigrés[20]. Bien qu'ayant une fonction consultative et ne disposant d'aucun pouvoir exécutif, ce Commissariat royal joue un rôle de tout premier plan dans le début des années quatre-vingt-dix sur tout ce qui a trait à la présence des immigrés en Belgique. D'emblée, il se dote de structures lui permettant de mener la réflexion aussi bien sur la Flandre et la Wallonie que sur Bruxelles, entérinant ainsi la différence de problématique selon les régions. Son premier rapport, largement salué comme un travail remarquable de prise en compte de la réalité de la situation, s'inscrit dans la voie de l'intégration et signe le coup d'arrêt aux tendances institutionnelles qui favorisent les politiques de retour des étrangers dans leur pays d'origine. C'est même l'apport premier du Commissariat royal que d'avoir tranché les termes d'un débat entre intégration par adaptation et « retour au pays ». « L'intégration, est-il dit dans le rapport, est un processus au cours duquel les [membres de] minorités s'adaptent graduellement, aussi linéairement que possible, à un ensemble préexistant de valeurs, de normes et pratiques d'une majorité, tandis que cette majorité, de son côté, se montre compréhensive à l'égard de chaque étape

19. Loi du 30 juillet 1981.
20. 7 mars 1989, le Commissariat est mis en place pour quatre ans.

effectuée dans cette direction par les minorités. Le plus souvent, cela n'exclut pas que la majorité respecte des éléments de langue et de culture des minorités dans la mesure où elle ne se sent pas menacée par ces éléments[21]. » Ce passage est aujourd'hui considéré par les membres du Commissariat royal comme la formulation écrite du modèle d'intégration de la Belgique. Elle témoigne surtout d'une option assimilationniste, défavorable au pluralisme culturalo-ethnique que le texte du rapport critique très explicitement : « La thèse diamétralement opposée à celle ci-dessus est défendue par un nombre non négligeable de personnes. Celles-ci plaident en faveur d'une reconnaissance aussi poussée que possible et d'un respect sans restrictions des cultures des minorités partant de la conviction — légitime ou non — que la coexistence de cultures différentes avec la culture majoritaire ne peut être qu'enrichissante et ne peut ni blesser les membres de la majorité autochtone ni être considérée comme une menace[22]. »

Face à ce choix, résolument défendu par le Commissariat, d'une formule plus proche de l'intégration « à la française », que de la pluriethnicité « à l'anglaise », aucune autre perspective ne sera plus dorénavant examinée. Si bien que le Commissariat poursuit son raisonnement. Il se lance dans une série de propositions tendant à favoriser ce qu'il appelle l'« intégration poussée ». Les autres hypothèses ont été rejetées après un examen approfondi. L'argument est en effet, d'une part, que l'hypothèse d'un *retour massif* comporte soit un prix de revient trop élevé, soit un caractère irréaliste, et d'autre part qu'une politique d'intégration trop limitée aboutit « soit à une rentabilisation insuffisante du potentiel de "ressources humaines" des autochtones, soit à un prix de revient impossible des programmes d'aide sociale qui en résultent[23] ».

L'orientation donnée par le Commissariat royal est aussitôt relayée, par exemple à Bruxelles, par le Fonds Picqué créé en mars 1990[24]. En mettant à la disposition des dix-neuf communes qui forment la capitale d'importantes sommes d'argent, ce fonds facilite la coordination entre les différents

21. Vol. I, *Repères et premières propositions*, Commissariat royal, novembre 1989, p. 34.
22. *Ibid.*, p. 34.
23. *Ibid.*, p. 38.
24. N. Ouali, « La politique de l'intégration », *L'Année sociale*, Bruxelles, 1991.

services concernés par l'installation des populations étrangères. Cependant, l'expérience reste limitée à Bruxelles et rien n'indique aujourd'hui que les régions wallonne et flamande appliquent aussi diligemment que la capitale les indications du Commissariat royal. De son côté, le Conseil consultatif pour les populations d'origine étrangère de la Communauté française émet quelques réserves en rappelant que le Commissariat élimine trop fortement l'idée de communautés d'étrangers en donnant l'impression de ne s'adresser qu'à des individus isolés : « D'une manière générale, l'idée que des communautés culturelles structurées, ou en voie de l'être, existent [...] n'est pas réellement reprise dans le rapport. Cette position pourrait laisser entendre qu'on s'adresse à des individus sans rapport entre eux qui doivent décider individuellement de leur avenir d'intégration face à la société belge[25]. »

Aussi, il apparaît très vite que, malgré la qualité du travail accompli par le Commissariat royal, soulignée par tous les spécialistes, une discussion s'en trouve ravivée plutôt qu'elle ne s'éteint. C'est le débat entre multiculturalistes et intégrationnistes qui se cristallise à l'occasion de l'« affaire des écoles islamistes ». De dimension nationale, cette affaire montre toutes les ambiguïtés de la Belgique face aux immigrés de culture musulmane, y compris après la publication du rapport du Commisariat royal. Elle est relatée durant des mois par la presse dans un contexte de crise politique, de faiblesse des institutions, école et justice notamment, et elle révèle cet autre aspect non pris en compte dans le rapport : l'incapacité à traduire en actes concrets les orientations dessinées. C'est si vrai qu'à l'heure actuelle, quatre ans après sa publication, quelques-unes seulement des 263 propositions du rapport sont mises en œuvre. « L'intégration, une politique de longue haleine », titrait le rapport, certes, mais dans un pays à bout de souffle, peut-on rajouter aujourd'hui.

## L'affaire des « écoles islamistes »

Le 1er septembre 1989, le Centre islamiste et culturel ouvre une école islamiste dans ses locaux de Bruxelles. Aussitôt, Charles Picqué, président de l'exécutif de la région de

25. Avis du CCPOE concernant le rapport du Commissariat royal à la politique des immigrés, 22 février 1990. Cité par Pierre BLAISE et Albert MARTENS, « Des immigrés à intégrer », *CRISP*, *op. cit.*, p. 60.

Bruxelles-capitale, déclare vouloir employer « tous les moyens pour empêcher la création de cette école[26] ». Paula D'Hondt, commissaire royal à la politique des immigrés, avait pour sa part fait savoir dès le mois d'août que cette école risquait de contrarier le processus d'intégration tel qu'il venait d'être défendu par son Commissariat. De son côté, l'imam-directeur du Centre islamiste et culturel précise que pour lui il s'agit au contraire « de participer à l'intégration de la jeunesse dans la société belge, de former de bons musulmans et des citoyens belges ». Mais, aussitôt, une troisième composante intervient dans le débat et fait entendre un autre argument : le Vlaams Blok qui, par la voix de son président Filip Dewinter, se dit favorable à l'ouverture de l'école puisque, pour lui, « l'intégration des Nord-Africains est non seulement impossible à réaliser, elle est en outre très peu souhaitable. La fréquentation d'une école islamiste préparera les immigrés à rentrer chez eux ». Le Parti des forces nouvelles (PFN), également d'extrême droite, surenchérit en annonçant qu'il « appuyait la création de l'école islamiste dans la seule optique d'un nécessaire et rapide retour des immigrés dans leur pays d'origine ». Les écologistes, quant à eux, se rapprochent de l'argument de l'imam en faisant remarquer qu'il existe traditionnellement en Belgique de nombreuses écoles confessionnelles, catholiques et juives notamment, et ils se disent surpris par la vivacité des réactions de la classe politique belge qui, à l'exception de l'extrême droite, se range aux arguments de Charles Picqué. Dans le même temps éclatent deux autres polémiques de même nature.

Le 12 octobre 1989, des parents de la commune de Saint-Gilles et d'autres de la commune de Scharbeek, toutes deux faisant partie de la capitale, assignent en référé leur bourgmestre (maire) pour n'avoir pas organisé à la rentrée scolaire 1989 des cours de religion islamiste. Ils réclament l'application de la liberté des cultes inscrite dans la Constitution belge et ils se fondent sur la Convention européenne des droits de l'homme pour faire entendre leurs arguments. Malgré les résistances de ces communes, le tribunal considère leur plainte recevable et il enjoint les responsables municipaux

---

26. La plupart des propos cités sont issus du travail de Pierre Blaise et Vincent de Coorebyter qui ont retracé et analysé la polémique dans « L'islam et l'école, anatomie d'une polémique », *Courrier du CRISP*, n° 1270-1271, Bruxelles, 1990.

d'organiser ces cours dans leurs établissements. Le contentieux n'est pas résolu pour autant puisqu'il se déplace et porte sur le mode de nomination de l'enseignant désigné pour pratiquer le cours de religion islamiste. Le Centre islamiste fait valoir ses prérogatives en matière d'organisation de l'enseignement et de la pratique du culte musulman sur le territoire belge, alors que les bourgmestres considèrent qu'ils sont libres de choisir l'enseignant selon leur gré.

Le 26 octobre 1989, vingt jeunes filles se présentent dans leurs établissements scolaires respectifs recouvertes du voile islamique et manifestent pour obtenir le droit de le porter. Cette manifestation provoque un véritable imbroglio juridico-administratif où, selon les établissements concernés, le port du voile sera autorisé ou non en présence de professeurs de sexe masculin, interdit en présence de professeurs de sexe féminin, pour ensuite être complètement interdit... puis, finalement, toléré. La décision est souvent laissée à la discrétion des enseignants et des équipes pédagogiques. Des plaintes sont déposées par les deux parties en cause, parents d'élèves musulmans et ministère de l'Éducation. Des élèves sont exclues des cours. Le tout prend une proportion éminemment médiatique et politique. Cette fois encore, le Vlaams Blok fait entendre sa voix lorsqu'il déclare que « la pratique de l'islam doit aller de pair avec le retour des immigrés dans leur pays d'origine [...] le foulard est le symbole de l'impossible intégration et d'une assimilation immorale ».

A partir de ces différentes affaires, le début de l'année 1990 s'annonce sous des auspices on ne peut plus propices pour les partis d'extrême droite qui participent activement à toutes ces discussions en faisant valoir leur thèse de l'inadaptation des immigrés à la communauté d'accueil. Les trois affaires que nous venons d'évoquer connaissent, au gré des décisions de justice, des rebondissements inattendus. Les positions défendues par le Commissariat à l'intégration paraissent aller à contre-courant de certaines des forces en présence dans ces débats. Les écologistes, notamment, défendent l'idée du droit à la pratique de l'enseignement islamiste sans pour autant renoncer à l'intégration des populations concernées.

Le débat entre les multiculturalistes et les tenants de l'assimilation par l'incorporation au tissu social belge ne recoupe donc plus les clivages habituels puisque des divergences apparaissent dans chaque camp. Les partis d'extrême droite, à commencer par le Vlaams Blok flamand, et les écologistes défendent les principes du différentialisme culturel. Les partis traditionnels et une partie de l'extrême droite wallonne défendent les principes de l'assimilation. Un clivage politique nouveau se met ainsi en place. Au système formé par la tradition des unions, compromis et débats entre libéraux, socialistes, et sociaux-chrétiens, se substitue un autre système à trois acteurs, partis traditionnels, extrême droite, écologistes. La présence des étrangers sur le sol belge et la capacité de l'État à prendre en charge institutionnellement cette question deviennent de ce fait, dans le tournant des années quatre-vingt-dix, des questions déterminantes et, dans tous les cas, l'extrême droite tire les bénéfices de la confusion qui s'installe et qui provoque une série de crises gouvernementales laissant vacant le pouvoir. Les élections législatives du 24 novembre 1991, dont les résultats seront précisés plus loin, n'en sont qu'un des signes les plus manifestes. Mais, plus profondément, dans les quartiers, dans la vie quotidienne, dans la gestion municipale, tous les rapports sociaux apparaissent comme singulièrement dégradés. Comme le souligne Bernard Francq, « les autorités publiques commencent seulement à percevoir l'ampleur des problèmes : concentration spatiale des populations étrangères et constitution de quasi-ghettos, problèmes de relégation scolaire, absence de politique d'insertion et de dispositifs permettant de corriger les inégalités sociales par trop évidentes, faiblesse de l'implication des pouvoirs locaux dans les problèmes sociaux et leur traitement [...] au point qu'il n'est pas exagéré de dire, en conclusion, qu'il n'y a pas de "politiques locales" d'intégration des populations immigrées en Belgique, mises à part quelques exceptions[27] ». C'est à un tissu déchiré et en proie au désarroi que s'adressent dorénavant les leaders politiques. Toutes les régions sont touchées, le royaume doit faire face aux difficultés internes les plus graves qu'il ait jamais connues. Le débat sur la gestion des populations immigrées indique la fin de la société nationale belge, avec ses « piliers », ses partis traditionnels, son mode d'intégration de la société proprement dite, de l'État et de la culture.

Les « affaires » des écoles nous rappellent également qu'il n'y a finalement jamais eu de formule d'intégration des

27. Bernard FRANCQ, *Belgique, une situation transitoire*, La Documentation française, Paris, 1992.

immigrés qui aurait dominé en Belgique. Si, dans la période récente, il y a bien eu les directives rappelées par le Commissariat et des volontés politiques qui se sont affirmées à travers lui, on voit à quel point tout cela arrive trop tard, dans un contexte de fin des capacités institutionnelles à mettre en œuvre une dynamique réelle d'intégration. Fallait-il alors écarter si vite et si fermement la perspective multiculturaliste alors qu'elle correspondait peut-être mieux à l'aspiration des Belges, comme en témoigne la montée en flèche de tous les partis politiques qui s'en inspirent ? Ne fallait-il pas plutôt chercher à trouver une voie médiane entre ces nouveaux partis ? Pour l'extrême droite, il s'agit d'exclure et de favoriser l'argument du « retour au pays » qui venait soudainement d'être abandonné par les politiques institutionnelles. Pour les écologistes, il s'agit plutôt de continuer à défendre une certaine idée du « vivre ensemble » en acceptant une plus grande diversité culturelle. Entre les deux positions, n'existe-t-il pas un écart suffisamment grand pour que les partis traditionnels fassent à nouveau entendre leurs arguments ? De fait, face à la situation qui se dessinait, il n'était pas évident que le choix de l'« intégration poussée[28] » était le meilleur. Il a manifestement provoqué des réactions de défense de la part des autorités cultuelles musulmanes qui ont été parties prenantes dans toutes les affaires d'école, et il s'est révélé sans emprise sur des évolutions que ses promoteurs ne pouvaient ignorer, mais dont ils n'ont pas perçu toute la force.

Désormais les divergences idéologiques renouvelées recoupent les frontières régionales, et les débats sur la part laissée à la différence culturelle trouvent partout en Belgique un terreau favorable à la poussée d'arguments différentialistes qui conduisent au racisme, l'accompagnent ou s'appuient sur lui.

---

28. Pour reprendre les termes du Commissariat royal.

## 3

# Racisme et politique

Le racisme en Belgique a certes une histoire, ne serait-ce qu'en référence au passé colonial du pays, ou à des tendances antisémites qui furent réactivées lors de la Seconde Guerre mondiale. Mais l'évolution récente, telle que nous venons de l'analyser, rend assurément mieux compte de la poussée contemporaine du phénomène raciste que l'idée d'une continuité historique — qu'il ne s'agit pas pour autant de minimiser, et dont on trouve la marque, idéologique et doctrinaire, au sein des formations d'extrême droite, à commencer par le Vlaams Blok.

Aujourd'hui, à la montée du racisme différentialiste en Flandre, s'ajoutent les nostalgies des Bruxellois qui vivent la désorganisation de leur ville et la fin des quartiers populaires tels qu'ils les ont connus dans leur jeunesse, la perte de confiance en l'avenir qui caractérise les Wallons qui voient certains de leurs anciens leaders syndicaux ou politiques impliqués dans des affaires de corruption, se détournent des urnes ou ne s'y rendent que pour mieux signifier leur déception et leur dépit en votant contre les partis historiques. Dans les trois régions, Flandre, Wallonie, Bruxelles, non seulement les manifestations du racisme gagnent en ampleur, mais aussi présentent deux caractéristiques communes. La première est que, partout, le racisme pénètre les appareils politiques et institutionnels, et d'abord les partis d'extrême droite qui enregistrent une forte augmentation du nombre de leurs électeurs au début des années quatre-vingt-dix, notamment en

Flandre et en Wallonie, mais aussi la police, dont les comportements face aux jeunes issus de l'immigration, notamment à Bruxelles, révèlent des tendances inquiétantes. La seconde caractéristique du racisme belge contemporain est qu'il est partout, quelles qu'en soient les sources, à dominante différentialiste.

## Le décrochement du culturel et du social

Le racisme associe généralement, selon des modalités qui varient avec chaque expérience historique et qui peuvent évoluer dans le temps pour chacune, une logique d'infériorisation et une logique différentialiste. Il en est ainsi en Belgique, où c'est à partir de combinaisons de plus en plus subtiles, qui varient toutes entre le désir de maintenir l'étranger dans des catégories socialement dominées et celui de le contenir dans des lieux culturellement repérables comme différents, que se solidifie le socle des conduites et des pratiques racistes.

En Belgique, nous nous trouvons à la conjonction de deux phénomènes majeurs. Premièrement, une crise institutionnelle et politique indissociable d'une forte décomposition du tissu social, accompagnée d'une perte des repères qui permettaient classiquement de se situer dans la hiérarchie sociale. Deuxièmement, une crise culturelle qui affecte profondément l'unité nationale, et qu'exprime avant tout la vigueur des thèses séparationnistes.

Ce qui était autrefois plus ou moins bien intégré se sépare, la dimension culturelle des principes de perception de soi se dissocie de plus en plus d'attributs sociaux qui se brouillent. La nostalgie de la domination et l'appel au différentialisme activent dans chacun des cas la poussée du racisme. Domination à la fois désirée et impossible et différentialisme se combinent, mais les enjeux culturels prennent le pas sur les enjeux sociaux, ou du moins ne sont plus relayés ou pris en charge par eux. La subjectivité de l'acteur n'étant plus traitée par la thématique sociale centrale, que faisait vivre la tradition politique et syndicale belge, c'est dans des affrontements qui portent de plus en plus sur des enjeux culturels qu'elle se manifeste. Dans ce moment de recherche d'identité, plutôt culturelle que sociale, les risques de dérives racistes s'accentuent. On devient « immigré » comme on est « jeune » ou « femme », des caractéristiques à la fois culturelles et biologiques prennent ainsi le dessus sur une définition sociale.

La « classe ouvrière », du moins en théorie, n'établissait pas de distinction entre un immigré, une femme ou un jeune, à partir du moment où ils étaient considérés dans un rapport de production qui les rapprochait et même les englobait[1]. L'épuisement de ce principe centralisateur libère en quelque sorte les identités individuelles et collectives, et fait apparaître au grand jour, en les exacerbant et en les renouvelant, les tensions qui ont toujours existé entre une somme d'identités culturelles. Cette tension est d'autant plus vive que l'immigré a toujours été plus ou moins tenu à l'écart des luttes sociales et qu'il a toujours été infériorisé, y compris par le mouvement ouvrier. Par exemple, les syndicats ne se sont jamais opposés aux « accords » entre l'État belge et les États des pays à forte migration. Au contraire, ils ont souvent surveillé de très près la délivrance, parcimonieuse, des permis de travail. Ils ont eux-mêmes contribué à la mise en place de permis très différenciés entre Belges et étrangers. Le poids de l'histoire pèse ici, surtout quand le climat social se dégrade et même devient explosif dans le courant des années quatre-vingt-dix.

Dans ce contexte, la situation rencontrée en Wallonie se révèle plus proche de celle rencontrée en Flandre ou à Bruxelles qu'elle ne le paraissait initialement. Ce sont les mêmes problèmes et les mêmes questions qui se posent partout, avec, il est vrai, des dominantes qui sont dues à des caractéristiques locales. A Bruxelles, compte tenu du contexte urbain, le racisme affecte tout particulièrement les jeunes issus de l'immigration, qui s'insurgent autant contre leur condition de jeunes que contre celle d'enfants de l'immigration. En Flandre, les classes moyennes fuient la proximité avec les immigrés en désertant les quartiers difficiles. Elles développent des stratégies individuelles de ségrégation à la fois sociale et raciale. Ce racisme, qui présente une forte connotation culturelle, est avant tout alimenté par des populations qui parviennent encore à s'affirmer et à se repérer socialement. En Wallonie, au contraire, désœuvrement et appauvrissement aidant, c'est dans le vécu de la chute sociale et dans l'expression du ressentiment du déclin que se retrouvent

1. Maryse TRIPIER a montré les limites de cette idée pour le cas de la France, *L'Immigration dans la classe ouvrière en France*, L'Harmattan, Paris, 1990.

les fondements du racisme. La situation peut au premier abord paraître plus définitive en Flandre, mais elle est tout aussi alarmante en Wallonie, comme en témoignent les élections de 1992. Au départ, le racisme en Flandre revêt plutôt une expression culturelle alors qu'en Wallonie ses sources sont avant tout sociales. Mais, dans les deux cas, il s'agit bien du même phénomène d'une dissociation croissante, d'un éclatement qui fait que les problèmes culturels ne sont plus pris en charge dans un cadre social central. Il faut d'autant moins opposer les situations régionales qu'elles se ressemblent et confluent, ne serait-ce que parce qu'en Wallonie les problèmes sociaux non traités entraînent la quête de repères culturels, à partir de laquelle se déploie un différentialisme anti-immigrés qui se rapproche de celui observable en Flandre.

## Le racisme flamand

C'est la Flandre qui occupe tous les esprits lorsqu'on parle de racisme en Belgique. Il faut dire que les scores électoraux du Vlaams Blok ont de quoi impressionner. Notamment à Anvers, où quatre électeurs sur dix indiquent en 1993 leur préférence pour ce parti[2]. Dans toute la Flandre, les traditions catholique, libérale ou socialiste sont sévèrement bousculées, que ce soit en zone urbaine ou rurale. Pourtant, nous l'avons dit, la Flandre est la région de Belgique qui accueille le moins d'étrangers, 4 % contre 27 % à Bruxelles. La présence de l'étranger n'explique donc pas tout. De même le thème nationaliste flamand, s'il joue indiscutablement dans les comportements politiques d'une partie de l'électorat, n'explique pas non plus à lui seul un succès électoral qui inquiète au-delà des limites régionales. La fusion de ces deux thèmes, immigration et nationalisme, qu'a si bien réussie le Vlaams Blok, n'était d'ailleurs pas évidente lors de sa création[3].

2. *Libération*, 29 janvier 1993, « Anvers-sous-extrême droite ». L'article souligne notamment la contradiction entre l'ambition de la ville de devenir la capitale culturelle de l'Europe, et le succès électoral du Vlaams Blok qui signifie plutôt le repli de la culture flamande sur elle-même.

3. Nous avons rencontré de nombreux interlocuteurs en Belgique au cours de notre enquête, et remercions tout particulièrement : Eddy Battle, commissaire de

Historiquement, la Flandre fait valoir son autonomie et surtout sa différence culturelle depuis maintenant plus d'un siècle. Le particularisme flamand, qui passe avant tout par l'emploi du néerlandais, singularise à bien des égards la situation des Flamands qui subissent par ailleurs les contrecoups de la crise de l'État et de la crise économique. Même si cette partie de la Belgique est moins directement concernée par le déclin industriel du pays, il n'empêche qu'ici comme ailleurs le chômage gagne du terrain, que les valeurs traditionnelles et notamment catholiques sont affaiblies, et que le doute sur la capacité du pays à redynamiser la vie sociale s'empare de l'ensemble des populations. Le manque de relations entre le citoyen et les institutions, qui là aussi repose sur des « piliers », se fait d'autant plus ressentir que des villes comme Anvers, où le Vlaams Blok enregistre des scores importants, sont elles aussi en pleine restructuration.

Dans cette ville, par exemple, la décision fut prise au début des années quatre-vingt de regrouper les communes environnantes, un peu sur le modèle bruxellois, et de les rassembler au sein d'une même unité administrative. L'organisation locale de la vie sociale s'en est trouvée considérablement modifiée. L'idée était d'assainir les charges locales par le regroupement des services municipaux. L'effet psychologique d'une telle mesure a pourtant été mal estimé, car dorénavant, pour l'Anversois, il n'est plus possible d'en appeler comme par le passé à un pouvoir de proximité pour faire entendre son éventuel mécontentement. Mais, surtout, les quartiers populaires qui ceinturent la ville deviennent des quartiers périphériques qui perdent leur identité et leur autonomie de fonctionnement. Dans le même temps, la vie syndicale et associative qui structurait fortement ces quartiers s'effondre. Les immigrés, face à ces phénomènes qui les dépassent, se regroupent dans les quartiers à l'abandon, pendant que les populations locales qui en ont les ressources les quittent pour s'installer dans des zones résidentielles. L'image d'une société à deux vitesses se met en place. Cette image se traduit concrètement dans le paysage urbain. Dès lors, c'est aussi bien le contexte national qu'un certain nombre de situa-

---

police à Anvers, Jan Vranken, professeur à l'université de sociologie et de sciences politiques d'Anvers, Éric Jagers, chargé de mission au Commissariat royal s'occupant de la Flandre, Piet Janssem, directeur du centre social pour travailleurs étrangers d'Anvers, Marc Swingedouw, politologue en Flandre, Koen Mees, militant de « Bogerhout Beter Bekeken ».

tions très locales qui servent les idéologies d'extrême droite, leur permettant d'occuper un terrain laissé vacant par l'effondrement ou le déplacement des réseaux habituels.

Le « cri séparatiste » lancé par les leaders de l'extrême droite trouve un écho considérable au début des années quatre-vingt-dix. Ceux-ci activent le sentiment d'abandon des Flamands en stigmatisant quelques situations très locales qui ne correspondent pas à la réalité de l'ensemble de la Flandre. Ce « cri » construit une représentation imaginaire de l'Autre. Pour ce faire, il s'appuie sur des situations particulières où les étrangers, notamment des Marocains, sont installés, et il grossit les problèmes en leur donnant un écho régional. Il en va ainsi, notamment, avec le quartier de Bogerhout dans la ville d'Anvers. Bogerhout était encore, il y a peu, une commune populaire, avec des immeubles récents construits dans les années soixante et soixante-dix, et d'anciens quartiers plus traditionnels où, à la même période, nombre d'ouvriers deviennent propriétaires en même temps qu'ils accèdent à la retraite. Beaucoup de personnes âgées habitent donc les quartiers traditionnels de Bogerhout. Dans les années quatre-vingt, les Marocains s'installent à leur tour dans des logements privés de ces quartiers où ils accèdent eux aussi à la propriété. Ils sont plus jeunes que la population résidente, ils ont souvent de nombreux enfants et ils se rassemblent dans certaines rues plutôt qu'ils ne se dispersent dans tout le quartier. Les Belges qui le peuvent partent. Par ce comportement, ils libèrent des maisons qui sont aussitôt rachetées par les nouveaux venus. Ceux qui restent, parmi les Belges, sont les plus démunis, généralement trop âgés pour se relancer dans un nouveau projet. Le quartier se transforme, les commerces de proximité changent de propriétaires, les écoles sont de plus en plus fréquentées par des enfants issus de l'immigration. Ce phénomène classique, que l'on rencontre sur tout le territoire européen, devait pourtant connaître une issue étonnante à Anvers. Très vite, en effet, le Vlaams Blok, qui ne manque pas de repérer la situation, exemplifie ce quartier, d'autant plus qu'il y reçoit un accueil très favorable dont témoignent ses résultats aux élections locales. Inlassablement, il le décrit et, à partir de cette situation très localisée, propre à un quartier d'Anvers, il schématise le « processus d'invasion ». Tant et si bien que Bogerhout devient un lieu connu de tout le pays. L'image est celle du coupe-gorge, de la casbah, de la saleté dans les rues, du terrorisme international, alors qu'en fait la présence des Marocains se limite à deux rues, qu'il n'existe qu'un bistrot musulman, et que ses rues sont plus propres que la plupart de celles de Bruxelles. L'excès des propos du Vlaams Blok, utilisant à des fins politiques la renommée du quartier, n'est d'ailleurs pas resté sans réponse.

En 1990, en effet, une association s'est constituée, « Bogerhout Beter Bekeken » (« Vivre mieux à Bogerhout »), pour défendre l'image du quartier et réorganiser la vie locale. L'une des caractéristiques de cette association est qu'elle diffuse de nombreux tracts écrits en néerlandais et en arabe. Ces tracts informent la population sur les activités de l'association, mais aussi et surtout sur le droit des locataires, sur les procédures de réhabilitation du quartier, etc. Dans leurs tournées à pied dans les rues du quartier, les militants de « Bogerhout Beter Bekeken » reconnaissent les maisons des adhérents, signalées par une affiche autocollante. Cette affiche est aussi une réplique à la provocation de certains cafetiers qui se signalent, eux, par une affiche du Vlaams Blok sur leur porte d'entrée. Les militants de « Bogerhout Beter Bekeken » mènent un véritable combat contre le Vlaams Blok en utilisant les mêmes méthodes. Ils ont notamment pour objectif de faire revivre le tissu local en « occupant le terrain ». En outre, ils paraissent très avant-gardistes, puisque, à la différence des anciennes associations du quartier, ils abandonnent la perspective intégrationniste selon laquelle il fallait être intégré pour pouvoir adhérer, et ils choisissent délibérément la voie de l'interculturalisme, comme en témoignent leurs tracts toujours traduits en arabe. Questionnés sur ce point, les militants que nous avons rencontrés disent considérer que d'après leur expérience le problème n'est pas celui du contact culturel, ni même celui de l'intégration, mais celui de la qualité de vie pour tous. Pour eux, dans ce quartier comme dans les autres quartiers dégradés du royaume, ce sont les problèmes d'insécurité, de bruit, de nuisances en tout genre qui dérangent le Belge. Aussi l'association s'attache-t-elle à faire respecter les règles minimales de la vie en collectivité en intervenant parfois sur des situations conflictuelles qui sont toujours des problèmes de voisinage, sans dénigrer les différences culturelles qui n'ont généralement rien à voir avec la production de ce type de nuisances.

Ces militants, qui sont pour la plupart des jeunes du quartier, disent s'être très vite aperçus au début des années quatre-vingt-dix que le Vlaams Blok exagérait singulièrement dans la description de leur quartier. C'est pourquoi ils sont devenus partie prenante, notamment, dans l'opération de réhabilitation du quartier lancée par la mairie. « On a cherché à donner une image positive du quartier », nous explique un militant, qui ajoute : « Tout a commencé le jour où les dirigeants du Vlaams Blok ont organisé une promenade dans le quartier en dénigrant les habitations et les habitants. » Sursaut d'honneur d'une simple bande d'antimilitants Vlaams Blok, certes, mais « Bogerhout Beter Bekeken » est bien plus que cela. En fait, c'est dans le contexte très difficile de l'année quatre-vingt-dix, où le Vlaams Block sent qu'il est en phase avec la société flamande, que s'achève dans le drame une manifestation de militants du parti nationaliste dans le quartier : un jeune Arabe tue accidentellement un militant d'extrême droite. L'émotion, comme souvent dans ces cas-là, est intense et la plupart des habitants du quartier estiment que le Vlaams Blok ne devrait plus provoquer de telles situations. Aussitôt, ils décident de se rassembler et de réactiver la vie locale afin de ne pas laisser la violence gagner du terrain. L'idée d'une association emporte l'adhésion de plus d'un millier de personnes (700 Belges et 300 immigrés). Cette association parvient à canaliser ce qui, au départ, n'était que de l'indignation et de l'émotion pour les transformer en un véritale sursaut d'une société civile, pourtant très affaiblie et victime de la stigmatisation des leaders d'extrême droite. Le roi Baudouin en personne viendra d'ailleurs visiter le quartier et saluer l'effort de l'association en se rendant dans les locaux de « Bogerhout Beter Bekeken », consacrant par ce geste hautement symbolique la dimension profondément civile de l'association[4].

Depuis la mobilisation générale des adhérents le 24 novembre 1991, contre le vote Vlaams Blok aux élections législatives, l'association est régulièrement prise à partie. Les carreaux de ses locaux sont souvent cassés et les dirigeants du Vlaams Blok, chaque fois que l'occasion leur en est donnée, mettent en cause les financements de l'association. Ils tentent d'établir des liens entre elle et le pouvoir municipal qui est toujours, à Anvers, le fruit d'une alliance entre les socialistes et les catholiques. Depuis cette date, les scores du

4. *La Semaine d'Anvers*, hebdomadaire de la métropole, n° 786, 14 juin 1991.

Vlaams Blok ne cessent de progresser, y compris dans ce quartier. Les habitants expliquent bien souvent qu'ils ne rencontrent aucune difficulté avec les immigrés, mais qu'ils doivent malgré tout partir[5]. Aussi les problèmes posés sont-ils plus profonds qu'il n'y paraît au premier abord, et il ne suffit pas d'une association, aussi dynamique soit-elle et aussi intelligente soit sa perception de la situation, pour résorber le racisme et endiguer le phénomène.

Les résultats des élections les plus récentes laissent penser que ce ne sont pas seulement les quartiers dégradés qui sont sensibles aux arguments du Vlaams Blok. Alors qu'il n'y a que 6 % de la population anversoise qui soient d'origine étrangère (30 000 personnes sur 500 000) et, nous l'avons dit, que seules deux rues sont peuplées par des Marocains, l'image de l'invasion tant utilisée par le Vlaams Blok pénètre les esprits, y compris dans les quartiers résidentiels. La situation prend des proportions nouvelles lorsque l'on se rend compte que l'argument de la séparation avec la Wallonie n'est plus dominant dans le choix des électeurs, ni même la présence ou l'absence des immigrés dans son voisinage[6]. A Braasschaat, par exemple, qui est un quartier sans immigrés, les scores du Vlaams Block sont éloquents et ils laissent penser que ce sont aussi bien les classes moyennes que les plus pauvres qui garantissent ses succès électoraux. C'est l'attitude générale à l'égard des immigrés, et pas nécessairement la promixité ou son absence qui détermine le comportement politique. Aussi cette attitude générale peut-elle être influencée et travaillée assez facilement par des leaders politiques habiles, dans un pays qui n'a jamais véritablement pris en compte cette question car il n'a pas favorisé une idéologie d'ouverture et de compréhension à l'égard des populations étrangères. Le cas de la Flandre est de ce point de vue emblématique, compte tenu de la très faible présence des étrangers. Dans leur étude sur les déterminants sociaux de la xénophobie, Jaak Billiet, Ann Carton et Rik Huys notent que « le facteur "niveau d'enseignement" a en fait des implications plus profondes que les chances de trouver un emploi et de jouir d'un certain bien être[7] ». Cette remarque, alors qu'ont

---

5. Voir l'article du *Soir* sur la ville d'Anvers du 1er décembre 1991.
6. « Les déterminants sociaux de la xénophobie en Belgique », Jaak BILLIET, Ann CARTON et Rik HUYS, *Recherches sociologiques*, Louvain-La-Neuve, 22 (1991) 3, p. 65-80.
7. *Ibid.*, p. 78.

été exploitées toutes les autres perspectives, comme l'expérience du chômage, l'âge de l'interviewé, le contact avec les étrangers, etc., est essentielle, car elle renvoie bien à l'idée que ce sont des indicateurs culturels et pas tant sociaux — même si ces derniers ne doivent jamais être négligés — qui sont les plus importants dans le contexte flamand. Ces auteurs ajoutent d'ailleurs que, « par formation générale, il faut entendre une formation à la fois littéraire, culturelle et sociale qui dépasse le niveau purement technique. Cette formation générale assure une plus grande ouverture aux autres cultures et une réflexion plus poussée sur les causes et effets des désordres sociaux avec comme conséquence que les échecs dans la vie personnelle ou les situations de crise sociale sont moins vite attribués à des groupes de population étrangère et qu'ils sont davantage considérés dans la multiplicité et la complexité de leurs causes[8] ».

Le contexte flamand permet en fait au Vlaams Blok d'intervenir sur plusieurs thèmes. Il abuse de la présence de quelques étrangers pour attiser le sentiment xénophobe, il orchestre les sentiments anti-wallons, mais il fait aussi figure de garant de la tradition flamande en rappelant, par exemple, son attachement aux valeurs familiales. Ainsi, il s'oppose à la loi sur le droit à avorter. En revanche, il n'a publiquement fait aucune déclaration à propos de la présence des Juifs dans la ville d'Anvers. Ses dirigeants ne se sont jamais laissé surprendre, comme cela a pu être le cas en France avec le Front national, en flagrant délit d'antisémitisme. L'ignorance est de mise à l'égard d'une communauté qui rassemble 20 000 personnes et qui ne peut être oubliée par les leaders du Vlaams Blok. Malgré la précaution langagière du Vlaams Blok, les représentants de la communauté juive se rapprochent plus nettement que par le passé des leaders du Parti socialiste. Surtout depuis que certaines proximités sont apparues entre le Vlaams Blok et le Parti libéral flamand (PVV). Ce dernier a occasionnellement, par l'apport des voix de ses députés, soutenu des propositions émanant du Vlaams Blok : par exemple, lorsque celui-ci a dénoncé le prélèvement de taxes supplémentaires susceptibles d'aider avant tout les Wallons[9]. Le jeu des alliances politiques est en train de se

8. *Ibid.*

9. « Le PVV semble parfois défendre des thèses peu éloignées de celles du Vlaams Blok, surtout pour ce qui est de l'intégration des immigrés non européens. » Serge

défaire et les rééquilibrages politiques pourraient bien permettre un nouvel essor du parti extrémiste. Dans tous les cas, au-delà de toute supposition alarmiste, le Vlaams Blok est aujourd'hui solidement ancré dans la vie politique flamande, où il devient un interlocuteur incontournable, alors que les écologistes (AGALEV) plafonnent sous la barre des 10 %[10].

## Le racisme dans les régions francophones

C'est en Wallonie que les écologistes réalisent leur meilleur score[11]. Ce vote écologique ne s'explique pas seulement par des problèmes liés à l'environnement, mais par une recherche de nouvelles formations politiques de la part de l'électorat. De ce point de vue, les écologistes wallons bénéficient également de la relative désorganisation de l'extrême droite wallonne. Celle-ci s'est divisée sur la question de la séparation d'avec la Flandre. Deux formations dominent aujourd'hui : le Front national et AGIR.

Ces deux formations sont issues de scissions et de disputes entre formations traditionnelles de l'extrême droite en Belgique. Le Front national a été créé en 1985 et il a aussitôt tenté d'accéder à la respectabilité en se dégageant du passé national-socialiste de la plupart de ses sympathisants. Très vite, ce nouveau parti rassemble les petites formations d'extrême droite. Il redonne unité et vigueur aux idéologies qui les animent. Classiquement, il dénonce l'insécurité dans les rues, l'immigration, la culture menacée. Il défend toujours l'image de l'unité culturelle et politique de la Belgique. Sur l'échiquier politique, ce parti ne connaît le succès qu'en 1991, notamment dans la région de Bruxelles, lorsque, par exemple à Molenbeek, il passe de 0,8 % des suffrages exprimés aux élections législatives en 1985, à 9 % à celles de 1991. Sur l'ensemble de la Wallonie ses succès sont relatifs puisqu'il ne dépasse pas 5 % aux élections législatives de 1991 alors que

COVAERT, « Le Vlaams Blok et ses dissidences », *Courrier du CRISP*, n° 1365, Bruxelles, 1992, p. 35.

10. Marc SWINGEDOUW, « L'essor d'AGALEV et du Vlaams Blok », *Courrier du CRISP*, n° 1362, Bruxelles, 1992.

11. Benoît RIHOUX, « Résultats électoraux d'Écolo, 1981-1991 », *Courrier du CRISP*, n° 1371-1372, Bruxelles, 1992, p. 58.

la liste écologiste se situe à plus de 13 % des suffrages et que le Vlaams Blok atteint 10 % en Flandre.

Le cas d'AGIR est bien plus intéressant puisque ce parti est à sa manière une émanation du Front national français. Il s'efforce de se démarquer des thèses néo-nazies dont il dit qu'elles font le lit du Front national belge. La singularité d'AGIR est aussi d'être ouvert aux thèses séparationnistes et, à ce titre, de se rapprocher des stratégies électorales du Vlaams Blok. D'ailleurs des contacts entre les deux formations existent[12]. Le président du Front national français, Jean-Marie Le Pen, qui se présente aussi comme le leader européen de l'extrême droite, a fait connaître sa préférence pour la liste AGIR. Elle épouse, considère-t-il, ses thèses sur l'Europe des régions. Fort de ces encouragements, AGIR est parvenu à concurrencer sérieusement le Front national belge et à égaler son score dans la plupart des grandes villes wallonnes, en ne passant toutefois pas non plus la barre des 5 %. Ajoutées l'une à l'autre, les listes d'extrême droite obtiennent tout de même des scores importants. Pour autant, elles restent largement en dessous du score écologiste.

La Wallonie semble aussi avoir fait un choix. Comme leurs voisins flamands, les Wallons sanctionnent les listes traditionnelles et ils se tournent massivement vers de nouvelles idéologies. Mais, à la différence des Flamands, et alors que leur région est brassée par l'immigration et que la présence des étrangers est plus marquante, ils disent leur préférence pour les écologistes. Ce choix démontre par bien des aspects que les Wallons ont cessé de croire aux remèdes miracles. De leur situation, ils ont pris leur parti. La résignation prend le pas sur l'espoir du renouveau. Mais aussi, à l'analyse, il apparaît que le sentiment de perte de sens est plus grand qu'en Flandre, puisque les écologistes ne présentent pas une idéologie aussi fédérée et constituée que le Vlaams Blok. L'électeur wallon prend acte du désordre idéologique en votant précisément pour un parti qui n'est pas idéologiquement structuré. A la différence de la Flandre, où domine l'impression d'un brusque repli sur des idéologies plus ou moins

12. Filip Dewinter, président du Vlaams Blok, déclarait lors d'un entretien du 15 janvier 1992 avec le CRISP que, pour lui, « le Front national est composé d'escrocs et de parvenus. Nous ne pouvons pas travailler avec des gens pareils. Par contre, nous soutenons AGIR qui est très proche de nous, car il s'agit d'une tendance nationaliste wallonne », propos rapportés dans « L'extrême droite francophone face aux élections », *Courrier du CRISP*, n° 1350, Bruxelles, 1992, p. 39-40.

racistes prônant l'excès et la violence, les Wallons avouent leur désorientation et la désorganisation profonde du monde qu'ils ont connu en se protégeant d'un renouveau qu'ils ne souhaitent pas brutal. Les traditions historiques de chacune des régions se retrouvent derrière ce comportement électoral, mais il faut souligner que dans les deux cas les enjeux culturels prennent le pas sur les enjeux sociaux ou économiques[13]. Dans les deux cas, il y a une volonté de se détourner du passé et de ce qui fit la force du monde industriel. La différence est que, dans le cas flamand, une partie des électeurs croient en l'avenir de leur région et au remède de la solution miracle que leur propose le Vlaams Blok, alors que dans le cas wallon l'espoir est rompu.

A Bruxelles les choses prennent une autre tournure. Des quartiers entiers sont quasi uniquement peuplés par des étrangers. Plus de la moitié de la population de Saint-Gilles, Saint-Josse ou Scharbeek est originaire de pays non européens et musulmans. Dans ce contexte, ce sont avant tout les jeunes d'origine immigrée qui affirment leur présence et qui font valoir la particularité de leur situation sociale. Comme bien souvent dans ces situations, le sentiment de ces jeunes de ne pas être pris en compte par la société dans son ensemble conduit à l'affrontement, à l'émeute et au conflit avec les institutions, et notamment avec la plus visible d'entre elles : la police. C'est ce qui s'est passé en 1991 pendant le week-end du 11 et 12 mai. Ce week-end-là, les téléspectateurs découvrent sur leur petit écran que, dans certains quartiers de la capitale, des cocktails Molotov sont lancés, que des voitures sont incendiées, des vitrines de magasins brisées. Ils assistent à des scènes de pillages. Ils voient que des gendarmes en tenue de combat sont battus en brèche par des jeunes aux visages masqués, que des autopompes ne suffisent pas pour ramener le calme et l'ordre. La Belgique sort de ce week-end abasourdie par l'extrême violence de ce qu'il convient d'appeler une émeute, et meurtrie de ne plus contenir ces poussées

---

13. De ce point de vue, nous nous démarquons nettement de toutes les thèses qui défendent l'idée selon laquelle le vote d'extrême droite serait un vote matérialiste et le vote écologiste un vote post-matérialiste. De notre point de vue et selon l'hypothèse que nous avons formulée dès le début de nos travaux, il s'agit, dans les deux cas, d'une manifestation d'un désordre culturel et social qui se traduit différemment selon les contextes historique et culturel. Pour une analyse de la situation wallonne selon l'hypothèse du matérialisme et du post-matérialisme, voir A.-P. FROGNIER, « Le vote écologiste et d'extrême droite en Wallonie », *PIOP*, Université de Louvain-la-Neuve, département des sciences politiques et sociales, 1992.

de violence. Car c'est une émeute assurément, comme la France n'en a jamais connue. La situation se révèle plus proche de la situation anglaise telle qu'elle est décrite par Didier Lapeyronnie[14], selon qui l'émeute surgit dans un contexte d'apathie entrecoupée de poussées de violence dans un moment où les politiques sociales n'ont plus prise sur les populations les plus jeunes[15]. Autre élément central, l'émeute traduit un immense appel au droit à la dignité et à la reconnaissance sociale, quelle que soit l'appartenance ethnique. Aussi le caractère ethnique des émeutiers prend-il bien souvent le pas sur leur statut social ou leur intégration dans un système politique. La question centrale n'est pas celle de la citoyenneté, mais celle de l'affirmation identitaire fondée sur des traits culturels. C'est bien souvent par l'affrontement contre des représentants de l'institution qui ne reconnaît pas cette particularité culturelle, que s'affirment les émeutiers. La police dans ce cas est directement visée. Ce retournement contre la police est d'autant plus explicable en Belgique qu'elle est dans ce pays le symbole de l'institution rétive à la reconnaissance des spécificités culturelles. Comme le souligne Felicé Dassetto, « par leur hostilité quotidienne, par leur mépris souvent, par leurs violences parfois, les agents de l'administration, la police, forts de leur pouvoir, contribuent à l'instauration du climat d'hostilité et légitiment celui-ci[16] ». Eddy Battle, commissaire de police, a plusieurs fois confirmé ce fait lorsqu'il explique les difficultés qu'il rencontre dans sa brigade d'Anvers[17]. Ce refus obstiné et plus ou moins raciste des policiers à admettre le changement de la société[18], et surtout des quartiers dans lesquels ils ont le plus à intervenir, conduit au blocage et à l'affirmation de

14. Didier LAPEYRONNIE, *L'Individu et les minorités, la France et la Grande-Bretagne face à leurs immigrés*, PUF, Paris, 1993. Se référer en particulier au chapitre 8 qui démonte le mécanisme de l'émeute.

15. « Au lendemain des émeutes bruxelloises, répondant aux multiples interpellations des différents partis politiques à propos de l'inertie du gouvernement sur sa politique d'immigration, le Premier ministre, Wilfried Martens, reconnaît que "nous avons fait plus au cours de ces deux dernières années que durant les vingt-cinq ans qui ont précédé" », N. OUALI, « La politique de l'intégration », *op. cit.*, p. 277.

16. Felicé DASSETTO, « Aux sources du racisme et de la xénophobie », *La Revue nouvelle*, numéro spécial, septembre 1980.

17. « La police dans une perspective multi-ethnique », entretien avec Eddy Battle, *MRAX Info*, n° 62, mars 1991.

18. « J'étais venu à la constatation que nous vivons dans une société multi-ethnique, mais que la police est restée à la traîne. C'est-à-dire, elle ne s'est pas adaptée, n'a pas évolué avec ce changement social. » *Ibid.*, p. 28.

plus en plus violente de l'identité ethnique qui peut aller jusqu'à justifier des conduites délinquantes pour celui qui les pratique.

Bruxelles paraît alors bien plus avancée, y compris si c'est sous forme conflictuelle, dans la pénétration des thèmes culturels et dans la reconstruction de l'identité nationale belge. Le fait a été souligné par Marco Martinello dans des travaux récents : « Notre idée n'est donc pas de nier l'existence de la (des) culture(s), mais plutôt de réfléchir à la possibilité de développer une approche de la culture et, partant, du pluralisme culturel, qui ne soit pas exclusivement de type ethno-nationalo-religieux[19]. » La dimension urbaine de la situation bruxelloise et la répartition des immigrés favorisent ce constat : « Il nous semble, poursuit Martinello, que cette répartition spatiale des différentes populations bruxelloises n'est pas sans impact sur la dynamique et le changement culturels dans l'ensemble géographique étudié. [...] Et nous émettons l'hypothèse de l'émergence à Bruxelles de plusieurs ''mondes culturels'' presque totalement séparés qui reposent au moins autant sur des lignes de démarcation de type socio-économique que sur des divisions de type ethno-nationalo-religieux[20]. » Manifestement, à Bruxelles comme partout ailleurs dans le pays, mais différemment, les affirmations culturelles deviennent dominantes et c'est en fonction de celles-ci qu'il faut relire les difficultés sociales que rencontrent les populations belges. Les deux aspects, sociaux et culturels, ne sont certainement pas séparables, mais l'affirmation des difficultés à repenser un modèle culturel d'ensemble prend amplement le pas sur les anciennes formes de contestation qui étaient plus définies en termes sociaux, alimentant un racisme dont les comportements policiers ne sont qu'une des expressions.

La Belgique, encore plus depuis la mort du roi Baudouin, est placée face à son avenir. Le fédéralisme, devenu effectif dans le courant de l'année 1993, peut décapiter les arguments séparatistes, tout comme il peut les accélérer. Dans tous les

19. Marco MARTINELLO, « Dynamisme et pluralisme culturels dans l'ensemble bruxellois », *Information sur les sciences sociales*, Sage, n° 31, 2, Paris, 1992, p. 294.
20. *Ibid.*, p. 306-307.

cas, c'est toujours au niveau politique et institutionnel que se pose la question de la gestion de l'immigration. La faiblesse des acteurs sociaux, la décomposition des structures associatives traditionnelles, la désorganisation du monde industriel sont autant de facteurs qui rendent complexes les problèmes posés par la présence des étrangers sur le territoire belge. L'essoufflement de la formule social-démocrate explique le retour en force des appels à la haine xénophobe. Ajoutons à cela que la difficulté que chacun éprouve dorénavant à se définir comme citoyen belge à partir d'une perception sociale de sa réalité ouvre grand l'espace mal contrôlé des perceptions de soi et de l'Autre en termes biologiques et culturels. Dans ce moment de rupture d'avec le passé et de mutation des systèmes de références, c'est le racisme et la xénophobie qui progressent.

L'individu ne se définit plus comme un acteur social qui agit à l'intérieur d'une société dont il conteste les ordres en faisant valoir ses droits ou ses projets. En revanche, il se définit à l'intérieur d'une communauté aux racines culturelles soudainement retrouvées et qu'il oppose à d'autres sous la forme du rejet du brassage des communautés et du refus de vivre ensemble. La formule social-démocrate ne résiste pas à ce changement fondamental. Chacun de ces rouages se grippe. Il n'existe plus de mécanisme d'autorégulation. Les habitudes de négociation et les traditionnels compromis ne suffisent plus à produire l'image harmonieuse que la société belge pouvait avoir d'elle-même. C'est la crise politique et institutionnelle qui guette sans cesse toute initiative de relance des automatismes d'autrefois.

Les enjeux culturels mettent en difficulté les anciens acteurs, comme les partis ou les syndicats, qui ont trop longtemps méprisé ces questions qui occupent l'avant-scène politique et sociale, et qu'ils n'ont plus la capacité de gérer. Ce sont les partis opportunistes et extrémistes qui en tirent les bénéfices immédiats. Poussant au plus loin la tendance actuelle à disjoindre le culturel du social, ils parviennent à une définition communautaire des régions qu'ils délestent de leurs attributs sociaux. Le nationalisme belge n'ayant pas réellement de fondements populistes, les partis d'extrême droite s'engouffrent dans la faille séparatiste pour alimenter leurs appels au racisme et à la xénophobie. Des deux thèmes, ils n'en font qu'un, et leurs succès, notamment en

Flandre, doivent être compris comme une manifestation du racisme différentialiste qui se développe en Belgique.

C'est au moment d'une mutation profonde de l'ensemble de la société belge que l'espace du racisme s'est ouvert, signe d'une résistance à la transformation qui est en œuvre, mais aussi facteur de son accélération. De ce point de vue, les problèmes de Bruxelles ne sont pas séparables de ceux rencontrés en Flandre ou en Wallonie. La séparation entre les régions, dont on a pu voir à quel point elle était une idée qui rencontrait un certain écho, mais dont on a pu dire également qu'elle n'était pas le critère dominant dans le repli des électeurs flamands sur le Vlaams Blok, peut alors être présentée comme une tentative de contournement des problèmes que pose la mutation de la société belge par des leaders politiques habiles. Cette séparation ne résout pourtant en rien la difficulté à repenser une nouvelle modernité, elle en indique plutôt l'urgence. Ceux qui résistent à la mutation, qui en sont les laissés-pour-compte ou qui en ont peur, sont en effet pris dans un étau que le racisme et la xénophobie permettent, à leurs yeux, de desserrer. D'un côté, le déclin économique du pays ne laisse plus entrevoir de solutions rapides de recomposition de l'ordre ancien. D'un autre côté, l'affirmation identitaire des jeunes immigrés et leur installation dans la société belge, tout comme la force des identités régionales laissent entendre que si recomposition il y a, ces phénomènes occuperont une place centrale. Dès lors, partout, c'est sur un mode avant tout différentialiste que se développe le racisme, surtout dans ses expressions politiques.

# III

# *L'expérience allemande*

*par Angelina Peralva*

1

# Racisme et xénophobie dans l'Allemagne contemporaine

La vague de violences qui depuis 1991 déferle sur l'Allemagne réunifiée est source de profondes inquiétudes, non seulement dans ce pays, mais bien au-delà de ses frontières. Les Allemands hésitent, pourtant, à désigner du nom de racisme des phénomènes qui ne relèveraient, selon eux, que de la xénophobie. Renvoyant à la théorie de l'inégalité des races, le racisme appartiendrait à leur passé. La xénophobie, en revanche, fait partie du présent.

Or, il devient de plus en plus difficile d'accepter un tel raisonnement. Certes, les violences ont en partie débuté sous la forme d'un rejet des nouveaux arrivants. A l'Est, plus encore qu'à l'Ouest, ces derniers semblaient accroître les facteurs de déstabilisation que la réunification avait suscités. Mais, depuis l'attentat raciste de Mölln, en novembre 1992, c'est la population turque, installée dans l'ex-RFA depuis longtemps déjà, et socialement intégrée à la vie du pays, qui est de plus en plus directement la cible de la haine xénophobe. Déjà, en ex-RDA, les premiers harcèlements graves avaient visé des Mozambicains, présents de longue date en raison d'accords de coopération passés entre pays socialistes.

## Chronologie de la violence

Fin septembre 1991, suite à un attentat contre un foyer d'immigrés à Hoyerswerda (ex-RDA), les autorités municipales éloignent les Mozambicains de la ville. Une première explication est apportée à ce phénomène, qui a surpris et choqué l'Allemagne tout autant que le reste du monde : la population de l'Est rejetterait les étrangers installés dans le pays, car elle y verrait la marque de l'ancien régime dont elle s'est débarrassée.

Cependant, la violence raciste s'est répandue, à l'exemple de Hoyerswerda, sur l'ensemble du pays, y compris dans les régions de l'Ouest. A côté d'actions spectaculaires par leur dimension meurtrière, les harcèlements contre les foyers de demandeurs d'asile sont devenus quotidiens et systématiques.

La xénophobie s'inscrit dans une référence active au passé national-socialiste allemand. Principaux acteurs de la violence, des jeunes skinheads arborent volontiers les insignes de ce passé. Des attentats contre des tombes et des mémoriaux juifs (qui ne sont en eux-mêmes pas nouveaux) complètent la mise en scène par laquelle une partie du pays a choisi de commémorer le premier anniversaire de la réunification.

Pendant l'été 1992, Rostock et plusieurs autres villes de l'ancienne RDA prennent la relève de Hoyerswerda[1]. Les

1. Les informations qui suivent, à propos de la vague de violences de l'été-automne 1992 en Allemagne, ont été extraites d'un dossier de presse constitué à partir des journaux suivants : *Die Zeit*, *Le Monde*, *Libération*, *Le Point*, *La Tribune d'Allemagne*, *Le Quotidien de Paris*, *L'Humanité*, *Courrier international*.

Nous remercions par ailleurs, pour les entretiens qu'elles nous ont accordés, les personnes suivantes : Czarina Wilpert, Université technique de Berlin, 26.3.92 ; João Marschner, journaliste à la radio *Deutsche Welle*, Cologne, 26.4.92 ; Dietrich Thränhardt, Institut de sciences politiques, Münster, 27.4.92 ; Bernhard Santel, Institut de sciences politiques, Munich, 27.4.92 ; Eberhard De Haan, Arbeitswohlfahrt, Bonn, 28.4.92 ; Georg Ruhrmann, Institut für Publizistik, Münster, 29.4.92 ; Wilhelm Heitmeyer, faculté de pédagogie, Université de Bielefeld, 29.4.92 ; Karl-Heinz Goebels, DGB (fédération syndicale allemande), Düsseldorf, 30.4.92 ; Wolfgang Klotz, Palais Jalta, Centre culturel Est/Ouest européen, Francfort, 4.5.92 ; Adalbert Hepp, Campus Verlag, Francfort, 4.5.92 ; Daniel Cohn-Bendit, conseiller municipal, mairie de Francfort, 4.5.92 ; Frau Blumen, département d'affaires multiculturelles, Francfort, 5.5.92 ; Günter Burkhardt, Ökumenischer Vorbereitungsausschuss zur Woche der ausländischen Mitbürger, Francfort, 5.5.92 ; Frau Kriechhammer, IAF, Francfort, 6.5.92 ; Jean-Claude Diallo, Psychosoziales Zentrum für ausländische Flüchtlinge, Francfort, 6.5.92 ; Herr Marx, attaché de presse de la fraction NPD au conseil municipal de Francfort, 7.5.92 ; Erhard Stölting, Université libre de Berlin, 15.5.92 ; Maria Diersch, chargée d'affaires pour les étrangers, Leipzig, 18.5.92 ; Karin Pergold, IAF, Leipzig, 18.5.92 ; Bärbel et José Sanchez Coroneaux, Gesellschaft für Kultursoziologie, Leipzig, 18.5.92 ; Wilfried Schubarth, Institut für Jugendforschung, Leipzig, 18.5.92 ; Hanns Thomë-Venske, Berlin, 19.5.92 ; Jochen Blaschke, Berliner Institut für Vergleichende Sozialforschung, Berlin, 19.5.92 ; Werner Bergman, Institut für Antisemitismusforschung, Université technique de Berlin, 20.5.92 ; Thomas Schwarz, Berliner Institut für Vergleichende Sozialforschung, Berlin, 20.5.1992. Nous remercions enfin Czarina Wilpert et Hartmut Aden, pour la lecture qu'ils ont bien voulu faire d'une première version de ce texte.

attaques contre des foyers de demandeurs d'asile gagnent une ampleur spectaculaire ; s'y ajoute un nouvel attentat contre un mémorial juif à Berlin.

A Rostock, où les chantiers navals sont frappés par la crise, les manifestations xénophobes durent cinq jours, en août 1992, et prennent l'allure de véritables émeutes. Les jeunes en sont les principaux acteurs, mais bénéficient de l'appui tacite du reste de la population. Le foyer de demandeurs d'asile de la cité-dortoir de Lichtenhagen se retrouve à demi calciné. Ses occupants, des Tsiganes et des Vietnamiens, seront transférés dans une caserne désaffectée de l'ex-armée est-allemande.

Dans un premier temps, les échos à l'Ouest semblent cette fois-ci plus mitigés. Néanmoins, quelques jours plus tard, huit personnes sont blessées, dont six grièvement, à Hanovre, lors d'un attentat à l'explosif non revendiqué, dont on apprendra par la suite qu'il s'agissait d'un acte individuel, sans motivation politique.

Le Verfassungsschutz[2] comptabilise un total de 17 personnes décédées en 1992 et une montée rapide des actions racistes, qui sont passées de 270 en 1990 à 1 483 en 1991, et à 2 268 en 1992. Ces chiffres incluent des agressions contre des foyers, ainsi que des profanations de cimetières juifs (cf. tableau).

**Violences contre les étrangers**
**Délits commis contre des étrangers en 1992, en Allemagne**

| | *Est* | *Ouest* | *Total* |
|---|---|---|---|
| Destruction de biens avec violence | 666 | 303 | 969 |
| Attaques sur des personnes | 318 | 280 | 598 |
| Incendies volontaires et attaques à l'explosif | 483 | 218 | 701 |
| Homicides | 10 | 7 | 17 |

*Source :* Bundesamt fur Verfassungsschutz. Cité par B. JOHN, « Mesures de lutte contre le racisme et l'animosité envers les étrangers à Berlin », document de travail établi à l'adresse de la réunion d'experts du Conseil de l'Europe : « Combattre le racisme et la xénophobie : action pratique au niveau local », Berlin, 16-18 juin 1993.

2. Police de protection de l'État, le Verfassungsschutz est entièrement autonome par rapport à l'ensemble de l'institution policière.

Le nombre de sympathisants de l'extrême droite serait passé de 32 300 en 1990 à 39 800 en 1992, et en 1993, 4 400 personnes se réclameraient ouvertement du national-socialisme.

En septembre 1992, les sondages faisaient état de 19 % d'intentions de vote pour l'extrême droite à l'Ouest et 12 % à l'Est, ces taux étant particulièrement importants chez les jeunes. A cette même date, 60 % des Allemands se disaient favorables à un verrouillage des frontières.

Après les événements de l'été, brimades et attaques contre des foyers d'étrangers se multiplient sans toujours faire la une de la presse. Cependant, dans la nuit du 22 au 23 novembre, à Mölln, près de Lübeck, deux fillettes et une femme turques périssent dans leur maison incendiée, suite à un attentat au cocktail Molotov. L'Allemagne est sous le choc.

D'immenses manifestations antiracistes ont lieu sur l'ensemble du pays. A l'occasion des obsèques officielles des trois victimes de l'attentat, plus de 200 000 métallos observent des arrêts symboliques de travail. Les deux principaux responsables des meurtres de Mölln sont rapidement arrêtés. Dans cette commune de 17 000 habitants, votant à 10 % pour l'extrême droite, ces jeunes gens, connus pour leurs idées, étaient cependant considérés comme non dangereux.

Le ministère de l'Intérieur ordonne alors diverses perquisitions dans les milieux de l'extrême droite, avec pour résultat la saisie d'armes à feu, d'explosifs, de détonateurs, de munitions, de battes de baseball et de couteaux. Deux organisations, Deutsche Alternative (Alternative allemande), basée à l'Est, et Nationalistische Front (Front national), sont interdites. Les autorités semblent ainsi sortir de la passivité qui, jusque-là, avait caractérisé leur attitude vis-à-vis des agissements de l'extrême droite. Le Verfassungsschutz croit pouvoir constater, depuis fin novembre 1992, « une régression sensible du nombre des actes de violence à caractère xénophobe[3] ». Néanmoins — et malgré l'importance des moyens mis en œuvre — la violence ne cesse pas. Au contraire, le 30 mai 1993, plusieurs femmes et enfants turcs

3. Cf. « Le ministre fédéral allemand de l'Intérieur, M. Rudolf Seiters, dépose une vue d'ensemble sur les actes de violence extrémistes de droite en 1992 » (BPA Spezial), *in Dossiers sur la xénophobie en Allemagne : faits, analyses, arguments*, Office de presse et d'information du gouvernement fédéral, département étranger, février 1993.

ont trouvé la mort lors d'un incendie criminel à Söllingen, ville située dans la région de Cologne.

## Xénophobie et racisme

Il faut reconnaître que ces faits s'inscrivent dans un scénario général de montée de la xénophobie, du racisme et de l'antisémitisme qui touche toute l'Europe depuis quelques années déjà. Mais, en ce qui concerne l'Allemagne, jamais complètement lavée de son passé, une question s'impose, pressante et incontournable : qu'y a-t-il réellement de commun entre ces événements auxquels nous assistons aujourd'hui et ceux qui, après la Première Guerre mondiale, ont précédé l'avènement du national-socialisme ?

Des événements aussi *terribles* (et nous employons ici l'expression par laquelle une partie de la gauche allemande les a désignés) peuvent être expliqués « par le bas », c'est-à-dire en considérant un racisme et une xénophobie populaires s'enracinant dans un processus de dissolution des liens sociaux, que nous tâcherons d'examiner. Mais, en même temps, ils ne peuvent pas être dissociés de l'orchestration, « par le haut », d'un débat public sur l'immigration et le droit d'asile, où l'État et le système politique ont joué un rôle considérable.

Dès octobre 1991, le chancelier Helmut Kohl adopte un ton ambigu pour expliquer la vague de violences racistes : « Tout en appelant les Allemands à la "tolérance", [il] a promis d'agir avec énergie pour éviter l'abus du droit d'asile[4]. » Un an après, le gouvernement n'en démord pas. Tout en réaffirmant que « l'Allemagne est et restera un pays ami pour les étrangers », le porte-parole d'Helmut Kohl, Norbert Schaeffer, « a néanmoins jugé plus urgent que jamais de réformer le droit d'asile, estimant que les sentiments xénophobes de la population sont nourris par le flot de "faux demandeurs d'asile"[5] ».

Empreints d'un populisme qui veut à la fois tenir compte des sentiments supposés de l'électorat allemand et du regard vigilant de la presse étrangère, de tels propos, renouvelés à

---

4. Cité par Henri BRESSON, « Le premier anniversaire de l'unification a été perturbé par de nouvelles agressions contre les immigrés », *Le Monde*, 5 octobre 1991.
5. *Le Monde*, 26 août 1992.

diverses occasions, n'en rendent pas moins compte du dilemme auquel le pays se voit confronté. Dans un contexte de transformations brutales, il semble contrebalancer, par un repli nationalitaire et frileux, une ouverture, dont l'accueil fait aux étrangers n'est qu'un seul des éléments. Même l'aile droite de la social-démocratie ne s'abstient pas de la surenchère. Ainsi, en septembre 1992, Hermann Heidemann, ministre des Affaires sociales de Rhénanie-Westphalie, se prononce pour une réduction des aides sociales accordées aux demandeurs d'asile, tout en accusant les Tsiganes de Roumanie et de Yougoslavie de provoquer l'opinion publique.

## *L'inscription institutionnelle de la xénophobie*

Nombreux sont ceux qui pensent que la xénophobie est alimentée par cette sorte de populisme, ancré dans l'État et le système politique. A travers un discours ambigu, associant des difficultés sociales de divers ordres et l'appel à un comportement défensif face aux étrangers, l'État remplirait une fonction centrale dans le processus de construction de la xénophobie. C'est l'hypothèse d'Anton-Andreas Guha[6]. C'est aussi, mais d'une autre manière, celle d'Eike Hennig. Elle rappelle — ce que nous venons par ailleurs de montrer — que les partis conservateurs n'ont pas été les seuls, à l'instar de l'extrême droite, à céder à la tentation d'établir un lien direct entre la vague de violences de l'automne 1991 et la nécessité d'imposer des limites au phénomène migratoire. Ce lien, estime Eike Henning, transforme la victime en coupable et permet d'occulter le fait principal de la défaillance de l'État dans son exercice du monopole de la violence légitime[7].

Or, les sources de ce populisme à l'allemande sont peut-être dans ce que Czarina Wilpert désigne comme les « bases institutionnelles du racisme ». L'existence d'un État-nation allemand ancré sur un principe ethnique, avec inscription de la citoyenneté dans le droit du sang, lui apparaît comme un mode primordial de « légitimation d'idéologies

6. Anton-Andreas GUHA, « Xénophobie - oder warum gibt es Fremdenfeindlichkeit ? », *Vorgänge* 109, vol. 1, février 1991.

7. Cf. Eike HENNIG, « Hoyerswerda ist ausländerfrei ! Was heisst das ? Ein Beitrag zur Verfassung des neuen Deutschland », *Vorgänge* 109, vol. 1, février 1991.

racistes[8] ». Une telle approche institutionnelle régit, en effet, à maints égards, le rapport entre Allemands et non-Allemands et justifie, d'un point de vue légal, des discriminations diverses. La plus importante concerne sans doute l'accès à la citoyenneté — certes possible, mais soumis à des règles si contraignantes qu'il est interdit *de facto* même aux enfants d'étrangers nés en Allemagne et y ayant vécu toute leur vie.

De plus, et surtout depuis l'accroissement du flux migratoire au cours de la période 1990-1992, on ne peut qu'être frappé par les conditions d'accueil très différentes réservées d'un côté aux Allemands originaires d'Europe de l'Est, les *Aussiedler*, et d'un autre côté aux demandeurs d'asile. Par exemple, la préoccupation de faire acquérir très vite aux enfants des premiers une maîtrise de la langue allemande, en les internant dans des écoles spécialement destinées à cette fin, ne trouve pas d'équivalent en ce qui concerne les seconds. Aussi, l'un des leitmotive de l'IAF[9], association de familles binationales créée en Allemagne voici vingt ans, vise l'évolution du droit des étrangers, de façon à rendre plus simple la vie de familles parfois considérées un peu hors normes, et souvent soumises à des contraintes lourdes. Une association comme l'IAF se justifie d'autant plus en Allemagne que, jusque dans les années soixante-dix, la transmission de la citoyenneté ne se faisait encore que par voie patrilinéaire.

## *Opinions et préjugés xénophobes*

Cependant, ces aspects purement institutionnels ne suffisent pas pour expliquer les discriminations subies par les étrangers. Selon une enquête récente, 30 % des Allemands sont sensibles à l'idée que les étrangers font une utilisation abusive de leur système social ; 36 % considèrent qu'une telle proposition n'est que partiellement vraie ; 23 % que cela correspond à peine à la vérité ; et seules 9 % des personnes interrogées répondent qu'elle est entièrement fausse[10].

---

8. Czarina WILPERT, « The Ideological and Institutional Basis for Racism in the Federal Republic of Germany », communication au colloque *Racism and Migration in Europe in the 1990s*, University of Warwick, Centre for Research in Ethnic Relations, 20-22 septembre 1991.

9. *Interessengemeinschaft der mit Ausländern verheirateten Frauen* : communauté d'intérêts des femmes mariées à des étrangers.

10. *Der Spiegel*, avril 1992.

Les préjugés sont généralement plus tranchés à la campagne et dans les villages qu'en ville, une hiérarchisation entre les étrangers étant faite en fonction du faciès. Autrement dit, il existe dans la conscience populaire une perception de la différence anthropomorphique qui en fait une référence porteuse de significations générales, sans que cette conscience soit pour autant nécessairement accompagnée d'agressivité. A cet égard, les anecdotes abondent dans les publications de l'IAF[11].

## *Antisémitisme*

Selon *Der Spiegel*[12], 13 % de la population allemande déclarent avoir des sentiments antisémites. Par ailleurs, Werner Bergmann et Rainer Erb distinguent 4 % d'antisémites « radicaux » et 10 % qui ne le seraient que relativement[13]. Les chiffres présentés en 1992 par *Der Spiegel* montrent par ailleurs un fort décalage entre l'ex-Allemagne de l'Est et l'Allemagne de l'Ouest : à l'Est, seuls 4 % de la population sont considérés antisémites, contre 16 % à l'Ouest. A première vue, ces résultats semblent indiquer un antisémitisme persistant, surtout dans l'ancienne République fédérale. Néanmoins, l'étude de W. Bergmann et R. Erb (ayant mis

11. Une femme allemande mariée à un Africain raconte le dialogue suivant : « "Avez-vous adopté cet enfant ? — Non, c'est le mien. — Cela ne se voit pourtant pas." A chaque fois, c'est le même dialogue. Qu'est-ce qu'on ne voit pas chez moi ? Que j'ai trois enfants ? Non, je suis mince et élégante. Et pourtant on ne demande pas à d'autres femmes minces si leurs enfants sont adoptés. » Pour l'IAF, les éléments de racisme qui interviennent dans l'expérience quotidienne des enfants des familles binationales, ainsi que des enfants étrangers, sont tellement intégrés à la culture allemande qu'ils ont acquis des caractéristiques d'évidence. Cf. Heidemarie PANDEY, « ... und ich bin bunt ! », *Bi-kulturelle Erziehung in der Familie*, Francfort/Main, IAF, 1990, p. 205-208.

Encore selon des données de l'IAF, les mariages entre des Allemandes et des étrangers se maintiennent au long d'une période de dix ans à un taux constant de près de 5 % de l'ensemble des mariages célébrés en Allemagne. Les informations concernent la période située entre 1980 et 1989. Les mariages célébrés entre des Allemands et des étrangères ont subi une légère progression : ils sont passés de 2,5 % du total en 1980 à 3,9 % en 1989. Cf. Rosi WOLF-ALMANARESH et *al.*, *Mein Partner oder meine Partnerin kommt aus einem anderen Land, Ein Wegweiser für Selbsthilfe*, Francfort/Main, IAF, 1991. L'IAF a estimé à 4,8 % de l'ensemble des naissances la part des enfants nés en 1987, en dehors du mariage, d'une union binationale. En ce qui concerne les enfants issus des seuls mariages mixtes, ce taux s'élève à 5,4 % ; cf. « ... und ich bin bunt ! », *op. cit.*, p. 19-20.

12. *Der Spiegel*, avril 1992.

13. Chiffres pour 1989. Cf. Werner BERGMANN et Rainer ERB, *Antisemitismus in der Bundesrepublik Deutschland*, Ergebnisse der empirischen Forschung von 1946-1989, Leske + Budrich, 1991.

côte à côte l'ensemble des enquêtes réalisées depuis 1946) permet de constater que l'antisémitisme décline au fil des années, alors que l'absence d'antisémitisme s'accroît. On enregistrait un tiers de non-antisémites résolus, dans la population de la République fédérale, entre 1949 et 1952. Ce taux tombe à 23,6 % en 1974, mais il remonte à 42,1 % en 1986 et 46 % en 1989[14]. Le déclin progressif de l'antisémitisme se comprend mieux si l'on considère l'importance de l'âge en tant que variable significative. Il atteint sa plus forte intensité chez les plus de 65 ans, et la plus faible chez les 16-44 ans[15]. Certains spécialistes estiment que, *toutes conditions égales par ailleurs*, dans quelques années, avec la disparition de la génération qui a vécu l'expérience du national-socialisme, l'antisémitisme devrait se maintenir à un taux résiduel de l'ordre de 5 %[16].

D'autre part, même là où l'antisémitisme persiste, il ne constitue plus aujourd'hui un élément pertinent d'une conception globalc du monde, sauf chez les adhérents des partis d'extrême droite. On observe en général une dissociation significative entre l'adhésion à des partis — conservateurs, libéraux ou de gauche — et l'extériorisation d'opinions et préjugés antisémites. Les enquêtes montrent, depuis 1953, un taux fort et persistant de rejet de la figure de Hitler[17], le rejet du national-socialisme restant, en revanche, plus nuancé[18]. L'adhésion à l'idée national-socialiste semble en rapport avec certains besoins, exprimés en termes de plein emploi, de politique sociale, de sécurité et de discipline[19].

---

14. Cf. Werner Bergmann et Rainer Erb, *op. cit.*, p. 58 *sq.*
15. *Ibid.*, p. 70.
16. C'est par exemple l'avis du Dr W. Bergmann, du Zentrum für Antisemitismus Forschung, de l'Université technique de Berlin, entretien du 20 mai 1992.
17. La question posée à propos de Hitler est formulée dans les termes suivants : « Si aujourd'hui, comme en 1933, une nouvelle occasion se présentait de voter pour un homme comme Hitler, quelle serait votre décision ? » Le plus faible taux de « contre » (67 %) date de 1953 ; le plus fort (83 %), de 1967 et 1968 ; en 1983, dernière année pour laquelle on dispose d'informations, il se situait à 77 %. Cf. W. Bergmann et R. Erb, *op. cit.*, p. 252.
18. A la question : « Considérez-vous le national-socialisme comme une bonne idée qui a été mal appliquée ? », les enquêtés en République fédérale étaient 47 % à répondre *oui* en 1945-1946 ; 55 % en 1947-1948 ; 57 % en 1948 ; 55 % en 1968 ; mais seulement 26 % en 1977 et 36 % en 1979. Cf. W. Bergmann et R. Erb, *op. cit.*, p. 252.
19. W. Bergmann et R. Erb citent en particulier une recherche de Merritt (1977) : « Le plein emploi, la politique sociale, la sécurité et la discipline figuraient en 1951 parmi les aspects du national-socialisme considérés comme positifs aussi bien par ceux qui lui étaient favorables (41 % des enquêtés), que par ceux qui s'y opposaient (36 % des enquêtés). D'un autre côté, la liste des aspects négatifs était similaire

Cependant, dans la conjoncture actuelle, certaines enquêtes récentes relèvent une tendance marquée des jeunes à se situer du côté de l'extrême droite, et les pronostics à propos de l'antisémitisme deviennent plus réservés. Nous y reviendrons.

## La montée de l'extrême droite

Il est difficile de dire, pour l'instant, dans quelle mesure la place de l'extrême droite sur l'échiquier politique allemand va réellement en s'élargissant. Même étroitement surveillés, ces partis ont toujours représenté une fraction bien définie de l'électorat, leur écoute s'amplifiant à l'occasion de crises et de perturbations diverses. C'était vrai, par exemple, pour la percée du NPD, le Parti national-démocrate allemand, pendant la récession de 1965-1967[20]. Le phénomène se reproduit à l'heure actuelle. En septembre 1991, l'Union du peuple allemand (DVU), de Gerhard Frey, a fait une percée importante à Brême, lors des élections régionales. En 1992, des tendances analogues se sont une nouvelle fois manifestées et les organisations et les militants de l'extrême droite sont actifs dans l'ancienne RDA. Les Républicains (extrême droite) seraient voués, selon certains sondages, à une entrée prochaine au Bundestag — ce qui ne s'est jamais produit depuis la guerre.

Certains ont tenté d'expliquer cette montée en force comme le résultat d'une tendance à l'accroissement des phénomènes d'exclusion et à la dualisation de la société allemande. C'est, par exemple, l'hypothèse de Winfried Roth[21], analysant la percée électorale des Républicains à Berlin-Ouest, en janvier 1989. Il s'est avéré, dit-il, que les Républicains, la DVU, etc., réveillent des voix surtout dans des quartiers misérables du centre-ville et dans les périphéries. Leurs électeurs sont notamment recrutés parmi les « vic-

---

dans les deux groupes : y figuraient la préparation de la guerre et la guerre elle-même, ainsi que les limites imposées à la liberté pendant la période de dictature comme des aspects fortement accentués ; tandis que ceux qui voyaient le national-socialisme avec un regard plus positif mettaient en avant comme ses aspects les plus négatifs, la politique raciale, la persécution des Juifs et les camps de concentration », *in* W. BERGMANN et R. ERB, *op. cit.*, p. 253.

20. Cf. Alfred GROSSER, *L'Allemagne de notre temps*, Fayard, Paris, 1970.

21. Winfried ROTH, « In Zukunft ohne Rechtsradikale ? », *Vorgänge* 114, vol. 6, décembre 1991.

times » petites-bourgeoises et prolétariennes de la « modernisation ».

Eike Hennig, analysant le succès des Républicains et du NPD lors des élections municipales de 1989 à Francfort, pose le problème en termes assez proches, mais plus généraux: « Les Républicains propagent (puisque pour l'instant *ils ne font eux-mêmes* "rien" pour ça), avec des fondements sociaux tout autant que nationaux, une politique de l'*anti*-politique à l'encontre de ceux "d'en haut", contre un appareil politique qui a perdu tout contact avec ceux "d'en bas" et contre ces gros fonctionnaires complètement éloignés du peuple[22]. »

La déstabilisation générale qui touche l'Allemagne élargit l'espace du populisme de droite. Cependant, il semble prématuré de parler d'une tendance univoque et régulière de montée de ce populisme. On a souvent souligné la faiblesse des résultats de la droite lors des premières élections générales intervenant après la réunification, le 2 décembre 1990. Les Républicains n'y ont obtenu que 2,1 % des voix, dont 2,3 % à l'Ouest et 1,3 % à l'Est; le NPD, 0,3 %, répartis à égalité entre l'Ouest et l'Est. Par ailleurs, jusqu'ici en tout cas, l'expression électorale de l'extrême droite demeure purement locale, et une question qui reste sans réponse est celle de savoir si ces partis sont véritablement capables de se doter d'une envergure nationale.

Toujours est-il que la question aujourd'hui posée par l'extrême droite est peut-être moins celle de succès électoraux possibles, que celle d'une généralisation de phénomènes de type terroriste. Si elle n'est pas toujours directement responsable des attentats xénophobes, reste que l'extrême droite prête son discours à la mise en sens d'une étonnante « disponibilité à la violence » qu'on observe à l'heure actuelle chez les jeunes Allemands[23]. Un peu plus de 70 % des actes

---

22. Cf. Eike HENNIG, *Die Republikaner im Schatten Deutschlands*, Suhrkamp, Francfort, 1991, p. 9.

23. « Un potentiel de violence disponible à long terme, tout particulièrement au sein des tranches d'âge les plus jeunes, les multiples tensions d'une société en passe de se réorienter et de se réformer impliquent une politique prévoyante et des efforts communs que l'on ne peut limiter dans le temps, et dont le succès devra être acquis de haute lutte. » *Dossiers sur la xénophobie en Allemagne: Faits, analyses, arguments*, Office de presse et d'information du gouvernement fédéral, département étranger, février 1993, p. 5-6. L'importance d'une telle déclaration, tout à fait officielle, n'est pas négligeable. Elle marque un changement de ton, en cessant de renvoyer à la présence étrangère l'explication principale de la crise. A ce propos, d'ailleurs, le texte (p. 4) est explicite et dispense de tout commentaire: « Les milieux

de violence sont commis par des individus de moins de vingt ans ; seuls 3 % le sont par des adultes de plus de trente ans[24].

Disons-le tout de suite. La haine raciale et la violence, en tant que telles, ne sont pas spécifiques à l'Allemagne. Wilhelm Heitmeyer, l'un des plus grands spécialistes des problèmes de la violence des jeunes, le rappelle à juste titre[25], et nous l'avons montré nous-mêmes à propos de la France[26]. Pourtant, comment nier que ce phénomène prend aujourd'hui outre-Rhin un tour tout à fait spectaculaire ? On y observe une conjonction de violences meurtrières inséparables d'une structuration idéologique et politique du racisme.

Or, le racisme intervient de manière en quelque sorte paradoxale, si l'on considère le haut niveau d'intégration sociale des immigrés à la société allemande — une intégration sans parallèle dans les autres pays qui constituent l'objet de cette étude. Par ailleurs, le degré d'ouverture du pays à la présence étrangère, grâce à un droit d'asile défini sous l'emprise des orientations fondatrices de la démocratie dans l'immédiat après-guerre, n'a pas non plus d'équivalent en Europe.

Qu'est-ce qui se brise dans la démocratie allemande ? Comment expliquer le fait qu'une partie des jeunes de ce pays synthétisent aujourd'hui en termes de conscience générationnelle un tel potentiel de violence ? Deux explications principales balisent le débat. La première renvoie à la crise, économique et sociale, suscitée par la réunification. La seconde, au mode ethnique de construction de la nation. Nous ne les refusons pas, mais elles nous semblent insuffisantes. Dans le prochain chapitre, nous entreprendrons

---

d'extrême droite ont, dans de nombreux cas, cité comme motif de leurs débordements et attentats la situation actuelle du droit d'asile. L'extrémisme de droite et la violence contre les étrangers ne doivent en aucun cas être justifiés par les problèmes que suscite le droit d'asile. Il n'en est pas moins incontesté que le recul de la violence, la lutte contre l'extrémisme de droite et le rétablissement de l'harmonie sociale doivent aller de pair avec une stratégie exhaustive permettant de résoudre la problématique des migrations et avec une réglementation des conditions d'immigration dans l'espace européen. »

24. Cf. « Le gouvernement fédéral et la population allemande se défendent en commun contre la xénophobie et la violence » (BPA-Spezial), *in Dossiers sur la xénophobie en Allemagne, op. cit.*, p. 64.

25. « La violence des jeunes Allemands n'est pas spécifique », entretien avec Henri Bresson, *Le Monde*, 21 janvier 1992.

26. Cf. Michel WIEVIORKA et *al.*, *La France raciste*, Paris, Seuil, 1992.

d'examiner les modèles d'intégration mis à l'œuvre de part et d'autre de l'Allemagne, depuis l'après-guerre. Ces modèles avaient fait leurs preuves des années durant — ce qui veut dire qu'en Allemagne de l'Ouest la démocratie avait pu longtemps coexister avec une conception ethnique de la nation, tout en marginalisant la violence xénophobe. Des résultats analogues étaient assurés à l'Est, dans le cadre d'un régime totalitaire. Néanmoins, des signes d'effritement des deux modèles s'annonçaient déjà, bien avant la chute du Mur de Berlin, en novembre 1989. La réunification accélère ce processus de décomposition et élargit brutalement l'espace du racisme.

# 2

# RFA, RDA : deux sociétés nationales intégrées

## La République fédérale d'Allemagne

La force de l'Allemagne de l'Ouest a longtemps résidé dans sa capacité à combiner trois orientations dissemblables, et même contradictoires, intégrées dans une société nationale, à articuler des rapports sociaux enracinés dans l'industrie, une identité nationale et une forte volonté de modernisation. A l'intérieur de ce champ d'action, l'État opérait de façon limitée, mais très efficace.

### *Conflit, identité et modernisation*

L'existence de la République fédérale en tant que société nationale est inséparable du rôle central qui, dès l'après-guerre, a été imparti aux syndicats par les Alliés eux-mêmes. Méfiants envers une réorganisation immédiate de la vie politique, ces derniers (surtout les Anglais, selon Gilles Martinet[1]) ont davantage misé sur une restructuration de la société civile s'appuyant sur les syndicats.

Héritier d'une importante tradition historique, le syndicalisme ouest-allemand s'est d'abord orienté vers une perspective anticapitaliste, à travers des prises de position en faveur de la socialisation de la grande industrie et de la planification économique. Cependant, dès les années cinquante, cette

1. *Sept syndicalismes*, Fayard, Paris, 1979.

tendance se renverse. Face à l'échec électoral de la social-démocratie en 1949, aux humeurs politiques propres à la guerre froide et suscitées par le plan Marshall, bref à un rapport de forces nettement défavorable, plutôt que de s'isoler dans une opposition de gauche, le syndicalisme choisit la voie de la négociation. C'est ce choix qui lui permettra de devenir un acteur central dans la reconstruction et dans le développement économique de l'Allemagne fédérale.

On a beaucoup parlé de consensus à propos de l'Allemagne. Or, celui-ci fut l'aboutissement d'un conflit de classes fortement engagé tant du côté national que syndical. Comme le rappelle Alfred Grosser, la loi établissant la cogestion paritaire dans tous les domaines de l'économie dut être arrachée au patronat et à la droite parlementaire, au terme d'une série de luttes et au bout de plusieurs années de pression des syndicats, ponctuées par des grèves très dures[2]. Elle a été tout de même sérieusement limitée en 1976 par un arrêt de la Cour constitutionnelle de Karlsruhe, arguant sur le fondement du droit de propriété. Toujours est-il que, depuis longtemps, la négociation prévaut sur le conflit ouvert. Cela ne s'explique que grâce à un niveau d'organisation exceptionnel, permettant aux syndicats de prendre en compte à la fois la défense des intérêts particuliers des travailleurs et les besoins propres du développement.

Ainsi, le syndicalisme allemand a joué un rôle non négligeable dans la stabilité de la société tout entière. Par le biais de la cogestion, qui assurait aux travailleurs un droit de regard sur les secteurs les plus dynamiques de l'économie, et grâce à la force des syndicats, l'Allemagne a pu subir le choc de l'automation avec des dégâts limités. Ce changement progressif a été moins brutal qu'il n'aurait pu l'être et aboutit aujourd'hui à une répartition égale du travail entre les secteurs secondaire et tertiaire. Dans les services, l'automation a été beaucoup plus lente que dans l'industrie, ce qui a

---

2. La première loi allemande établissant la cogestion a été approuvée le 21 mai 1951, sous pression ouverte du Deutscher Gewerkschaftsbund, le DGB, et malgré une forte opposition de la droite parlementaire. Elle ne concernait cependant que le charbon et la sidérurgie et, à l'intérieur de ces branches, les entreprises employant plus de 1 000 salariés. Le 11 octobre 1952, le DGB réussit à arracher au Parlement une nouvelle loi, étendant à l'ensemble de l'économie, non pas la cogestion paritaire, mais une participation significative des syndicats à la gestion économique des entreprises. Ce n'est que vers la fin des années soixante qu'eut lieu l'extension de la cogestion paritaire elle-même à tous les domaines de l'économie. Cf. Alfred GROSSER, *L'Allemagne de notre temps*, *op. cit.*, p. 360 et suivantes.

permis d'assurer le reclassement de la main-d'œuvre du secondaire vers le tertiaire. Il en va de même en ce qui concerne la politique sociale — par exemple, la construction de logements populaires, prise en charge, en Allemagne, surtout par des entreprises privées et subventionnées par l'État. La fédération syndicale allemande y a participé pendant longtemps, à travers une entreprise propre[3].

Cependant, de telles relations de travail ne sont pas séparables de la question nationale, que toute réflexion à propos de l'Allemagne ne manque jamais d'évoquer, en opposant le fondement ethnique de la nation, argumenté par Fichte et Herder, à celui de type plébiscitaire, qui constitue la nation française dans le sillage d'Ernest Renan[4]. Plus encore, on se méfie de cette construction ethno-culturelle d'une identité allemande, qui apparaît comme ayant causé des ravages dans le passé, par le glissement rapide qu'elle semble autoriser des différences culturelles et linguistiques vers des différences raciales[5]. Avec un principe de citoyenneté fondé sur le droit du sang, il est vrai que les possibilités d'intégration des migrants s'arrêtent aux portes de la nation. Cependant, cela n'implique pas, nous semble-t-il, un glissement nécessaire et permanent vers le racisme et la xénophobie. Pendant longtemps les syndicats se sont montrés capables de reconvertir sur des bases sociales une identité donnée au départ comme ethnique.

Les syndicats ont encore joué un rôle tout à fait important dans la régulation des vagues migratoires de l'après-guerre. Dietrich Thränhardt signale que leur scepticisme en la matière n'a été apaisé que lorsque a été acquis le principe de l'égalité des droits sociaux et économiques entre tra-

---

3. « La société de construction Neue Heimat, et la trentaine d'organisations qui lui sont rattachées, possédait à la fin de 1968 environ 230 000 logements, et était sans doute le plus gros propriétaire immobilier de l'Allemagne. » Alfred GROSSER, *op. cit.*, p. 355. Grosser signale par ailleurs que les « syndicats possédaient et géraient, selon le bon usage de l'économie libérale, des entreprises de toute sorte. Née en 1958 de la fusion de six banques syndicales, la Bank für Gemeinwirtschaft était devenue, par le montant de son bilan, la quatrième banque privée de la République fédérale ».

4. Pierre BIRNBAUM a encore repris cette thématique dans un article récent : « Nationalismes : la comparaison France/Allemagne », *Revue internationale de sciences sociales*, août 1992.

5. Michael POLLAK montre bien comment la montée, vers la fin du siècle en Autriche, du mouvement pangermanique et antisémite accompagne l'effondrement de l'Empire austro-hongrois et s'inscrit comme expression d'une identité autrichienne blessée par la dissociation entre État et conscience nationale. Cf. *Vienne 1900*, Gallimard, Paris, 1992.

vailleurs allemands et étrangers. Par ailleurs, toutes les décisions politiques concernant l'immigration ont toujours été prises par une action concertée *(konzertierte Aktion)* impliquant, outre l'État, des représentants des patrons et des travailleurs[6]. L'encadrement des travailleurs étrangers, d'autre part, n'a jamais été négligé même si, au début des années soixante-dix, des tensions, stimulées par le gauchisme, ont éclaté, entraînant une perte momentanée de contrôle de ces travailleurs par les appareils syndicaux[7]. Dès lors, dans ce processus somme toute classique et qu'on a pu voir à l'œuvre en France également, des identités données au départ comme ethniques (allemande et étrangère) ont pu se rejoindre et se recycler dans une nouvelle identité sociale[8].

Les relations de travail ne sont pas non plus séparables d'une perspective de modernisation. Dans le monde syndical, le patron est sans doute perçu comme un adversaire de classe. Cependant, entre les travailleurs et le patronat, s'interpose la nation allemande, conçue comme mémoire et projet, ce qui permet en même temps de définir la modernisation comme un enjeu commun. Dès lors, la perspective syndicale n'a jamais été purement défensive. Les travailleurs ont accepté très tôt les coûts de l'automation, tout en prenant en charge de manière stricte et attentive (et en obligeant les patrons à faire de même) les besoins de reconversion susceptibles de limiter l'extension du chômage. Le syndicalisme allemand intègre une perspective identitaire, et la conscience nationale qu'elle comporte, à sa propre logique

---

6. Cf. Dietrich THRÄNHARDT, « West Germany — an Undeclared Immigration Country », *Beiträge zur Politikwissenschaft und Verwaltungwissenschaft*, Institut für Politikwissenschaft der Westfälischen Wilhelms-Universität, Münster, novembre 1989.

7. Sur la perspective du gauchisme post-soixante-huitard en ce qui concerne les OS immigrés en Allemagne, cf. Daniel COHN-BENDIT, *Le Grand Bazar*, Denoël, Paris, 1977. Cf. aussi, sur les grèves elles-mêmes, D. THRÄNHARDT, *op. cit.*, et K.H. ROTH, *L'Autre Mouvement ouvrier en Allemagne. 1945-1978*, Christian Bourgois, Paris, 1979.

8. Dans le discours syndical, ce recyclage s'exprime par une anecdote que chacun connaît. Un ouvrier s'adresse un jour à un délégué : « Y en a marre ! Il y a trop d'étrangers ! Il faut les renvoyer. » Le délégué lui répond : « Et qui veux-tu renvoyer : Untel, qui travaille avec toi à la machine ? — Ah non ! Pas lui ! — Alors peut-être Untel, ton voisin, qui est le père des copains de tes enfants... — Ah, non ! Pas lui, non plus. — Mais alors qui veux-tu renvoyer ? — Je ne sais pas, je dis comme ça, en général. » L'anecdote est importante parce qu'elle parle d'une situation où l'identité ouvrière, malgré des tensions, parvient à prévaloir sur l'identité ethnique.

classiste d'action (ce qui l'empêche de glisser lui-même vers le corporatisme). En même temps, il reste ouvert à la modernisation et au marché. L'extraordinaire modernisation de l'économie ouest-allemande qui se poursuit depuis quarante ans avec des baisses des taux d'emploi somme toute limitées, au moins jusqu'à la réunification, aurait été en effet inconcevable sans cette double capacité dont le monde syndical a su faire preuve, à la fois d'intégration sociale et d'ouverture à la modernisation[9].

Il faut encore dire que l'action syndicale ne peut pas être réduite à son aspect purement économique. S'il est vrai qu'on est au-delà du mouvement social, ce syndicalisme souvent plus négociateur que contestataire, même quelque peu bureaucratisé, n'a jamais été indifférent aux changements qui se produisaient autour de lui. C'est encore Alfred Grosser qui nous rappelle la volonté sans cesse croissante d'indépendance critique qui s'est manifestée à la fin des années soixante : « A la conférence confédérale de mai 1969, les 146 délégués ont adopté à de fortes majorités des résolutions exigeant la reconnaissance de la RDA et de la frontière Oder-Neisse, des contacts avec le FDGB [homologue oriental du DGB], des conversations avec les étudiants progressistes [...][10]. »

L'appel à la nation allemande s'est réaffirmé, encore une fois, lors du processus de réunification, auquel (et prenant ses distances par rapport aux hésitations du SPD — Parti social-démocrate — et des Verts) le DGB a immédiatement manifesté son appui. Et pourtant, d'un autre côté, on est aussi au-delà de l'État-nation par le soutien à l'idée d'Europe[11].

9. Nous avons demandé à un important responsable syndical ce qui se passerait si, comme on le disait dans la presse, Volkswagen en venait à supprimer 25 000 postes de travail au cours des cinq prochaines années et si Mercedes et d'autres grandes entreprises allemandes en faisaient autant : « La position des syndicats, a-t-il répondu, est qu'il faudra créer de nouveaux postes, si l'économie en a besoin, ou alors il faudra partager le travail. »

10. Alfred GROSSER, *op. cit.*, p. 373.

11. « Avant la guerre, on disait aux enfants dans les écoles que les Français étaient nos ennemis héréditaires *(Erbfeind)*. Entre-temps, il y a eu une guerre et des bombes françaises sont tombées sur nos têtes. Aujourd'hui, avec le développement des échanges entre les différents pays, devenu possible grâce à l'idée d'Europe, personne ne dira plus que les Français sont nos ennemis héréditaires. » K.H. GOEBELS, Département des travailleurs étrangers, DGB Düsseldorf (entretien du 30 avril 1992).

La modernisation implique ainsi, premièrement, la soumission aux impératifs de compétitivité, rationalité économique et développement technologique qu'impose le marché, y compris et surtout international ; deuxièmement, l'ouverture du marché de l'emploi, l'appel toujours renouvelé à des travailleurs étrangers ; et, enfin, depuis une vingtaine d'années, un changement considérable des modèles de comportement, notamment sous l'impact des nouveaux mouvements sociaux post-soixante-huitards. Elle joue également un rôle dans l'intégration des étrangers, dès lors que les nouveaux modèles culturels proposent comme valeurs la tolérance et l'acceptation de la diversité culturelle[12].

## *La place de l'État*

En faisant une si grande place à la société civile, l'importance de l'État en Allemagne fédérale reste somme toute modeste. Garant de la citoyenneté, il doit tout d'abord préserver les limites, sans cesse bouleversées, d'une nation allemande inaccomplie, pour emprunter l'expression de Lutz Hoffmann[13]. Mais, en même temps, il gère un processus de modernisation, où il joue le rôle d'interlocuteur principal des intéressés. Cela définit sa double face. D'un côté, le droit et la Constitution fondent une stabilité légale et définissent les bases de l'organisation sociale. Mais, d'un autre côté, l'État et le système politique font preuve d'une exceptionnelle sensibilité à l'action des groupes de pression et d'intérêt. Ingrid Ernst décrit très bien ce processus de participation et de négociation entre la population et le pouvoir local et régional, en ce qui concerne la planification de l'espace qui s'effectuerait dans un climat de débats permanents sur l'environnement[14]. C'est aussi sur ce champ politique très ouvert que s'inscrit l'action des « Bürgerinitiativen » (BI), les initiatives de citoyens, groupes d'intérêt faiblement organisés autour de revendications ponctuelles, concernant notamment l'environnement, et qui, depuis la fin des années soixante-dix,

12. Beaucoup d'Allemands nous ont dit leur étonnement à propos du débat français sur le port du voile islamique.

13. Cf. Lutz Hoffmann, *Die unvollendete Republik, Zwischen Einwanderungsland und deutschem Nationalstaat*, PapyRossa, Cologne, 1992, 2e édition.

14. Cf. Ingrid Ernst, « La planification spatiale allemande. Contexte et valeurs. Historicité », *Les Annales de la recherche urbaine*, n° 51, 1992.

constituent un phénomène d'une certaine importance politique[15].

## Les limites du modèle

Les limites de ce modèle sont, tout d'abord, politiques plus que sociales. Néanmoins, même à ce dernier niveau, des failles sont visibles. Tout d'abord, celles de l'action syndicale. Malgré l'effort déployé par les syndicats pour assurer l'égalité des droit sur le marché du travail, les discriminations à l'encontre des travailleurs étrangers peuvent être très dures, telles celles rapportées par Günter Wallraff[16]. Par son livre *Tête de Turc*, Wallraff fit découvrir aux Allemands la face cachée du travail illégal. Depuis, la législation a évolué dans le sens d'une légalisation du travail temporaire, même de très courte durée, de façon à limiter le recours au travail illégal, qui continue toutefois d'exister. Avec cette réserve, l'intégration sociale des étrangers peut être considérée comme acquise, mais il n'en va pas de même s'il s'agit de leur intégration politique. Dès lors, nombreux sont ceux qui plaident pour un droit de vote accordé au niveau local, ainsi que pour la simplification des procédures de naturalisation et pour l'accès à la citoyenneté qu'elle implique.

Il faut indiquer ici que, malgré les restrictions actuelles, les étrangers ont réussi à se faire une place dans le système politique allemand, par le biais de conseils locaux d'étrangers *(Ausländerbeirate)*, voie institutionnelle, dont il ne faut pas surestimer l'importance, mais qui vise en tout cas à leur assurer une possibilité d'expression en tant que groupes d'intérêts[17].

Le problème de l'intégration de la population étrangère se pose en tant que tel à partir du moment où, comme ailleurs en Europe occidentale, la nature de la migration change, pas-

15. Sur l'actualité des nouveaux mouvements sociaux et des BI en Allemagne, cf. le numéro spécial de *Allemagne d'aujourd'hui* : « Les nouveaux mouvements sociaux dans les pays germanophones et en France », n° 113, juillet-septembre 1990. Plus spécialement, sur l'importance des BI dans l'Allemagne réunifiée, cf. Tilman EVERS, « Zivilgesellschaft und direkte Demokratie in gesamtdeutscher Verfassung », *Vorgänge* 110, vol. 2, avril 1991.

16. Cf. Günter WALLRAFF, *Tête de Turc*, La Découverte, Paris, 1986.

17. Hamit BOZARSLAN décrit très bien les modes de déploiement de ce processus de participation, pour le cas de la communauté turque, cf. « Une communauté et ses institutions : le cas des Turcs en RFA », *Revue européenne des migrations internationales*, vol. 6, n° 3, 1990.

sant d'une migration de travail à une migration de peuplement[18]. L'interruption du recrutement, au milieu des années soixante-dix, a contribué à renforcer la dynamique de cette mutation. Plus que jamais, les entreprises ont eu alors intérêt à garder leurs travailleurs étrangers. A partir de 1975, la concession d'allocations familiales sur la base d'un principe de territorialité a stimulé les demandes de regroupement familial. Le passage officiel, à cette époque, d'une désignation en termes de travailleur invité — *Gastarbeiter* — à l'étiquette « travailleur étranger », s'inscrit dans cette même tendance générale. Les travailleurs ont alors quitté, de plus en plus nombreux, leurs anciens foyers pour s'orienter vers de vieux quartiers, souvent situés dans le centre-ville, où les loyers étaient moins chers[19].

Actuellement, on recense en Allemagne environ 5 millions d'étrangers — 6,4 % de la population de l'Allemagne unifiée, 7,5 % de la population de l'ancienne République fédérale.

« 85 % de la population étrangère vient de pays européens, dont à peine 30 % d'États membres de la Communauté européenne. Près de 50 % sont des citoyens de pays avec lesquels, entre 1955 et 1968, l'Allemagne a passé des contrats d'immigration. Ces 3,3 millions se comptabilisent comme suit :

| | | | |
|---|---|---|---|
| Grèce : | 295 000 | Portugal : | 75 000 |
| Italie : | 520 000 | Espagne : | 125 000 |
| Yougoslavie : | 610 000 | Tunisie : | 25 000 |
| Maroc : | 60 000 | Turquie : | 1 610 000 |

*Source :* statistiques du ministère fédéral du Travail, juillet 1991.

18. Cf., entre autres : Dietrich THRÄNHARDT, « Europe — a New Immigration Continent. Policies and Politics since 1945 in Comparative Perspective », *in Working Paper Series*, Social Science Research Institute, International Christian University, Tokyo, 1991 ; Klaus BADE, « Auswanderer, Einwanderer, Wandarbeiter... Deutsche Erfahrungen in Geschichte und Gegenwart », *in* Beate WINKLER (ed.), *Zukunftangst. Einwanderung*, Beck, Munich, 1992.

19. A propos de ces modes de passage d'une migration du travail à une migration de peuplement, cf. Uli BIELEFELD, *Inländische Ausländer, Zum gesellschaftlichen Bewusstsein türkischer Jugendlicher in der Bundesrepublik*, Campus Verlag, Francfort, 1988. Jusqu'en 1972, 20 % des travailleurs étrangers vivaient encore dans des foyers d'immigrés.

« D'autre part, 800 000 étrangères et étrangers ont trouvé asile en Allemagne fédérale ou ont droit au statut de réfugiés politiques[20]. »

Beate Winkler signale aussi que, dans l'ensemble, la situation de la population étrangère est comparable à celle des Allemands : la structure du groupe familial est devenue la même, la pyramide des âges est mieux équilibrée et contribue par conséquent à améliorer la pyramide des âges nationale. Cependant, le chômage (5,2 % pour l'Allemagne) frappe plus durement les étrangers (10,7 %), ne serait-ce que parce que leur formation scolaire et professionnelle est insuffisante. Les femmes immigrées sont les plus touchées : ouvrières à 80 %, seules 10 % sont des employées. Les étrangers représentent environ 8 % de la population active[21].

En contrepartie, l'autosuffisance économique s'accroît dans les communautés étrangères. Au cours des dernières années, les Turcs ont été responsables de la création de 100 000 emplois. En 1970, 1,6 % d'entre eux participait à des activités économiques autonomes ; aujourd'hui, 8,5 %[22]. On constate une amélioration sensible du niveau de formation scolaire et professionnelle à partir de la deuxième génération. Près de 80 % des jeunes étrangers possèdent un certificat de fin d'études. Cependant, seuls 28 % réussissent à s'inscrire en stage de formation professionnelle auprès des entreprises. En 1987-1988, près de 60 % de tous les jeunes étrangers en âge de travailler étaient dépourvus d'une qualification professionnelle[23].

Beate Winkler recense des difficultés diverses : le taux d'enfants étrangers dans les écoles spéciales est supérieur à celui des enfants allemands ; des études réalisées dans le pays d'origine sont rarement considérées comme équivalentes ; enfin, on oppose des restrictions à l'accès aux études générales même à des enfants nés et ayant été élevés en Allemagne[24]. Par ailleurs, certaines recherches ont mis en évidence des obstacles limitant l'accès des jeunes étrangers aux différentes filières de formation. Pour Hanne Straube, l'écart entre les modèles de socialisation des familles alle-

20. Cf. Beate WINKLER, « Zur Situation der ausländischen Bevölkerung in der Bundesrepublik », *in Zukunftangst. Einwanderung*, *op. cit.*, p. 34-35.
21. *Ibid.*, p. 40.
22. *Ibid.*, p. 42.
23. *Ibid.*.
24. *Ibid.*, p. 43.

mandes et turques serait, pour les enfants turcs, un handicap qui reste difficile à combler, alors que les modèles de socialisation allemands sont compatibles avec la carrière scolaire des enfants allemands[25]. La faible intégration des jeunes étrangers au système éducatif allemand les handicape d'autant plus que les parents ont une faible perception des changements structurels qui, au niveau du marché de l'emploi, vouent désormais au chômage tous ceux qui s'écartent des voies institutionnelles de formation[26]. Néanmoins, dans l'ensemble, certaines recherches le montrent aussi, cette situation subit une évolution positive[27].

## La République démocratique allemande

La RDA, jusqu'à l'écroulement du Mur de Berlin en 1989, était aussi, à sa manière, une société nationale. Mais son modèle d'intégration était profondément différent de celui de la RFA. Il est difficile, et il serait même excessif, de distinguer, dans le cadre d'un tel régime, des logiques proprement sociales d'action, l'État les absorbant, même s'il existait au nom d'un social disparu et effacé et, par conséquent, s'il s'y référait. Il se référait premièrement à la nation allemande, en se déclarant le seul héritier légitime de ses valeurs positives et en particulier de la résistance opposée au national-socialisme[28]. Il parlait ensuite au nom du mouvement ouvrier, en prenant en charge, à sa place, la construction d'une société égalitaire, certes, mais dépourvue de conflictualité apparente depuis les émeutes ouvrières de 1953.

Dans cet univers très protégé, des éléments de modernité

25. Cf. Hanne STRAUBE, *Türkisches Leben in der Bundesrepublik*, Campus, Francfort, 1987. Pour une approche différente de cette thématique, cf. Erhard STÖLTING et Peter RIEKER, *Unverständnis, Verständnis, Missverständnis, Schwierigkeiten beim Zugang junger Ausländer zur Berufsausbildung*, Freie Universität, Berlin, 1991.

26. Uli BIELEFELD, *op. cit.*, p. 144. Les syndicats confirment cette faible perception des ouvriers étrangers concernant les nouvelles voies d'accès au marché de l'emploi qui ne dispensent pas une formation scolaire et qui ne correspondent pas à leur expérience vécue.

27. Cf., entre autres, René BENDIT, « Measures for Integrating Foreign Children and Young People in Nine West German Cities », communication au colloque, « L'intégration locale des populations d'origine immigrée en Europe », ADRI, Paris, 8-9 octobre 1990.

28. Cf. Jacques ROVAN, « Introduction », *in Devant l'histoire. Les documents de la controverse sur la singularité de l'extermination des Juifs par le régime nazi*, Passages-CERF, Paris, 1988.

étaient présents. Petra Ridlhammer rappelle qu'avant les changements en RDA la proportion de femmes parmi les représentants élus à la Chambre du peuple s'élevait à plus de 30 %. Après les premières élections générales qui ont succédé à la réunification, ce taux est tombé à environ 10 %. En 1989, 48,6 % de la population active de la RDA étaient de sexe féminin, le taux d'activité des femmes s'élevant, depuis 1985, à environ 91 %. « Le droit au travail et à la formation professionnelle garanti par la Constitution agissait comme une protection sociale pour les femmes, leur garantissait une indépendance matérielle et préservait plus particulièrement les mères célibataires[29]. »

Le FDGB, homologue oriental du DGB, jouait, par délégation de l'État, un rôle central dans le fonctionnement de la sécurité sociale. « De même, la section syndicale [...] a son mot à dire dans la gestion de la caisse culturelle et sociale que chaque entreprise doit alimenter conformément au code du travail, ainsi que dans la répartition des logements. Mais surtout, le FGDB est le partenaire incontournable pour l'organisation des vacances[30]. »

Cependant, l'Allemagne de l'Est s'est constituée comme une société du repli. Relativement performante du point de vue économique, surtout lorsqu'on la comparait aux autres pays du bloc socialiste, capable d'une certaine intégration sociale, comme le reste du monde communiste par ailleurs, elle s'est fermée en revanche aux échanges avec l'Occident, bloquant ainsi le changement. Le rapport aux étrangers (présents dans une proportion minime : 1,1 % de sa population) traduisait ce repli. Avec un discours pourtant internationaliste, qui ne s'est jamais démenti en ce qui concerne la solidarité entre les peuples, le totalitarisme ne supportait pas le contact entre la population autochtone et les étrangers. Ces derniers avaient le sentiment de bien vivre en Allemagne de l'Est[31], où ils venaient pour faire des études ou pour

---

29. Petra Ridlhammer, « L'Union signifie-t-elle un retour en arrière ? Les femmes de RDA et les conséquences du premier traité d'union », *Allemagne d'aujourd'hui*, n° 114, oct.-déc. 1990.

30. Cf. Alain Lattard, « La fin du FDGB », *Allemagne d'aujourd'hui*, n° 114, oct.-déc. 1990.

31. Lors d'une enquête récente, ils se sont très majoritairement référés de manière positive à leur vie dans l'ancienne RDA : 73,6 % en ce qui concerne, par exemple, les rapports dans leur milieu de travail (contre 53,2 % au regard du moment actuel). Cf. Ines Schmidt, « Ausländer in der DDR. Ihre erfahrungen vor und nach der

faire des études ou pour travailler dans le cadre de contrats de coopération ; ou encore, il s'agissait de soldats russes stationnés — mais tous vivaient complètement ségrégés. Toute tentative d'un contact avec la population allemande était mal perçue et se voyait opposer une résistance sourde de la part de l'État. Des démarches très simples, comme fréquenter un lieu de culte, devaient faire l'objet d'une autorisation spéciale, souvent refusée.

Dès lors, la relation entre les Allemands de l'Est et les étrangers se faisait sur le mode de la rumeur. Pour les autochtones, les étrangers bénéficiaient de privilèges qui leur étaient interdits. Dans une situation de pénurie en matière de logements, on les voyait placés dans des bâtiments spéciaux, où ils étaient seuls à pouvoir habiter. On les soupçonnait d'avoir accès à des magasins mieux fournis que ceux auxquels pouvait accéder la population locale. Et, surtout, on les soupçonnait de pouvoir circuler librement en dehors des frontières. L'isolement, l'absence de contacts réels autorisaient une image d'eux largement fantasmatique, mais compacte. Pour d'autres raisons qu'à l'Ouest, l'opposition Allemands/étrangers devenait une catégorie d'intelligibilité des relations humaines.

Wende », *in* Karl-Heinz HEINEMANN et Wilfried SCHUBARTH (éd.), *Der antifaschistische Staat entlässt seine Kinder*, Papy Rossa, Cologne, 1992, p. 67.

# 3

# Le nouvel espace du racisme

Il est tentant, nous l'avons dit, d'expliquer le racisme et la xénophobie, dans leur extension récente, comme le résultat direct d'une déstabilisation entraînée par la réunification, mais c'est insuffisant. D'un côté de l'Allemagne comme de l'autre, bien avant la chute du Mur de Berlin, divers signes d'épuisement des modèles d'intégration que nous avons décrits annonçaient déjà les événements auxquels nous sommes en train d'assister.

## Dislocation de la RFA en tant que société nationale

### *L'affaiblissement du syndicalisme*

Dans le courant des années soixante-dix, la crise touche de plein fouet le mouvement syndical. Celui-ci résiste, mais en sort inévitablement affaibli. Sa place dans la structuration du modèle ouest-allemand d'intégration ne sera probablement plus jamais la même.

Il faut prendre en compte, tout d'abord, la mutation qui intervient au niveau du marché de l'emploi. L'accroissement de la part relative des employés, au détriment des ouvriers industriels, modifie du même coup le rapport au syndicat, qui ne réussira jamais à bien intégrer ces nouveaux contingents de salariés. Aussi, du fait de l'affaiblissement de ses bases, le syndicalisme s'appuie-t-il sur un modèle, conflictuel certes, mais de plus en plus géré politiquement. Par ailleurs, ce n'est qu'avec beaucoup de difficultés, et progressivement, qu'il s'ouvre aux thèmes auxquels sont sensibles les nouvelles couches moyennes émergentes — en particulier, l'écologie et le mouvement pour la paix. Les relations avec ces nouveaux mouvements sociaux restent néanmoins ambiguës.

Mais, surtout, l'autonomie économique des syndicats a entraîné, vers la fin des années quatre-vingt, des dérives de corruption, des affaires en justice et l'incarcération de certains responsables. Une chaîne de supermarchés qu'ils dirigent a fait faillite et le contrôle de la société de construction Neue Heimat, ainsi que de la Bank für Gemeinwirtschaft a dû passer à d'autres mains[1].

## *Une identité nationale en crise*

Deuxième signe de la dislocation de la RFA en tant que société nationale : la surprenante « querelle des historiens », qui éclate en 1986 dans la grande presse[2]. Son coup d'envoi a été l'affirmation d'Ernst Nolte, prétendant qu'Auschwitz n'avait pas été un résultat direct de l'antisémitisme traditionnel. Le passage à l'antisémitisme politique et organisé aurait eu sa source dans l'angoisse suscitée par les actes d'extermination commis par la Révolution russe et dans la peur de l'impérialisme soviétique.

Dans sa préface à l'édition française de la controverse, Luc Ferry rappelle combien l'affirmation de Nolte s'apparente aux conclusions d'Hannah Arendt à propos du totalitarisme. Il s'opère pourtant ici un déplacement de problématique : alors que chez Arendt il s'agit de mettre en avant la nature commune du phénomène totalitaire, dans ses expressions national-socialiste et stalinienne, Nolte cherche à établir un lien causal entre les deux phénomènes. C'est dans ce glissement que la discussion s'enlise.

La virulence de la réponse apportée par Jürgen Habermas a été diverses fois soulignée. Elle semble s'expliquer par la

1. Cf. Hartmut ADEN et *al.*, *L'Europe en chemise brune*, Reflex, 1992.
2. Cf. *Devant l'histoire*. Les documents de la controverse sur la singularité de l'extermination des Juifs par le régime nazi, *op. cit.*. Et aussi Jürgen HABERMAS, *The New Conservatism. Cultural Criticism and the Historian's Debate*, The MIT Press, Cambridge, 1990.

crainte que suscite chez de nombreux intellectuels et démocrates en Allemagne toute remise en question, même virtuelle, des certitudes idéologiques de l'après-guerre. D'autre part, la polémique lancée par Nolte attire l'attention sur la difficulté pour les nouvelles générations de continuer à porter la culpabilité et la responsabilité d'un passé que le national-socialisme a marqué à jamais.

Ernst Nolte a souhaité que le passé des Allemands passe[3] ; Jürgen Habermas, au contraire, a exprimé le désir qu'on continue de le porter, au nom de la défense de la démocratie[4]. S'il est bien vrai, comme Luc Ferry et Jacques Rovan tiennent à le souligner, qu'aucun des tenants de ce débat ne pouvait être suspecté de sympathie pour le national-socialisme, comment expliquer la politisation et la virulence de la querelle elle-même, autrement que par la crainte d'un retour au passé, perçu comme possible en fonction d'un mode culturel et ethnique de construction de l'identité nationale et de l'inscription de la citoyenneté dans le droit du sang ? Et pourtant, s'il est vrai, comme le veut Eric Hobsbawm, que c'est le nationalisme et l'État qui créent la nation, et non pas l'inverse, toujours est-il que la conscience nationale, en tant que référence identitaire d'un peuple, garde une existence relativement autonome, ne serait-ce, comme Hobsbawm lui-même le reconnaît, que sous la forme d'un proto-nationalisme ethnique, linguistique ou religieux[5].

Aussi, Eric Hobsbawm rappelle, par la bouche de Pierre Villar, ce qui caractérise le peuple-nation, « tel qu'on le voit par en bas » : « [...] il représente l'intérêt commun contre les intérêts particuliers, le "bien commun" contre les privilèges [...][6]. » Il fonde, par conséquent, et à travers même sa base culturalo-ethnique, un universalisme, et peut revêtir en ce sens une signification fondamentalement positive. Sépa-

3. Cf. Ernst Nolte, « Un passé qui ne veut pas passer. Conférence qui, une fois écrite, ne put pas être prononcée », *in Devant l'histoire*, *op. cit.*, p. 29-35.

4. « Le seul patriotisme qui ne fasse pas de nous des étrangers en Occident est un patriotisme constitutionnel. Un engagement ancré dans des convictions favorables aux principes constitutionnels universalistes n'a malheureusement pu se forger dans la nation culturelle des Allemands qu'après — et à travers — Auschwitz. » Jürgen Habermas, « Une manière de liquider les dommages. Les tendances apologétiques dans l'historiographie contemporaine allemande », *in Devant l'histoire*, *op. cit.*, p. 58.

5. Cf. Eric Hobsbawm, *Nations et nationalisme depuis 1780*, Gallimard, Paris, 1992. Pour une conception proche, cf. aussi E. Gellner, *Nations et nationalisme*, Gallimard, Paris, 1989.

6. Cf. E. Hobsbawm, *op. cit.*, p. 32.

rée d'un État, cette référence identitaire ne suffit peut-être pas à fonder une nation mais elle lui donne sans doute sa substance.

Néanmoins, soumis à une déstabilisation permanente par des déplacements de population qui constituent historiquement l'un des grands traits saillants de la modernité, le proto-nationalisme culturalo-ethnique semble incapable d'assurer, à lui tout seul, les conditions de sa propre reconstruction. Lorsque, au contraire, un mouvement social intervient comme expression d'une logique conflictuelle, il semblerait que la reconstruction d'une référence identitaire de type national s'en trouve elle-même grandement facilitée. Pendant une longue période, le syndicalisme allemand a pu jouer ce rôle. La question nationale refait surface, au moment même où la capacité d'intégration sociale s'épuise.

## *Les premières vagues xénophobes*

Il est intéressant de noter, et un texte de Dietrich Thränhardt le montre très bien, que d'autres vagues xénophobes ont précédé l'actuelle. Elles sont à relier aux phases mêmes de l'immigration qui, depuis 1949, change à diverses reprises.

La première date de la crise économique de 1966, aboutissant à un chômage de 638 000 personnes en février 1967. Marquant la fin du miracle économique, cette crise relativement bénigne a pourtant profondément choqué l'Allemagne. Durant cette période, le Nationaldemokratische Partei Deutschlands, le NPD, réussit à faire une percée dans des Parlements régionaux, en reprenant le thème des travailleurs étrangers boucs émissaires. Les Italiens, à l'époque le groupe le plus nombreux, étaient visés, et on entendait partout des plaisanteries concernant les « mangeurs de spaghettis »[7]. Lorsque la crise prit fin, on oublia les Italiens.

En 1974, au moment du premier choc pétrolier, il n'y a pas vraiment eu, comme cela a été le cas en France, de vague xénophobe, tout au moins sur le plan national. Au niveau de la région du Bade-Wurtemberg pourtant, on a commencé officiellement à parler de « modèle suisse », d'« aide au retour » et d'« aide au développement ».

De 1979 à 1982, une campagne xénophobe massive s'est

7. Cf. Dietrich THRÄNHARDT, *West Germany — an Undeclared Immigration Country*, *op. cit.*, p. 21.

engagée, ayant comme cible non pas les Italiens, mais les Turcs. « On le rationalisait souvent par l'idée de différences culturelles, les Italiens étant chrétiens, occidentaux, européens et ainsi de suite, à l'envers des Turcs. Le racisme étant un thème tabouïsé dans l'Allemagne post-nazie, les arguments culturels devenaient d'autant plus importants. "Il n'y a pas de problème étranger, il n'y a qu'un problème turc", disait-on souvent dans les médias[8]. »

La presse a toujours été le véhicule principal de ces campagnes. Elle mettait l'accent sur la criminalité, l'exotisme et les différences culturelles. Des blagues antiturques agressives étaient racontées publiquement, en même temps que le nombre d'attaques contre des foyers turcs et afro-asiatiques montait. Un pic, témoignant de la préoccupation du public à l'égard de ces questions, a été atteint lors du discours officiel prononcé par le chancelier Kohl lors de la formation de son premier gouvernement en 1982. Il avait présenté la « politique des étrangers » comme un des quatre problèmes les plus importants que son gouvernement s'engageait à résoudre. Néanmoins, le thème a disparu de l'agenda dès Noël[9].

Après quatre ans de silence, la question a brusquement refait surface en juillet 1986, encore une fois dirigée contre un nouveau groupe : des réfugiés en provenance de pays d'Afrique et d'Asie, en particulier du Sri Lanka et du Pakistan. Plusieurs attaques contre des foyers ont eu lieu. L'aile droite de la CDU (Union démocrate-chrétienne) et, pour la Bavière, celle de la CSU (Union sociale-chrétienne) ont réclamé l'arrêt de l'accueil des réfugiés, surtout de ceux en provenance de pays non européens et non communautaires. « Pour la première fois, ces demandes incluaient l'abolition du droit constitutionnel d'asile ou sa qualification par la loi[10]. »

Ainsi, la périodisation établie par Dietrich Thränhardt, à propos des vagues de xénophobie en Allemagne fédérale, met en rapport le rejet des étrangers et les grands changements

8. *Ibid.*

9. Cf. Dietrich THRÄNHARDT, *West Germany — an Undeclared Immigration Country*, *op. cit.* Sur le rôle joué par la presse dans la construction de la xénophobie, cf. Georg RUHRMANN, « Aktuelle Berichterstattung über "Ausländer". Ergebnisse systematischer Inhaltsanalysen deutscher Tages und Wochenzeitungen », *in Sozialwissenschaften in Münster*, Lit Verlag, Münster, 1989.

10. Cf. Dietrich THRÄNHARDT, *West Germany — an Undeclared Immigration Country*, *op. cit.*, p. 25.

subis par les flux migratoires. Les attaques contre les Italiens interviennent à un moment où la migration est encore de travail. Celles qui se déploient contre les Turcs concernent déjà une population stabilisée et en situation de peuplement. Enfin, les attaques contre les réfugiés politiques en 1986 prouvent que celles-ci ne datent pas de la réunification.

## *Des effets de modernisation*

Touchée par la crise, l'identité nationale en Allemagne de l'Ouest se reconstitue, dans le courant des années quatre-vingt, à partir d'une nouvelle notion : celle de *DM Patriotismus*, le patriotisme du mark. Les performances économiques du pays et la stabilité du régime démocratique organisent la fierté populaire[11].

Les principes d'identification collective que la modernisation économique engendre s'écartent à leur manière de la logique conflictuelle et sociale autrefois portée par les syndicats. Le pendant de ce processus est dans des tendances marquées vers la dérégulation normative, dans le sillage de la lutte étudiante des années soixante. De ce point de vue, Berlin constitue un bon exemple.

En 1967-1968, les étudiants s'étaient affrontés à la fois au passé national-socialiste allemand et à l'hypocrisie des tenants de la guerre froide. Dans les rues, ils ont osé demander la fin de la guerre du Vietnam[12]. Ils ont mené le combat contre des prolongements du nazisme trop visibles dans le présent, contre l'autoritarisme et le goût intrinsèque de la discipline qui avaient jusqu'alors si fortement marqué la culture germanique.

Daniel Cohn-Bendit note, en l'illustrant surtout par l'Allemagne, le passage mondial d'une culture de la révolution à une culture de la démocratie[13]. Avant d'y arriver, il y a eu la longue dérive des années de plomb. Puis, avec l'épuisement du gauchisme traditionnel, la création du Parti des Verts en 1979 et leur entrée au Bundestag en 1983. A

---

11. Cf., à ce propos, les considérations de Jacques LE RIDER, « Après l'unification : retour à la normalité de la nation allemande ? », *Le Débat*, n° 63, janv.-fév. 1991.

12. Cf., parmi d'autres analyses de cette période, l'article de Serge BOSC et Jean-Marcel BOUGUEREAU, « Le mouvement des étudiants berlinois », *Les Temps modernes*, n° 265, juillet 1968.

13. Cf. *Nous l'avons tant aimée, la révolution*, Barrault, Paris, 1986.

Berlin, cette reconstruction d'une mouvance de gauche s'est faite en harmonie avec les spécificités de la ville, lieu de choix de la contre-culture et des alternatifs[14]. Roland Crastes rappelle que, jusqu'en 1989, l'« Alternative Liste », à Berlin, continuait à se démarquer du mode de fonctionnement des Verts dans le reste du pays : « La rotation des élus se pratique encore à Berlin et les alternatifs berlinois ne sont pas tout à fait comme les Verts de RFA. Il y a toujours chez eux un côté plus social qu'écologique[15]. » Par ailleurs, le poids, même électoral, des « Bürgerinitiativen », comme expression d'une démocratie directe s'opposant à la démocratie parlementaire, ou la complétant, reste important à Berlin.

Mais, d'un autre côté, le jusqu'au-boutisme d'une idéologie anti-autoritaire semble avoir laissé démunis de nombreux Berlinois et, à la limite, se convertit en son contraire. C'est ainsi qu'Erhard Stölting a pu observer, au cours de ses recherches dans des écoles de Berlin, l'incapacité profonde des enseignants post-soixante-huitards à régler des problèmes de violence qui y sévissaient[16]. Comme s'il s'agissait de l'autre face de cette nouvelle culture de la démocratie, le grand thème à Berlin est celui de la violence et de l'éclatement. Certains tentent d'expliquer ces tendances par une segmentation, correspondant aux évolutions plus récentes de l'économie et du marché de l'emploi[17]. Cependant, le thème de l'éclatement n'est nullement général en Allemagne. L'éclatement et la segmentation sont des sujets typiquement berlinois, même si on peut en trouver des échos ailleurs — en particulier à Francfort et Hambourg.

Dans le cas de Berlin, cela s'explique, vraisemblablement, par la faiblesse du syndicalisme, dans une ville économiquement fragile, et qui se définit toujours par rapport à une histoire — passée ou à venir. Et d'abord, par la référence à un passé, dont les Berlinois ont l'impression d'être les acteurs inlassables : capitale du Reich, symbole de l'Allemagne divi-

---

14. Sur les modes de vie alternatifs, surtout à Berlin et Francfort, dans les années soixante-dix, cf. Ingolf DIENER et Ehrard SUPP, *Ils vivent autrement*, Stock 2, Paris, 1982.

15. *Le Monde*, 15 mars 1989. Cité par Roland CRASTES, « Aux origines des Verts en RFA », *Allemagne d'aujourd'hui*, n° 115, janv.-mars 1991.

16. Entretien avec le Dr E. Stölting, de l'Université libre de Berlin, le 15 mai 1992.

17. C'est par exemple l'interprétation, nous semble-t-il, de Jochen BLASCHKE, « Des migrations hétérogènes, un marché du travail en mutation », *in Hommes et migrations*, février-mars 1992.

sée, lieu de la révolution étudiante, ville du Mur, de sa destruction et de la réunification — il faut croire que tout se passe à Berlin et que tout se résume à un problème de succession de générations[18].

## *La question des jeunes*

Ces considérations nous renvoient d'emblée à la question qui constitue aujourd'hui probablement la principale métaphore de la dislocation de la RFA en tant que société nationale : le thème de la violence des jeunes, avec vraisemblablement deux faces : celle de l'éclatement et de la dérégulation normative, à laquelle nous venons de faire allusion ; et celle de l'affaiblissement du syndicalisme et de sa capacité d'encadrement de la jeunesse.

Commençons par ce second aspect du problème. Pendant de longues années on a cru pouvoir affirmer en Allemagne que la majorité des jeunes votaient à gauche[19]. Cette tendance semble s'inverser depuis quelques années. Wilhelm Heitmeyer souligne le fait que les résultats électoraux des partis de l'extrême droite bénéficient d'un soutien très marqué de la population jeune :

| | *% des votes pour l'extrême droite* | |
|---|---|---|
| | *Population totale* | *Jeunes de 18 à 24 ans* |
| 1987 Brême | 4,68 % | 3,4 % |
| 1988 Bade-Wurtemberg | 6,7 % | 9,7 % |
| 1989 Berlin | 7,5 % | 14,3 % |

*Source :* Wilhelm HEITMEYER, « Jugend auf dem Weg nach rechts », *in Gewerkschaftliche Monatshefte*, septembre 1989.

18. On a souvent l'impression que Berlin est restée prisonnière de l'histoire fabriquée dans les années soixante. La force et la cohérence d'une telle empreinte ne nous semblent pas susceptibles d'être trouvées ailleurs. Cf. Bodo MORSHÄUSER, *Hauptsache Deutsch*, Suhrkamp, Francfort, 1992, p. 10.

19. Cf. J. HOFMANN-GÖTTIG, « Die Mehrheit steht links ». *Die jungen Wähler in der Bundesrepublik. Analysiert ankand der amtlichen Daten der Statistischen Ämter für die Wahlen zum Bundestag, Landtag, Europaparlament 1953-1989.* Rapport réalisé pour la commission chargée de la politique de la jeunesse auprès du bureau directeur du Parti social-démocrate, juillet 1989. Apud Wilhelm HEITMEYER, « Jugend auf dem Weg nach rechts ? », *Gewerkschaftliche Monatshefte*, septembre 1989.

Dès lors, il y a lieu de poser l'hypothèse que, dans le cas de l'Allemagne, les conditions favorisant une montée de l'extrême droite seraient moins directement *sociales* que *générationnelles*. Les résultats les plus importants des recherches que Wilhelm Heitmeyer[20] et ses collaborateurs développent depuis quelques années semblent aller dans cette direction. On a pu constater, par exemple, que la violence et l'orientation vers l'extrême droite se font à partir de deux constellations de problèmes distincts. La constellation « classique » concerne les situations d'exclusion : « Elle s'exprime dans nos résultats par un fort sentiment d'infériorité, lié au fait que l'intégration sociale (en général au niveau du travail ou du groupe d'âge) est défaillante ou temporairement bloquée. » La seconde constellation concerne les jeunes (apparemment) intégrés : « Cette intégration s'exprime à travers une conscience de "réussite" et s'accorde profondément à un sentiment de supériorité[21]. »

Les résultats montrent de manière surprenante que les jeunes sensibles à des orientations xénophobes sont représentés dans des proportions équivalentes *dans les deux groupes*. Ce qui met à mal les explications affirmant qu'une intégration par le travail suffirait pour dresser des digues contre l'extrême droite.

L'hypothèse soutenue par Heitmeyer s'inscrit, au contraire, à l'intérieur d'un paradigme de la mutation sociétale, dans un processus qu'il désigne comme de *dévaluation* : on observe « un développement social *et* un processus individuel de socialisation contradictoires, normalement désignés en termes d'"individuation". D'un côté, les individus se voient offrir de nouveaux horizons de possibilités ; d'un autre côté, cependant, ils sont arrachés à un ensemble de liens et de milieux traditionnels, et les voies d'intégration dans la société deviennent moins nettes[22] ».

L'affaiblissement de la capacité contestatrice des syndicats

---

20. Cf. Wilhelm HEITMEYER, *Jugendliche Fussballfans, Soziale und politische Orientierungen, Gesellungsformen, Gewalt*, Juventa Verlag, Weinheim/Munich, 1988.

21. Cf. « Die Widerspiegelung von Modernisierungsrückständen im Rechtsextremismus », *in Der antifaschistische Staat entlässt seine Kinder*, *op. cit.*, p. 107-108. On peut également relier ce constat empirique à l'observation plus générale de Michel WIEVIORKA, pour qui le racisme inégalitaire est lié aux rapports de domination, et le racisme différentialiste, à des situations de désocialisation. Cf. *L'Espace du racisme*, Seuil, Paris, 1991.

22. Cf. *Jugendliche Fussballfans*, *op. cit.*, p. 9.

semble ici pouvoir être mis en rapport, sans difficulté, avec les conclusions de Heitmeyer. Des recherches réalisées en France ont montré que, lorsque la contestation syndicale s'affaiblit, la capacité des syndicats à intégrer une communauté s'affaiblit également, ouvrant l'espace à la rupture et à la violence[23].

Le DGB est conscient du fait que l'ancien côté communautaire du mouvement ouvrier a disparu. Les voies de mobilité sont aujourd'hui beaucoup plus rapides pour les jeunes : ils n'ont pas besoin du syndicat pour se rendre à l'étranger ou pour regarder un film. Par ailleurs, la nature des problèmes a changé. « Autrefois, il y avait dans chaque ville de très grosses entreprises fortement organisées. Aujourd'hui, à travers l'automation et la rationalisation, nombre de ces entreprises sont liquidées. Nous avons une libération du secteur secondaire vers les services. Et les gens qui appartiennent au secteur des services possèdent aussi une conscience différente. Marx n'a pas toujours eu tort, il a eu aussi des vues correctes. Le syndicat, c'est la conscience syndicale qui le fait. A l'usine, la conscience des travailleurs est beaucoup plus claire que chez les employés, ou les fonctionnaires[24]. »

La tertiarisation de l'économie a posé aux syndicats de nouveaux problèmes. « Les employés ont des attentes différentes de celles des ouvriers. L'ouvrier demande des augmentations de salaire. L'employé veut progresser dans une carrière. Il demande des informations concernant son domaine d'activité. Ce pas en avant, même les syndicats américains ne l'ont pas fait, ou peut-être trop tard. Et il s'agit naturellement pour nous d'une véritable difficulté. Depuis trente ans, on y fait face[25]. »

Les recherches de Wilhelm Heitmeyer nous aident à comprendre les formes d'éclatement d'un modèle d'intégration par le travail, dont l'Allemagne s'était fait une véritable spécialité. Cet éclatement se manifeste directement dans le phénomène « hooligans » : menant une vie normale, rythmée par le travail, ils reconstruisent dans les stades de football, par l'appel à la violence, une communauté ébranlée par la

---

23. Cf. Alain TOURAINE, Michel WIEVIORKA et François DUBET, *Le Mouvement ouvrier*, Fayard, Paris, 1984.

24. K.H. Goebels, Département des travailleurs étrangers, DGB Düsseldorf, entretien du 30 avril 1992. Ces propos, tout en étant très critiques à l'égard de la dimension révolutionnaire, souscrivent à la force du raisonnement syndical de Marx.

25. *Ibid.*

modernisation[26]. Les skinheads constituent une variante de ce phénomène. S'ils restent en France très éloignés d'une culture ouvrière, comme nous l'avons montré[27], en Allemagne, au contraire, le système dual d'éducation, où l'apprentissage était vécu, jusqu'à il y a peu, comme une réussite[28], a permis de préserver, dans une étendue assez large, une telle culture[29].

Aujourd'hui des tendances lourdes dans le domaine de l'éducation expriment en leurs propres termes les grandes mutations intervenant au niveau du marché de l'emploi. Depuis 1990, le nombre des étudiants dans les régions de l'ancienne République fédérale a dépassé celui des apprentis — alors qu'en 1980 les statistiques enregistraient deux fois plus d'apprentis que d'étudiants et que, dans les années soixante-dix, ces proportions étaient, respectivement, de deux tiers et un tiers. Certains parlent d'une « réforme blanche » de l'éducation, pour indiquer que l'ancien système — qui a été et qui continue à être soutenu par les entreprises et les syndicats — se décompose de lui-même : « L'école principale (la *Hauptschule*), dévalorisée, se convertit en voie de garage, et le secondaire (le *Gymnasium*) en une école principale. » Du même coup, les problèmes de l'emploi demandent des analyses plus fines : alors que les taux de chômage s'accroissent, les entreprises ont du mal à remplir pleinement les places offertes à l'intérieur du système d'apprentissage[30].

Si l'orientation à droite, constituant une tendance significative chez les jeunes, peut être reliée à l'affaiblissement de la capacité intégratrice des syndicats, d'un autre côté les phénomènes d'éclatement, à la base de divers conflits interethniques, sont plutôt en rapport avec des situations de chômage et d'exclusion. Certaines études de cas décrivent des situations très variées : absence totale de réseaux d'entraide parmi les plus démunis ; survivance d'anciens réseaux chez

---

26. *Jugendliche Fussballfans*, *op. cit.*

27. Cf. le chapitre « Les skinheads », *in La France raciste*, *op. cit.*

28. Cf., particulièrement, M. MAURICE, F. SELLIER et J.-J. SILVESTRE, *Politique d'éducation et organisation industrielle en France et en Allemagne*, PUF, Paris, 1982.

29. Sur les skinheads à Berlin, on trouvera quelques indications dans le rapport de travail de J. BLASCHKE, T. SCHWARZ et *al.*, *Regionale und strukturelle Faktoren von Rechtsradikalismus und Ausländerfeindlichkeit in West — und Ostberlin*, Berliner Institut für Vergleichende Sozialforschung, Berlin, 1991.

30. Cf. Andreas GRUSCHKA, « Gesellenbrief oder Diplom — sie wollen beides. Zur Lage der Lehrlingsausbildung und der Notwendigkeit einer Bildungsreform in der Oberstufe », *Frankfurter Rundschau*, 23 avril 1992.

les travailleurs manuels ; formation de réseaux ethniques divers. Dans ces situations, définies par la segmentation, les contacts entre la population allemande et les étrangers n'existent pas[31].

Là où, à des situations d'exclusion, s'ajoute la présence massive d'ethnies multiples, l'éclatement devient encore plus visible. C'est le cas à Francfort, ville d'affaires et principal centre financier de l'Allemagne. Francfort est aussi la ville de la République fédérale qui compte le plus fort taux d'étrangers — 25 % de sa population. « Près de 40 % des jeunes Francfortiens entre 10 et 15 ans ne possèdent pas de passeport allemand [...] près de 10 % de ceux soumis à l'obligation scolaire ne fréquentent aucune école, 65 % de ceux qui fréquentent l'école principale (la *Hauptschule*, n'ouvrant pas la voie aux études générales et à l'Université) sont d'origine étrangère[32]. »

Depuis le milieu des années quatre-vingt, de multiples gangs de jeunes évoluent sur la scène de la ville, se définissant éventuellement à partir de critères ethniques, liés eux-mêmes souvent à une assignation raciste. Les situations d'exclusion sociale et la xénophobie dont ces jeunes font l'objet peuvent les amener très vite à une définition d'eux-mêmes en termes d'une ethnicité agressive.

## Dislocation de la RDA en tant que société nationale

Dans les années quatre-vingt, l'État dut s'inquiéter de certains phénomènes de violence juvénile et de la formation de groupes de skinheads. La question fut soumise à l'attention de l'Institut central de recherches sur la jeunesse, de Leipzig. Les résultats de l'enquête réalisée alors n'ont été rendus publics qu'après la réunification[33].

Wilfried Schubarth, l'un des responsables de ce programme de recherche, suggère que ces problèmes pourraient

31. Cf. Peter König, de la Friedrich Ebert Stiftung, « The Impact of Local Policies on the Coexistence of Indigenous and Foreign Populations », communication à la conférence « L'intégration des minorités immigrées en Europe », ADRI, Paris, 8 et 9 octobre 1990.

32. Cf. T. Freyberg, « Anmerkungen zur aktuellen Welle von Fremdenhass », *in* Institut für Sozialforschung (éd.), *Aspekte der Fremdenfeindlichkeit*, Beiträge zur aktuellen Diskussion, Campus Verlag, Francfort, 1992, p. 79.

33. Ils l'ont été, en 1992, dans le cadre d'une publication collective, *Der antifaschistische Staat entlässt seine Kinder*, *op. cit.*

s'expliquer en fonction d'une certaine forme de reconstruction de l'identité est-allemande dans l'après-guerre. Alors qu'à l'Ouest cette reconstruction a été vécue sur le mode de la culpabilité (et de l'indemnisation des victimes), à l'Est, en même temps qu'on évacuait tout débat concernant la culpabilité de l'Holocauste, elle a été surtout vécue en termes d'une forte adhésion à ce qui apparaissait comme le contraire du national-socialisme : l'État antifasciste. L'antifascisme, dit Schubarth, a été un leitmotiv permanent de l'éducation populaire en RDA. Par le biais de l'école, des organisations de l'enfance et de la jeunesse et des médias, la population était très étroitement encadrée. En 1987, près d'un quart de toutes les brigades de la jeunesse, d'un tiers des organisations de base de la Jeunesse libre allemande et de deux tiers de tous les cercles de pionniers portaient des noms de combattants antifascistes. Ces organisations encadraient, en 1988, 1,6 million d'adhérents[34].

Malgré la propagande subie — ou en raison d'elle, peut-être —, la première enquête autorisée à l'Est, en 1988, portant sur la conscience historique des Allemands, montre un taux d'indifférence élevé au thème du fascisme, aussi bien parmi les élèves que parmi les enseignants ; mais elle montre, parallèlement, un très fort taux de rejet du national-socialisme et de la figure de Hitler. Les skinheads à l'Est, avant la réunification, sont supposés avoir constitué une sorte d'exutoire à des sentiments latents, au sein de la population est-allemande. C'est en tout cas la thèse de Wolfgang Brück. L'exposé des motifs que faisaient alors les skinheads de leur xénophobie se résume ainsi : « Les étrangers nous prennent les femmes allemandes ; ils ont amené le sida d'Afrique ; ils amènent des maladies dans notre pays ; ils se comportent en seigneurs, bien qu'ils soient de pauvres porcs dans leur pays d'origine ; ils vivent aux dépens de notre société ; ils n'y apportent rien ; ils ne font que jouir d'avantages, ils ont des moyens financiers très supérieurs à la moyenne des Allemands de la RDA ; ils ont accès à des magasins de qualité ; ils trafiquent des produits de luxe ; ils ont un libre droit de circulation, contrairement aux citoyens de la RDA[35]. »

34. Wilfried SCHUBARTH, « Sieger der Geschichte. Verordneter Antifaschismus und die Folgen », *in Der antifaschistische Staat entlässt seine Kinder*, *op. cit.*, p. 14.

35. Wolfgang BRÜCK, « Das Skinhead-Phänomen in jugendkriminologischer Sicht », Zentralinstitut für Jugendforschung, Leipzig, 1988, p. 29. Cité *in* W. BRÜCK, « Skinheads als Vorboten der Systemkrise », *in Der antifaschistische Staat entlässt seine Kinder*, *op. cit.*, p. 37-46.

L'émergence d'une telle problématique s'expliquerait, pour Gunhild Korfes, en fonction de certaines questions tabouïsées, dont la « question nationale », l'isolement par le Mur de la population est-allemande, et les contraintes opposées par l'État au droit de libre circulation. Par la référence à une « identité allemande », la contestation skinhead serait ainsi parvenue à se bâtir un espace de liberté, jouissant du plaisir de se reporter à un système de valeurs autonome. « Entre 1986 et l'automne 1989 se sont formés — en liaison avec la politisation progressive d'une partie des skinheads — un certain nombre de petits groupes organisés, appelés "Nazis-kins", et des groupes fascistes, dont les adhérents tendaient à s'identifier à des figures et à des objectifs d'extrême droite. Face à ces événements, l'État s'est limité à poursuivre les auteurs en justice. Aucun débat public, ni même aucune question au sujet des causes d'une telle mouvance, touchant une partie de la jeunesse, n'a été posée[36]. »

Qui étaient ces jeunes ? Une analyse des jugements rendus par les tribunaux, réalisée début 1990, les montre comme étant pour 24 % des apprentis et pour 50 % des travailleurs qualifiés. Seuls 14 % étaient dépourvus de toute qualification[37]. Dans quelle mesure la référence à des symboles nazis par les skinheads comportait-elle en RDA une dimension d'antisémitisme ? On ne peut pas le savoir. L'antisémitisme étant interdit, les enquêtes à ce sujet l'étaient par conséquent aussi. Des résultats préliminaires d'enquêtes, aujourd'hui devenues possibles, par exemple dans des écoles de Berlin-Est, semblent indiquer une extrême ignorance de la part des écoliers à propos du thème de l'antisémitisme, ce qui s'expliquerait, en partie au moins, par la laïcisation de la société, beaucoup plus sensible à l'Est qu'à l'Ouest[38].

---

36. Cf. Gunhild KORFES, « Rechtsextremistische Jugendliche vor und nach der Wende — exemplarische Biographien », *Der antifaschistische Staat entlässt seine Kinder*, *op. cit.*, p. 48.

37. Cf. L. NIEDERLÄNDER, « Zur den Ursachen rechtsradikaler Tendenzen in der DDR », *in Neue Justiz*, 1, 1990. Cité par Gunhild KORFES, *in Der antifaschistische Staat entlässt seine Kinder*, *op. cit.*

38. Les résultats de l'enquête menée à la demande de *Der Spiegel*, publiés début 1992, confirment la faiblesse relative de l'antisémitisme dans les *Länder* de l'ancienne RDA. Cf. *Der Spiegel*, n° 4, 1992.

## L'impact de la réunification

Les Allemands craignent leurs démons. A l'Ouest, de larges pans de la gauche, dont les Verts, ont résisté devant la rapidité avec laquelle la réunification du 3 octobre 1990 s'est imposée, en raison de leur peur d'une nouvelle Allemagne « empire du Centre » ; et à l'Est, le Neues Forum leur fit écho. Rudolf von Thadden note que la peur d'une résurgence du nazisme était certes sensible, à l'Ouest, dans les milieux protestants ; mais aussi à l'Est : « Ce ne fut pas un hasard si [...] le jour de l'écroulement du Mur, 200 000 personnes manifestèrent à Leipzig non seulement contre l'oppression communiste, mais aussi en mémoire de cette terrible Nuit de cristal [...] quand les nazis avaient fait brûler le 9 novembre 1938 les synagogues et détruit les magasins juifs dans toutes les villes d'Allemagne[39]. »

Dès lors, le choix politique de reconstitution d'un seul État allemand s'est vu opposer, à l'Est, des résistances très vives. Il n'allait pas de soi que le premier cri entendu à Leipzig en 1989 : « Nous sommes le peuple ! », prônant la démocratisation de la RDA, se convertisse en : « Nous sommes *un* peuple ! » A l'Ouest également, nombreux étaient ceux qui pensaient que la réunification poserait plus de problèmes, du point de vue de l'identité nationale, qu'elle ne pourrait en résoudre. La réunification était perçue comme un retour en arrière, comme un repli vers une identité naturelle, alors qu'un nouveau principe d'identité s'était organisé, dans les années quatre-vingt, autour des « performances économiques du pays », et du « fonctionnement irréprochable de ses institutions démocratiques[40] ». Or, justement, à l'Est, c'est cette capacité de modernisation qui semblait défaillante.

Jacques Poumet le montre dans son étude sur les « revues alternatives de Leipzig à la veille d'octobre 1989[41] ». Cet « espace public parallèle », en voie de constitution depuis le début des années quatre-vingt, s'ouvre à un double débat ou

---

39. Cf. Rudolf VON THADDEN, « L'Allemagne malgré elle... », texte polycopié, s.d.

40. Cf. W. MOMMSEN, *Nation und Geschichte*, Munich, 1990, et H. HOMOLKE, *Die Bundesrepublik auf der Suche nach ihrer Identität*, Munich, 1987. Cités par Jacques LE RIDER, *op. cit.*, p. 123.

41. Jacques POUMET, « Paysage avant la bataille », *Allemagne d'aujourd'hui*, n° 115, janv.-mars 1991.

à une double obsession. Tout d'abord, celle qui renvoie à la décadence : « *Sno'Boy* [l'une de ces revues] fait parler des textes anciens sur la ville de Leipzig qui invitent à la comparaison avec l'état actuel : un texte de 1921 sur la Kohlernstrasse, qui était alors une des rues "les plus idylliques" de Leipzig, et qui n'est plus aujourd'hui qu'un sinistre alignement de maisons sans visage ; un texte de 1903 sur les halles de Leipzig, temple de l'abondance et régal pour les yeux, alors qu'une photo tristement actuelle montre l'étalage misérable d'un marchand de légumes [...][42]. »

La seconde obsession est celle de l'enfermement et le désir de libre circulation. Heinrich Best, mesurant les échanges postaux entre la circonscription de Berlin-Ouest et la RDA, au cours de la période 1968-1988, montre que le palmarès de l'initiative dans les échanges appartient à la RDA[43]. Aussi la réunification apparaît-elle comme un mouvement allant surtout de l'Est vers l'Ouest. Mais non pas comme *repli* sur une identité naturelle ; plutôt en se servant de cette identité naturelle comme marchepied pour une projection dans l'avenir.

## *A l'Est*

L'impact le plus grave de la réunification sur les nouveaux *Länder* de Brandebourg, Saxe, Saxe-Anhalt et Thuringe se mesure, bien sûr, par l'accroissement rapide du chômage : 1 343 000 personnes au début de l'année 1992, soit 16,5 % de la population active, sans compter 1,9 million de postes relevant de l'utilité publique et financés par l'État[44]. Le passage à l'économie de marché accroît aussi des inégalités régionales et crée des poches de désertification, surtout à la campagne[45].

Cependant, la crise actuelle n'est que la mise au jour des faiblesses propres à une économie centralisée, aggravée par

---

42. *Ibid.*, p. 101.

43. Heinrich Best, « Nationale Verbundenheit und Entfremdung in Zweistaatlichen Deutschland », *Kölner Zeitschrift für Soziologie und Sozialpsychologie*, 42, 1990, n° 1.

44. Cf. Laurent Carroué, « Une Allemagne à la limite de ses capacités », *Le Monde diplomatique*, mars 1992.

45. Cf. François Bafoil, « L'Allemagne de l'Est : une crise polymorphe », *in Allemagne d'aujourd'hui*, n° 115, janv.-mars 1991, p. 7.

la désorganisation de l'import/export, en raison de la fin du COMECON (espace économique commun au monde soviétique), ce qui entraîne de nouvelles menaces sur l'emploi[46]. Les chiffres présentés par François Bafoil indiquent un solde négatif dans le rapport création/suppression d'emplois, cette évolution étant *postérieure* à l'ouverture des frontières, mais précédant déjà la réunification. Le chômage et la préretraite touchent particulièrement les femmes, et l'ancienne RDA apprend à connaître la misère.

Dans le domaine agricole, le passage à l'économie de marché se fait peut-être encore plus difficilement, à cause, d'un côté, de la résistance des agriculteurs et, de l'autre, de la grave question juridique de la terre. Cette dernière est particulièrement importante. D'abord en fonction des litiges développés par d'anciens propriétaires exilés à l'étranger ou de l'autre côté de l'Allemagne ; ensuite, par un droit d'usage du sol qui, étant toujours en débat, ralentit les investissements ; enfin, parce qu'il n'existe guère de plans d'occupation des sols. Face à l'impossibilité d'être compétitifs pour pénétrer le marché européen, les salariés agricoles des anciennes entreprises d'État tentent de se recycler dans d'autres activités et la campagne est-allemande se vide[47].

Le deuxième grand problème qui touche aujourd'hui l'ancienne Allemagne de l'Est est celui de l'effondrement de l'État, avec deux aspects principaux. D'un côté, Bonn s'est donné la tâche de détruire toute survivance politique et toute source de pouvoir de l'ancien régime communiste. Le débat s'enlise alors dans des accusations sans fin, cristallisées autour des collaborateurs, réels ou supposés, de la Stasi, la police politique du régime communiste.

Mais, de l'autre côté aussi, le gouvernement fédéral considère qu'il faut en finir avec l'ancien système de protection sociale. Des jardins d'enfants ont été fermés, certaines allocations sociales supprimées, ainsi que des mesures de protection légale pour les mères célibataires. L'ancienne RDA, nous l'avons vu, possédait un réseau extrêmement dense d'institutions d'encadrement de l'enfance et de la jeunesse. Tout ce système a disparu. Dans les écoles, les enseignants ne

46. Cf. François BAFOIL, *op. cit.*, p. 9.

47. Sur toutes ces questions, cf. Benoît PETIT, « Haro sur l'agriculture est-allemande ! La fin des coopératives de production », *in Allemagne aujourd'hui*, n° 115, janv.-mars 1991, p. 106-117.

savent pas encore comment leur carrière sera désormais organisée et ils se retrouvent désorientés.

Dans ce contexte général de dérégulation, l'étranger apparaît en quelque sorte comme un symbole de l'absence de règles. Ainsi, la « question polonaise » risque souvent de tourner au pogrom dans certaines villes de la frontière orientale. La Pologne avait passé des contrats de coopération avec la RDA, échangeant des importations venues d'Allemagne contre des travailleurs polonais, qu'elle payait elle-même. Avec l'ouverture des frontières, les Polonais s'orientent de préférence vers le travail illégal, menaçant la stabilité déjà précaire du marché de l'emploi. Les contacts entre le DGB et Solidarité n'ont pu aboutir jusqu'ici à des solutions. Un autre exemple est celui de la vente illégale de cigarettes, surtout par des Vietnamiens établis dans l'ancienne RDA. Cette situation semble susciter des sentiments xénophobes chez des jeunes collégiens et lycéens[48].

Une enquête réalisée à l'Est, entre le 26 novembre et le 7 décembre 1990, a permis d'interroger à propos de la xénophobie 2 800 jeunes — collégiens et lycéens, apprentis, étudiants, jeunes ouvriers et employés. Elle a montré que le rejet des étrangers porte sur des groupes précis. « Les Vietnamiens, les Tsiganes et les Turcs font l'objet des plus forts indices de rejet. Les jeunes éprouvent une véritable aversion à leur égard[49]. » Le rejet des ressortissants du tiers monde, ainsi que d'Europe orientale et du Sud-Est semble s'être considérablement accru entre 1989 et 1990 : « Nos résultats suggèrent une évaluation de la situation actuelle comme critique. Cela concerne également les agressions concrètes, dans le quotidien, et liées à la xénophobie[50]. » D'après ces mêmes résultats, la xénophobie apparaît plus faiblement chez les écoliers les plus jeunes, et à un degré plus fort chez les apprentis. L'âge n'opérerait pas ici comme variable explicative, la différence étant à chercher dans les modes de socialisation. La xénophobie était aussi plus faible chez les femmes et elle

---

48. Cf. Karin HOPFMANN, « Le racisme dans l'ex-RDA », et « A quoi donc doit ressembler un homme digne de ce nom ? Un entretien avec un couple vietnamien de Berlin », *in Hommes et migrations*, février-mars 1992.
49. Cf. Walter FRIEDRICH, Wolfgang NETZKER et Wilfried SCHUBARTH, *Ostdeutsche Jugend, Ihr Verhältnis zu Ausländern und zu einigen aktuellen politischen Problemen*, rapport dactylographié, Leipzig, février 1991.
50. *Ibid.*

s'est révélée plus forte à Dresde que dans d'autres villes comme Leipzig ou Chemnnitz.

En ce qui concerne la référence à certaines valeurs de type autoritaire, s'exprimant en termes d'appel à l'ordre, éventuellement associées à l'usage de la violence, la recherche conclut qu'elle concerne un tiers des jeunes. Elle est plus forte chez les demandeurs d'emploi et plus faible chez les étudiants.

Le nombre d'actes de violence jugés par les tribunaux et commis par des jeunes orientés à l'extrême droite était déjà passé de 44, en 1988, à 144 au cours des onze premiers mois de 1989[51]. Cette violence s'est poursuivie après la chute du Mur de Berlin, mais n'a réussi à faire la une des médias que lors des événements de Hoyerswerda en septembre 1991. Depuis, ces actes se sont multipliés, mais seule la presse locale en a rendu compte, jusqu'à ce que de nouveaux attentats déferlent au cours de l'été 1992. Il faut ajouter que la violence concerne non seulement les étrangers, mais aussi, par exemple, des supporters leipzigiens et munichois d'équipes de football adversaires. Avec l'extension du phénomène, en août 1992, notamment lors des événements de Rostock, les médias ont été contraints de briser le silence.

La question renvoie à deux types d'explications, complémentaires, et toujours évoquées. Tout d'abord, l'effondrement à l'Est de toute structure étatique capable d'assurer, comme le rappelle Eike Hennig, le monopole de l'exercice de la violence légitime[52]. Mais on mentionne, en plus, une sensibilité nettement à droite de la police et des forces de l'ordre, qui s'attaqueraient de préférence à la gauche, plutôt qu'à la droite et aux skinheads[53].

L'autre face du problème concerne les raisons mêmes de la violence, encore mal cernées, par un manque de connaissance suffisante des jeunes qui en sont les acteurs. Mais on dispose d'indications partielles. Par rapport aux événements ayant eu lieu dans le cadre de l'ancienne RDA, où les acteurs étaient surtout des apprentis et des jeunes issus de milieux ouvriers, la situation actuelle semble bien changée. Une assis-

---

51. Cf. Gunhild KORFES, « Seitdem habe ich einen dermassenen Hass », *op. cit.*, p. 48.
52. Cf. « Hoyerswerda ist ausländerfrei ! Was heisst das ? », *in Vorgänge* 109, vol. 1, février 1991.
53. Irene RUNGE, « Wer hat Angst vor'm schwarzen Mann ? », *in Der antifaschistische Staat entlässt seine Kinder*, *op. cit.*

tante sociale de Halle décrit ces nouveaux personnages comme étant de plus en plus jeunes (entre treize et quatorze ans, ou même moins) et issus de tous les milieux sociaux. Ils sont en permanence dans la rue, ce qui suggérerait la nécessité d'ouvrir des maisons fonctionnant comme des points de rencontre, et susceptibles de constituer pour eux un espace alternatif.

Du côté institutionnel, on vise à les « constituer en lobby » : c'est-à-dire à recréer un lien avec eux, à leur donner la parole. Pour l'assistante sociale de Halle, il n'y a pas de différence de nature entre la violence des jeunes « de droite » et celle déployée, à gauche, par les autonomes : « Ceux de droite sont simplement plus démunis, ils ne sont pas capables de s'articuler aussi bien et de se présenter publiquement. Ceux de gauche sont plus rapides et plus créatifs, ils squattent des maisons, et l'opinion, ici en tout cas, ne leur fait aucune difficulté[54]. »

Qu'est-ce qui change dans la nature de la violence à l'Est, depuis la réunification ? Avant, suggère Wilhelm Heitmeyer, on peut cerner un décalage (vécu avec une intensité particulière par les sujets, à un moment de leur vie qui est celui du passage à l'âge adulte) entre l'autonomie réelle que l'exercice professionnel assurait aux apprentis et le contrôle par les institutions d'encadrement autrefois existantes. C'est dans les décalages de l'expérience vécue à l'intérieur de ces deux mondes contradictoires que la violence et l'orientation à l'extrême droite, réactivement perçue, auraient réussi à se faire une place. Lorsqu'on passe, maintenant, d'une société d'encadrement à une société fortement individualisée, les décalages entre ces deux mondes se multiplient par deux et se compliquent[55].

54. Cf. Karl-Heinz HEINEMANN, « Ihr wollt nicht wissen, wer wir sind, also wundert Euch nicht, wie wir sind ! » (« Vous ne voulez pas savoir qui nous sommes, alors ne vous étonnez pas de découvrir comment nous sommes ! », inscription faite par des hooligans sur les murs du stade de Halle), entretien avec Christine Günther, assistante sociale à Halle/S, *in Der antifaschistische Staat entlässt seine Kinder*, *op. cit.*, p. 130.

55. Cf. Wilhelm HEITMEYER, « Die Widerspiegelung von Modernisierungsrückstanden im Rechtsextremismus », *in Der antifaschistische Staat entlässt seine Kinder*, *op. cit.*, p. 101-102.

### *A l'Ouest*

Le coût de la réunification s'est fait durement sentir en Allemagne fédérale, en particulier par un certain recul de l'activité économique et par l'accroissement du chômage. Celui-ci est passé de 5,4 % à 6,3 % de la population active entre décembre 1991 et janvier 1992, affectant 1 875 000 travailleurs[56]. Il faut y ajouter une élévation significative des impôts, qui a provoqué de forts remous de la part des syndicats au cours du premier semestre 1992, et une accélération de l'inflation.

En raison d'un ralentissement d'activité dans le bâtiment, survenu au cours des années quatre-vingt à la suite de pronostics démographiques erronés, des tensions y sont particulièrement sensibles. Alors que pèse sur le domaine du logement un fort déficit et que les loyers s'envolent, le choc de l'ouverture des frontières et les bouleversements à l'Est deviennent encore plus difficiles à supporter. Berlin se voit particulièrement touchée par la suppression des subsides dont la ville bénéficiait avant la chute du Mur et par une élévation générale du coût de la vie. Certaines dérégulations graves y auraient, dit-on, libre cours. Mais ici, il n'y a pas d'autres sources que la rumeur. On chiffrerait à 50 000 les travailleurs illégaux dans la ville, ils seraient 275 000 pour l'ensemble de l'ancienne Allemagne occidentale[57]. On parle de trafics d'armes effectués par des mafias russes. Des Kalachnikov seraient bradées à 30 DM. On parle de réfugiés de l'Est arrivant en Allemagne avec de faux passeports juifs.

Mais, dans l'ensemble, il n'y a pas de comparaison possible entre les bouleversements entraînés par la réunification à l'Est et à l'Ouest. En dehors de Berlin, et encore, le rythme de la vie dans l'ancienne Allemagne occidentale n'a pas subi de changements majeurs.

### *L'effondrement du monde communiste*

Outre les difficultés directement en rapport avec la réunification, l'Allemagne a encore subi, doublement, le choc de l'effondrement du monde communiste.

56. Cf. Laurent CARROUÉ, « Une Allemagne à la limite de ses capacités », *op. cit.*

57. Cf. François BAFOIL, *op. cit.*, p. 12.

Tout d'abord, en vertu de l'article 16 de sa Constitution, qui assurait à quiconque se trouverait en danger dans son pays d'origine le droit de trouver asile en Allemagne, et dont la modification a été finalement obtenue en 1993 par un accord entre les partis majoritaires. Toujours est-il que l'effort engagé par le pays, à l'égard en particulier des réfugiés de guerre de l'ex-Yougoslavie, est sans équivalent en Europe, selon des données du Haut Commissariat des Nations unies pour les réfugiés, diffusées par le journal *Le Monde* (24-25 janvier 1993) : 250 000 réfugiés yougoslaves ont été accueillis par l'Allemagne, 80 000 par la Suisse, un peu plus de 4 000 par la Grande-Bretagne et la France.

Deuxièmement, en vertu du mode d'accès à la citoyenneté, fondé sur le droit du sang et qui a créé les *Aussiedler*, ces Allemands de l'étranger, qui fuient les pays de l'Est et qui bénéficient du droit de s'installer en Allemagne, parce qu'ils ont eu un jour, dans un passé lointain, des ancêtres allemands. Un problème grave, que certains souhaiteraient passer sous silence. Les *Aussiedler* ont été 800 000 en 1990, contre 200 000 demandeurs d'asile politique[58].

Il est vrai qu'aujourd'hui nombreux sont ceux qui insistent sur l'ancienneté des phénomènes de migration, dans un pays qui a toujours refusé de se reconnaître comme une terre d'immigration. Mais il n'est pas moins vrai que les flux actuels interviennent à un moment où, en raison de la réunification, le pays a déjà de lourdes tâches à affronter.

58. Cf. Alfred Roos, « Flüchtlingspolitik und innenpolitische Debatte. Oder : 17 Jahre — (noch) kein Jubiläum », *Vorgänge* 109, vol. 1, février 1991.

## Conclusion

Le syndicalisme a joué un rôle central dans la constitution de la société nationale ouest-allemande et la mise en forme de son modèle d'intégration. Avec la réunification — et dans des conditions très difficiles —, il est encore une fois appelé à jouer un rôle important. Après la disparition de la Confédération syndicale est-allemande, le FDGB, en mai 1990, et la décomposition inexorable de l'ancien syndicalisme d'État, incapable de se rénover, le DGB dut prendre les devants[1]. Aujourd'hui, on estime à quatre millions l'apport d'effectifs syndicaux de l'Est à l'Allemagne réunifiée[2], alors que le syndicalisme de la RDA comptait 9,6 millions d'adhérents au moment de la révolution de l'automne 1989[3].

C'est au niveau de la régulation du rythme et des conditions de passage à l'économie de marché que la présence des syndicats prend toute sa signification. Un effort considérable est déployé, avec l'objectif de réduire l'ampleur des distances sociales séparant les deux Allemagnes, au moyen d'accords par branches d'activité. Ces réductions sont échelonnées suivant les possibilités offertes par chaque branche. Dans le secteur de la construction, celui qui a fait l'objet du meilleur accord, la parité salariale avec l'Ouest aurait dû être

1. Alain LATTARD, « La fin du FDGB », *Allemagne d'aujourd'hui*, n° 114, oct.-déc. 1990.

2. Chiffres avancés par le DGB.

3. François BAFOIL, « L'Allemagne de l'Est : une crise polymorphe », *in Allemagne d'aujourd'hui*, n° 115, 1991.

atteinte au 1er avril 1993. Par ailleurs, le rythme des licenciements nécessaires à la relance de l'économie a fait l'objet d'accords négociés et d'un calendrier précis. « Devant l'impéritie des cadres syndicaux de l'Est, ce sont les représentants du DGB qui ont, aux tout débuts, négocié et même dirigé ces accords[4]. »

Dans l'ensemble, le processus de passage de l'ancienne RDA à l'économie de marché se fait suivant les règles d'un jeu de compensations savant, ayant en vue d'atténuer le choc : déstructuration de l'économie, *mais* parité au mark ; chômage, *mais* équivalence salariale en perspective pour les travailleurs des deux bords[5]. L'importance des syndicats consiste ainsi, en tout premier lieu, à ne pas laisser aller trop loin la désocialisation de l'économie au profit des pures règles du marché, tout en les acceptant quand même, et en évitant tout approfondissement de la dualisation.

L'État, pour sa part, intervient aux côtés des entrepreneurs privés dans la reprise en main de l'ancienne économie étatique, mais il fonctionne comme un point d'appui : à moyen terme, suivant un programme préétabli, il est prévu qu'il quitte la scène, laissant place libre aux acteurs sociaux[6]. Le passage de l'ancienne Allemagne de l'Est à l'économie de marché ne dispense donc pas de l'invention d'acteurs sociaux, et se fait même suivant des règles qui n'ont en vue que de les inventer.

C'est dans ces conditions de fortes turbulences que l'est de l'Allemagne redécouvre la politique. Les premiers scrutins généraux de 1990 ont montré des tendances analogues de part et d'autre du pays. Les scores des partis d'extrême droite, tels les Républicains et le NPD, sont restés faibles à l'Est et, pour le premier, nettement plus faibles qu'à l'Ouest. Dans l'ensemble, les voix du côté oriental ont exprimé la satisfaction envers la politique de réunification menée par le chancelier Kohl : la CDU ayant obtenu alors 5,7 points de plus à l'Est qu'à l'Ouest[7].

4. François BAFOIL, *op. cit.*, p. 17. En fait, l'ensemble des accords de parité ont dû être renégociés à la suite de grèves très dures.

5. François BAFOIL décrit certains de ces programmes de privatisation, établis suivant un jeu complexe de compensations réciproques entre le repreneur privé et l'État, *op. cit.*, p. 19 et suivantes.

6. *Ibid.*, p. 18.

7. Jérôme VAILLANT, « Analyse des premières élections générales allemandes du 2 décembre 1990 et des scrutins régionaux du 14 octobre 1990 », *Allemagne d'aujourd'hui*, n° 114, oct.-déc. 1990.

Par ailleurs, les Allemands de l'Est redécouvrent l'associativisme et la démocratie de base, dans la résistance contre les violences raciales. Un peu partout, des réseaux militants s'organisent, à l'exemple et en comptant sur l'aide du militantisme de base de l'Ouest. De même que les syndicats, divers groupes organisés de la société civile — telle l'IAF — s'installent dans plusieurs villes de l'ancienne RDA.

Berlin se voit confrontée au problème de l'harmonisation de structures de fonctionnement toujours doubles. En revanche, le choix de la ville comme future capitale ouvre pour la première fois, pour son côté ouest, une perspective d'enracinement social dans les nouveaux *Länder*, en même temps qu'il lui assure un rôle important dans la modernisation nécessaire des modèles de comportement de l'ex-RDA.

Tout est loin d'être acquis dans le processus de réunification, dont le sens n'est nullement univoque. Certains se sont demandé si l'Union, par exemple, ne signifierait pas un retour en arrière pour les femmes de la RDA en raison d'une moindre participation politique et d'un recul très net en matière de protection sociale[8].

Néanmoins, l'adoption par les députés du Bundestag, en juin 1992, d'un projet de loi qui rend compatible la législation des deux Allemagnes, en libéralisant l'avortement jusqu'à la douzième semaine de grossesse[9], montre que dans le traité d'Union s'inscrit une double ouverture à la modernisation. L'Est ne fait pas que suivre.

Ne faut-il pas dire, surtout en réponse à Lutz Hoffmann[10], que c'est la force de l'Allemagne de ne jamais avoir fait la synthèse entre la nation et l'État — comme les Français à travers la République ? En Allemagne, les synthèses se sont soldées par le totalitarisme. La force de l'Allemagne s'est trouvée, jusque dans les années récentes, dans sa capacité, à partir d'une communauté, de construire une société et de maîtriser la tension entre des logiques d'action contradictoires. Nation transnationale ; république inaccom-

8. Petra RIDLHAMMER, « L'Union signifie-t-elle un retour en arrière ? », *op. cit.*

9. *Le Monde*, 27 juin 1992. Au moment où nous rédigeons, le texte doit encore être soumis à examen par la Cour constitutionnelle de Karlsruhe.

10. Lutz HOFFMANN, *Die unvollendete Republik*, *Zwischen Einwandersungsland und deutschen Nationalstaat,* Papyrossa Verlag, Cologne, 1992.

plie ; pays de migration incapable de se reconnaître en tant que tel ; refusant la citoyenneté à ses « étrangers » par les contraintes opposées à la reconnaissance du droit du sol, et les intégrant, pourtant, mieux que d'autres pays où l'accès à la citoyenneté est plus facile — on pourrait multiplier la liste de ces contradictions.

Cependant, il est impossible aujourd'hui de prévoir l'avenir d'un modèle d'intégration défaillant, que beaucoup souhaiteraient pourtant préserver. Le stock renouvelé et accru des sensibilités communautaires orientées à droite et de pulsions racistes constitue un danger réel, même s'il est loin d'être sûr qu'il se cristallisera, comme par le passé, sur l'antisémitisme : la xénophobie apparaît beaucoup plus aujourd'hui comme son nouvel objet. Mais, en même temps — et c'est le plus important —, des forces d'intégration continuent à opérer.

Ces forces ne sont pas seulement, ni principalement, celles de l'antiracisme, même si ce dernier peut jouer un rôle intéressant dans le réapprentissage de la politique qui se fait aujourd'hui à l'Est. Deux forces principales d'intégration interviennent sur la scène politique. Tout d'abord, celles engagées dans l'action syndicale. Le syndicalisme se renouvelle avec l'aventure de la réunification. Contrairement aux « nouveaux mouvements sociaux » qui, malgré cette dénomination, s'inscrivent dans un champ politique et culturel, les syndicats ont à réinventer à l'Est de vrais acteurs *sociaux*. Par ailleurs, ils acceptent, sur la base surtout d'arguments démographiques, le principe de l'immigration, qui avait été jusqu'à présent déguisé sous la forme du droit d'asile, tout en souhaitant que soit assurée la maîtrise des flux ; et prônent l'immigration comme une nécessité économique.

L'autre force d'intégration provient des multiculturalistes, parmi lesquels Daniel Cohn-Bendit. Ils se proposent d'intervenir directement sur les modèles culturels, de façon à assurer un mode plus ouvert de construction de l'identité même. Il s'agit d'établir un champ politique, un champ de communications et de négociations, fondé sur des règles de transparence. Le pari est qu'il est possible d'aller au-delà de l'éclatement en de multiples identités, par une opération qui s'apparenterait à la reconstruction d'un puzzle, mais sans dépendre aussi fortement que par le passé de logiques sociales, auxquelles, quoi qu'il en soit, les nouveaux mouvements sociaux ne se réfèrent plus. Un vrai travail de médiation culturelle — axé, toutefois, non pas sur l'acceptation passive de particularismes divers, mais plutôt sur l'acceptation radicale et pour tous des droits individuels comme le fondement d'une nouvelle modernité. On est, dans cette perspective, au-delà de l'État-nation, dans un système défini par le tout-politique, et par la capacité des affirmations culturelles à s'articuler à des principes ou des valeurs universels.

Cette hypothèse est confortée par l'évolution du droit allemand, qui s'adapte progressivement à de nouvelles réalités. Une nouvelle loi sur les étrangers vient d'alléger les conditions requises pour accéder à la citoyenneté. Pour justifier cet accès, on dit qu'il existe « un intérêt public » à la naturalisation des étrangers concernés. Et au lieu d'un « attachement à l'Allemagne », on demande désormais un attachement « à notre État ». Tout en facilitant les conditions de la naturalisation, la nouvelle loi maintient l'interdiction de la double nationalité[11]. Le récent débat sur l'article 16 de la Constitution s'inscrivait dans l'ébranlement du modèle classique d'intégration nationale, mais aussi de son *aggiornamento*. Le racisme, la xénophobie, le nationalisme différentialiste relèvent, dans toute l'Allemagne, de la crise de ce modèle.

Affaibli à l'Ouest par le coût de la réunification, lequel a été lui-même amplifié par le flot ininterrompu des demandeurs d'asile, la nécessité s'impose désormais de prendre en compte l'ethnicité autrement qu'en intégrant socialement et en marginalisant politiquement les immigrés. A l'Est, où ce n'est ni la société civile ni la nation qui assuraient l'intégration, mais le parti-État totalitaire, une tout autre formule est requise.

Aussi, le sens du « nationalisme » à l'allemande, en cette fin de siècle, pourrait être aux antipodes du pronostic pessimiste que formule Éric Hobsbawm à propos des nationalismes en général : « Dans le monde "développé" du XIXe siècle, il est clair que la construction d'un certain nombre de "nations", qui combinaient État-nation et économie nationale, était un fait de transformation historique

11. Cf. Lutz HOFFMANN, « L'introuvable nation allemande », et Birgit HARPRATH, « La nouvelle loi relative au séjour des étrangers », *in Hommes et migrations*, *op. cit.*

central [...]. Les mouvements nationalistes caractéristiques de la fin du XXe siècle sont essentiellement négatifs, ou plutôt diviseurs[12]. » Or, en Allemagne, le sens principal du traité d'Union s'appuie, au contraire, non pas sur l'identité, mais sur la modernisation et l'économie. Il se pourrait donc bien que le « nationalisme » dont ce traité relève en vienne à constituer un fait historique central.

L'Allemagne vit aujourd'hui, pour elle-même comme pour le reste du monde, l'aventure de l'incorporation de l'ancienne RDA à l'économie de marché. Elle vit ce processus dans de meilleures conditions que d'autres sociétés post-totalitaires, ses voisines. Elle le vit, non pas dans le pur repli identitaire — même si cet effort considérable est producteur d'expressions nationalistes différentialistes et xénophobes — ni dans son contraire, la modernisation à outrance qui dissout toutes les identités. Elle le vit, malgré de grands déséquilibres, dans l'effort de combinaison de différentes logiques d'action.

Si l'Allemagne parvient à mettre au jour son modèle d'intégration, malgré la poussée nationaliste, la croissance de l'extrême droite et les violences à l'encontre des immigrés qui la secouent à l'heure actuelle, elle proposera du même coup au monde une image positive et renouvelée de la modernité, établissant des digues au déploiement du racisme. A ce moment-là, et nous empruntons bien sûr l'expression à Ernst Nolte, le passé sera déjà passé. Pour l'instant, on en est encore loin. La réunification a accéléré la sortie du pays de la société industrielle, même si les syndicats se maintiennent comme acteurs politiques de la plus grande importance.

La crise intervient sur tous les registres. Tout d'abord, en rendant plus difficile la régulation sociale, alors que l'État est faible. Ensuite, en mettant à l'épreuve la conscience démocratique du pays par la remise en cause des principes fondamentaux du droit d'asile. Et, finalement, en catalysant la disponibilité à la violence que la mutation engendre chez les jeunes.

Ce qui doit être source d'inquiétude, c'est moins l'étendue de la violence que cette étonnante capacité à la structurer sur des bases idéologico-politiques. Un phénomène qui constitue la réponse à la défaillance d'un modèle général de société, ébranlé du côté de l'État et de la nation — alors que, contrai-

12. Eric HOBSBAWM, *Nations et nationalismes*, *op. cit.*, p. 210.

rement à ce qui se passe ailleurs, le social résiste relativement bien. Nourris par le discours de l'extrême droite, des jeunes réagissent à cet ébranlement par l'effort de mise en place d'un *contre-modèle*. Comment ne pas dire que c'est cela le racisme ?

# IV

# *L'expérience italienne*

*par Danilo Martuccelli*

# Introduction*

Pays où les carences de l'État sont constantes, et l'identité nationale relativement faible pour des raisons historiques qui tiennent à l'œcuménisme catholique et à la force du localisme, l'Italie est l'une des sociétés les plus tardivement industrialisées d'Europe. C'est aussi un pays où ne pèsent guère la mémoire d'un passé raciste, malgré les violences de la période fasciste ou certaines positions de l'Église catholique, et pas davantage celle d'une véritable histoire coloniale, malgré les sévères mesures du régime fasciste vis-à-vis des colonies ou des Juifs. C'est enfin un pays marqué par une longue histoire d'émigration.

Rien ou peu de choses ne semblaient donc rendre l'Italie vulnérable à la poussée raciste. Et pourtant, depuis la fin des années quatre-vingt, des tensions surgissent, quelques violences ont lieu, la presse et les intellectuels et, dans une moindre mesure, les hommes politiques s'emparent du thème. L'Italie des années quatre-vingt-dix parle désormais du racisme. Dans ce contexte, certains se demandent si les

---

* Plusieurs personnes ont contribué, et de différentes manières, à la réalisation de cette étude. Au risque de certains oublis nous voulons remercier tout spécialement : Paolo Abbatte, Agostino Bevilacqua, Consuelo Corradi, Roberto De Angelis, Marcella Delle Donne, Marco Diani, Maria Grazia Favara, Vittorio Follini, Maurizio Galleti, Clara Gallini, Pier Paolo Leschiutta, Maria I. Macioti, Roberto Magni, Tiziane Marone, Claudio Marta, Maria Michetti, Laura Olivetti, Daniela Pompei, Yasef Salman, Alvaro Sanchez, Stefano Soavi, Graziano Tassello. Nous remercions aussi Carla Landuzzi et Salvatore Palidda pour la lecture attentive et exigeante qu'ils ont faite de la première version de cette étude.

Italiens sont « racistes » ou *brava gente*[1], d'autres s'interrogent pour savoir comment le pays peut évoluer afin de devenir une société « peu raciste », voire une société « multiculturelle »[2].

Pour déceler la nature du racisme italien, nous partirons des conditions favorables au phénomène, en essayant d'éclairer sa réalité à partir de données structurelles (rapports sociaux, État, nation) et de leur évolution.

1. Ce fut plus ou moins l'inquiétude des premiers écrits sur la question en Italie. Voir Giorgio Bocca, *Gli Italiani sono razzisti?* Garzanti, Milan, 1988, et Rosellina Balbi, *All'erta siam razzisti*, Mondadori, Milan, 1988. Pour une présentation du débat italien dans ces termes, voir Enrico Pugliese, « Le interpretazioni del razzismo nel dibattito italiano sulla immigrazione », papier présenté au colloque « Sul razzismo e la sua storia » organisé par l'Associazione Sigismondo Malatesta, 5 et 6 juillet 1991.

2. Cf. Laura Balbo et Luigi Manconi, *I razzismi possibili*, Feltrinelli, Milan, 1990; et Franco Ferrarotti, *Oltre il Razzismo. Verso la società multirazziale e multiculturale*, Armando Editore, Rome, 1988.

# 1

## L'Italie en mutation

On peut distinguer dans le racisme deux logiques principales. Dans la première, le phénomène est avant tout à caractère « social », surtout lié à la déstabilisation d'une position statutaire ou à la peur d'une concurrence économique; il exprime par la voie d'un détournement ciblé les difficultés d'un groupe social, ou la peur de l'exclusion, avec souvent, à l'appui, une dose non négligeable de « jalousie » ou de ressentiment. Dans la seconde logique, le racisme est identitaire, il a tendance à se lester très vite d'une dimension symbolique, dans laquelle la défense ou la promotion d'une identité nationale ou locale, plus ou moins traduite en termes raciaux, occupe une place centrale. Ces deux grandes sources du racisme, le « racisme à prédominance sociale » et le « racisme majoritairement communautaire », s'enchevêtrent souvent dans les discours, reçoivent la même traduction au niveau des actes, et sont toutes deux susceptibles de déclencher la violence. Mais leur éventuelle similitude formelle ne doit pas cacher la dualité des registres du racisme.

Entre ces deux logiques, analytiquement distinctes, se placent les effets du mode d'intervention de l'État : soit en tant que régulateur des relations sociales, soit en tant qu'acteur de l'identité nationale. L'État peut (exceptionnellement) devenir lui-même un acteur raciste à part entière, mais il est en tout cas traversé dans ses différentes logiques et institutions par la thématique du racisme. Qu'il s'agisse de l'emploi, des services sociaux ou de la nation, l'État est toujours, avec ou sans volonté, même si c'est seulement par le biais des droits de citoyenneté, sinon un acteur du racisme lui-même, du moins un élément important de ses conditions ou limites.

## Un type de société industrielle

Au tournant des années soixante-dix, l'économie italienne a connu une mutation. Les produits étaient de moins en moins compétitifs sur le marché international, et le déblocage de la situation exigeait soit d'importants investissements en technologie, soit une régulation sociale meilleure et plus efficace. La première condition était impensable, étant donné le taux d'accumulation de l'économie italienne, il ne restait donc que la seconde option (l'intensification de la négociation collective, la croissance de l'économie informelle)[1]. Mais celle-ci a pris une forme très particulière, consistant à réduire ou détourner les salaires et les acquis sociaux que les travailleurs avaient obtenus pendant l'automne 1969[2].

Le pouvoir croissant des ouvriers à l'intérieur des usines, la reconnaissance législative de ce pouvoir, la tendance des syndicats à l'exalter et donc à rendre la contestation hautement incertaine, avec la volonté d'étendre les acquis ouvriers à l'ensemble de la société, tout cela impliquait, pour les industriels, le risque d'une perte de contrôle du processus productif. Pour maintenir de faibles coûts de production, tout en assurant une qualité de produits supérieure à celle des pays concurrents du tiers monde, leur réponse ne se fit pas attendre : une partie de l'activité productive fut transférée vers le secteur souterrain de l'économie[3] ou, le cas échéant, vers les PME. Le « deuxième miracle italien » était en marche : une économie qui savait s'accommoder de la faiblesse de l'État et des résistances corporatistes de la société[4].

1. Emilio Reyneri, « L'innovazione produttiva nella rete delle relazioni sociali », *Stato e Mercato*, n° 23, août 1988, p. 147-176.

2. Pour une vision d'ensemble de ce « cycle » de contestation ouvrière, et cela bien au-delà du seul cas italien, cf. Colin Crouch et Alessandro Pizzorno (eds), *The Resurgence of Class Conflict in Western Europe since 1968*, 2 vol., MacMillan, Londres, 1978.

3. Voir Suzanne Berger et Michael J. Piore, *Dualismo economico e politica nelle società industriali*, Il Mulino, Bologne, 1982, surtout p. 56 et s.

4. Pourtant, ce développement ne rompt pas véritablement avec la longue tradition italienne dans laquelle les entreprises, publiques ou privées, dépendent fortement de l'État et ont souvent recours à lui tout en voulant dans le même temps garder leur indépendance vis-à-vis de lui.

Mais les luttes de l'automne 1969 ont entraîné aussi une réorientation importante des objectifs des syndicats qui visent alors, suite à une plus forte autonomie politique et une vision plus large de leur rôle, ainsi qu'au rapprochement du PCI (Parti communiste italien) avec la majorité gouvernementale, à participer, en modérant leurs revendications, à la mise en place d'une politique programmée et rationnelle au niveau national. Ainsi, les luttes syndicales visent-elles désormais la transformation des conditions du travail (réduction de la durée du travail, ralentissement des cadences, refus de la « monétarisation » du risque, appel à l'utilisation positive des progrès technologiques). La démarche, fortement égalitaire, vise à la réduction des disparités de rémunération et de statut. Et, surtout, les syndicats discutent, ou veulent discuter, de la gestion de l'entreprise et des choix d'investissement, et affichent le désir de sortir du cadre de l'entreprise et d'infléchir aussi les conditions de vie des travailleurs en dehors du travail[5].

Cette stratégie connaît néanmoins des limites, liées à la crise de l'État-providence, aux difficultés des syndicats de dégager une ligne tenant compte des revendications autres que celles des ouvriers *stricto sensu*, ainsi qu'à l'incapacité de l'État à imposer une politique cohérente sur le long terme. L'émergence de nouveaux mouvements sociaux, placés en dehors du champ d'action et de concertation du syndicalisme, ne contribue certainement pas à le renforcer. L'offensive syndicale était liée à une période d'expansion économique : la crise économique, qui secoue l'Italie plus sévèrement que bien d'autres pays européens, amoindrit leur combativité. Dans la première moitié des années quatre-vingt, le projet d'une politique de développement à l'échelle nationale est en crise et les syndicats sont désormais tiraillés entre une stratégie de revendication salariale (favorisée par l'apparition de syndicats autonomes) et une politique soucieuse d'investissement et de création d'emplois[6].

---

5. Voir, sur ces points, Gilles MARTINET, *Sept syndicalismes*, Seuil, Paris, 1979, p. 115-119. Pour une histoire du syndicalisme italien, Sergio TURONE, *Storia del sindacato in Italia del 1943 ad oggi*, Editori Laterza, Rome, 1988, notamment la quatrième partie en ce qui concerne la période qui nous intéresse ici.

6. On se sert ici de l'analyse des stratégies syndicales proposée par Udo REHFELDT, « L'échange politique difficile. Les stratégies syndicales en Italie 1975-1990 », *in Sociologie du travail*, n° 3, 1991, p. 323-349. D'ailleurs, et malgré leur vitalité relative, les syndicats italiens sont fortement traversés par des divisions entre différentes confédérations, par des oppositions entre régions et secteurs, et menacés par l'émergence de formes de représentation extra-syndicales (COBAS).

Un nouveau « modèle » italien se met alors lentement en place : souplesse des PME, extension de l'économie souterraine, détournement des lois et des acquis sociaux, fuite fiscale (obligeant l'État à taxer les revenus du travail à des taux parmi les plus élevés d'Europe), enfin intégration par le travail à domicile ou à travers le *putting-out system*, et dans des conditions fort différentes, de larges couches de la population (chômeurs, jeunes, femmes et, plus tard, immigrés). C'est la « flexibilité » italienne[7] qui traduit, à certains égards, un « retour » aux conditions de travail des années cinquante, sauf que cette fois-ci, le plus souvent, les revenus gagnés dans l'économie « noire » par certains membres de la famille viennent s'ajouter à ceux d'autres membres travaillant dans le secteur officiel (le plus souvent le chef de famille). Dans certains cas, on assiste à l'accroissement du deuxième emploi. Pour plusieurs auteurs, l'importance de l'économie souterraine italienne n'est que le résultat d'une économie n'ayant eu, pendant longtemps, que très peu recours à la main-d'œuvre immigrée. A la fin des années soixante-dix et au début des années quatre-vingt, l'Italie enregistre des taux de croissance plus importants que bien d'autres pays européens, avec notamment une rapide extension de l'industrie chimique (il y a même, à un certain moment, l'idée de constitution autour d'elle d'une politique industrielle nationale)[8], de quelques secteurs de pointe (comme la robotique) et de branches plus ou moins souterraines comme le cuir, les chaussures, ou les vêtements.

Mais la réussite des PME tient à d'autres facteurs. En fait, ces entreprises, même lorsqu'elles étaient de type traditionnel, ont su pousser leur spécialisation et s'adapter au profil des nouvelles technologies. Elles sont parvenues à s'intégrer à un tissu local, trouvant parfois des points d'accord et de collaboration avec des gouvernements locaux. Les chiffres témoignent de leur importance : dans les années quatre-vingt, elles produisent 25 % de la richesse nationale, de 25 % à 35 % des exportations, et elles détiennent 50 % de la force de travail[9]. Néanmoins, les PME travaillant dans des

7. Voir S. Palidda, « L'anamorphose de l'État-nation : le cas italien », *in Cahiers internationaux de sociologie*, vol. XCIII, 1992, p. 269-298.

8. Voir Donald Sassoon, *Contemporary Italy*, Longman, Londres, 1986, p. 138 et s.

9. Cf. Castronovo, *L'Industria italiana dall'Ottocento a oggi*, Mondadori, Milan, 1980, p. 328.

secteurs d'ingénierie sont, pour beaucoup, dépendantes de quelques grandes firmes.

Un tel « choix » industriel ne va pas sans risques, ne serait-ce que dans la composition de la main-d'œuvre : le taux de chômage de ceux qui ont quitté l'école à 18 ans est de 13,9 %, de ceux l'ayant quittée à 14 ans, de 9,7 %, et pour ceux l'ayant fait encore plus tôt, de seulement 4,3 %[10]. Plus on est diplômé, plus on cherche un emploi stable dans le secteur officiel, mais celui-ci est stagnant, ou bien il exige comme préalable une expérience qui ne peut être acquise que dans le secteur informel. L'économie souterraine devient la porte d'entrée pour le monde du travail, un chemin que les détenteurs de diplômes universitaires hésitent plus que d'autres à emprunter. Cette évolution aggrave le sort des universités, de plus en plus décrites comme « parking » pour la jeunesse ou comme productrices de chômeurs ou de personnel non qualifié[11]. Elle risque aussi à terme, bien que les experts soient à cet égard partagés, de compromettre le développement du pays. Les PME en question, elles-mêmes nées de la crise d'accumulation de l'économie italienne, sont incapables d'y remédier, et ne forment pas, ou dans de faibles proportions, de cadres compétents. L'entreprise reste souvent entre les mains du fondateur et de sa famille. Le clientélisme, propre au système politique italien, se traduit par une forte tendance du secteur public à « sauver » les firmes en difficulté. D'ailleurs, les experts soulignent souvent la taille insuffisante des entreprises italiennes[12] et, dans l'ensemble des secteurs, le manque d'une politique industrielle se fait sentir[13].

Mais, malgré ces inquiétudes, la réalité industrielle italienne a remis en question bien des idées reçues[14], selon lesquelles, par exemple, le développement est directement proportion-

---

10. Donald SASSOON, *op. cit.*, p. 80.

11. Ce « modèle » n'est pas étranger aux difficultés que connaissent aujourd'hui les syndicats italiens. Voir Hugues BERTRAND et Frédéric BRICNET, « Relations sociales et compétitivité économique », *in Les Enjeux de l'Europe sociale*, La Découverte, Paris, 1991, surtout p. 113-117.

12. Voir *La Structure industrielle italienne : richesses et faiblesses du modèle de développement*, Eurostaf, Analyses sectorielles, 1991.

13. Et s'il s'agit de réalités plus conjoncturelles, l'inflation italienne continue à être plus élevée que la moyenne européenne, et la dette publique qui, en 1970, était de 40 % du PIB est passée, en 1990, à 110 % (bien que cet endettement soit interne étant donné le taux très élevé d'épargne en Italie).

14. Cf. Paolo FORCELLINI, « L'industria tra crisi e », *in Profil dell'Italia Repubblicana*, Editori Riuniti, Rome, 1985, p. 261-288.

nel à la quantité des investissements, la concentration territoriale et urbaine est une nécessité, les secteurs de pointe sont facilement identifiables, le développement d'un pays se mesure par des indicateurs macroéconomiques, etc. L'entrée de l'Italie dans un modèle post-industriel s'opère de façon très particulière, puisque axée sur la capacité d'adaptation des secteurs « traditionnels ».

Cette société « post-industrielle » est parcourue par un processus croissant de dualisation et, plus précisément, par la mise en place d'un système de trois sous-ensembles avec des caractéristiques de revenus, de sécurité d'emploi et de droits considérablement différents : un secteur privé légal, avec de bons revenus, mais aussi une certaine incertitude d'emploi ; un secteur souterrain précaire, mais hautement compétitif ; et un secteur public stable, mais avec une très faible productivité. Et peu importe ici de savoir s'il y a ou non relation consubstantielle de l'économie informelle avec le secteur formel : socialement, ce processus se traduit par une société divisée, fracturée. L'émergence de cette nouvelle situation brouille dès lors la signification sociale des appartenances de classe. La déstructuration dissout les identités classistes de la société italienne, ce qui informe d'importants changements relatifs au rôle des partis politiques en tant qu'organisateurs de la société civile et du politique. Elle se fait fortement sentir à l'intérieur de l'ancienne classe ouvrière : celle-ci a désormais tendance à se diviser entre un secteur moderne, plus homogène et plus syndicalisé, mais qui subit de plein fouet la reconversion industrielle, et un secteur plus hétérogène et instable qui gravite autour des PME. Ces dernières vingt années ont donc vu se produire une importante fragmentation des secteurs productifs italiens, dont on verra qu'elle ouvre un espace non négligeable aux tensions interethniques et au racisme.

## L'État italien

Pour Sergio Romano, l'État italien a souvent été traversé par deux lignes de conduites politiques[15]. La première définit un mode d'intervention « institutionnelle », représentée parmi d'autres par Francesco Crispi, Sidney Sonnino, Benito

15. Sergio ROMANO, *Histoire de l'Italie du Risorgimento à nos jours*, Seuil, Paris, 1980.

Mussolini, Alcide De Gasperi, où l'État essaie d'être le grand régulateur de la chose publique et se veut un véritable directeur de la vie économique, entendant même, à certains moments, se substituer aux entreprises. La seconde définit plutôt un mode d'intervention « conflictuelle », incarnée au moins par Agostino Depretis, Giovanni Giolitti, Aldo Moro, où l'État ne serait qu'une sorte d'« arbitre » de la vie sociale, sans réelle capacité d'action. C'est entre ces deux extrêmes, et surtout dans l'oscillation entre ces deux modèles, qu'il faut placer les insuffisances publiques italiennes, à la fois signes de l'échec d'un État régulateur et des vices d'un État clientéliste.

Depuis le Risorgimento, les Italiens s'accordent pour affirmer que la donnée fondamentale est à cet égard l'absence d'une forte bourgeoisie productive capable d'identifier ses intérêts, son histoire et son devenir avec ceux de l'État, et susceptible par là d'imposer à la société son mode de vie et son hégémonie. Mais si la bourgeoisie n'a pas véritablement rempli cette tâche, elle n'a pas non plus été remplacée dans cette fonction par un État unitaire fort, modernisateur et efficace. D'ailleurs, le système politique instauré en Italie avec la formation de la République n'a fait, le plus souvent, que renforcer les faiblesses de l'État, à travers une paralysie décisionnelle liée à l'instabilité du jeu politique. Ce qui n'a pas, pour autant, empêché un véritable traitement politique des problèmes sociaux en Italie.

Pourtant, la principale insuffisance historique de l'État italien a été sa difficulté à aboutir à une véritable unité nationale. Une « unification » a souvent été recherchée avec les mêmes moyens d'intervention : les institutions, le jeu politico-économique, la politique étrangère et, bien sûr, la langue et la culture. Mais l'État a souffert historiquement de la spécificité manquée du nationalisme italien et des carences du système politique marqué, dans la longue durée, par le manque d'alternance politique et, en conséquence, par l'inscription de tout changement dans une logique de rupture ou de crise institutionnelle[16]. Cette caractéristique a donné lieu à deux modes de « rechange » politique : le modèle

16. A ce sujet, M. Salvadori, parle de trois « ruptures » italiennes : celle du passage des États régionaux à l'État unitaire libéral, celle du passage au régime fasciste, enfin l'instauration du régime démocratico-républicain. Cf. Massimo L. SALVADORI, « Tipi di regime e storia d'Italia. La mancanza di alternativa di governo », *in Quaderni di Sociologia*, n° 1, 1992, p. 3-19.

*transformistico* (ainsi baptisé par Depretis), c'est-à-dire l'élargissement de la base du gouvernement suite à la « transformation » des opposants, et la tentation d'une évolution autoritaire sous la direction de la fraction conservatrice ou réactionnaire, antilibérale, de l'élite dirigeante. De telles spécificités du jeu politique ont constamment mis en question la légitimité de l'État italien.

Ces problèmes n'ont jamais été aussi aigus qu'à propos de la question méridionale. L'important, ici, est de noter que, dans les années soixante-dix, les relations entre le nord et le sud de l'Italie subissent des transformations importantes, au moins sur deux axes. D'une part, la régionalisation de l'État est passée par une réforme qui, sans apporter tous les fruits escomptés, dynamise néanmoins çà et là le tissu régional. D'autre part, les principaux acteurs sociaux de la décennie et, avant tout les syndicats et les entrepreneurs, témoignent d'une vive conscience de la nécessité de réorienter l'effort productif vers le Sud afin de combler l'écart qui déchire depuis sa création l'État italien.

### *La régionalisation*

Vers la fin des années soixante, l'ancien système centralisé est en crise, de moins en moins capable d'assurer les services sociaux et le renouveau urbain. L'idée d'une nouvelle planification s'impose alors, par laquelle on doterait de plus de moyens les régions tout en essayant d'assurer une plus grande coordination entre les gouvernements locaux et les services sociaux. Des mesures sont prises, favorisées par le climat politique du moment et par une confluence d'intérêts des principaux partis politiques[17].

En 1970[18], après cent ans d'État centralisé (ce qui ne veut pas dire jacobin, ni puissant), l'Italie donne aussi plus de pouvoirs aux régions. Dans chacune d'elles, des élus ont la faculté de voter des lois en accord avec la législation nationale, dans des domaines tels que l'agriculture, l'urbanisme,

17. Politiquement, la restructuration fut en effet rendue possible par la volonté de la Démocratie chrétienne d'étendre la « participation » des citoyens, par le désir des technocrates socialistes souhaitant une planification toujours plus efficiente, et par l'intérêt du PCI de montrer ses capacités de gestionnaire sur l'Italie du Centre.

18. Cf. Donald SASSOON, *op. cit.*, chap. 12 : « The regional system », p. 210-220.

la santé. De plus, les régions se dotent alors de leurs propres fonctionnaires et de moyens autonomes de financement. Ce processus se radicalise en 1975-1977 avec le transfert d'autres compétences aux régions : désormais, certaines d'entre elles iront jusqu'à inclure des projets de planification industrielle, notamment au Sud, et, un peu partout, des programmes d'insertion pour les jeunes sont lancés. Déjà en 1980, les régions dépensent 18 % du budget national et sont devenues les principales responsables pour les services sociaux.

Dix ans plus tard, le bilan est mitigé. La régionalisation n'a pas vraiment enrayé le blocage administratif ou le jeu clientéliste, et il est rapidement apparu que les régions du Nord sont plus efficaces et mieux administrées que celles du Sud[19]. Mais la régionalisation a favorisé (et l'élément n'est pas sans intérêt si on considère l'actuelle transformation du système politique italien) l'émergence d'élites politiques locales de plus en plus indépendantes des partis nationaux. Ainsi, les régions qui étaient au départ conçues comme un moyen de « réconciliation » des citoyens avec leur État, en le rendant plus efficace, ont à certains égards renforcé le localisme et les disparités régionales, et si elles n'ont probablement pas aggravé le sentiment anti-État et anti-classe politique des Italiens, il n'en reste pas moins que la modernisation institutionnelle n'a pas été un levier de l'intégration nationale.

## *Le Nord et le Sud*

L'écart économique entre le Nord et le Sud, qui s'était accru avant la Première Guerre mondiale et, sous certains aspects, jusqu'à la Seconde Guerre mondiale, a diminué de manière continue entre 1951 et 1975. En prenant comme indicateur le produit individuel moyen, Sylos Labini arrive à la conclusion que cet écart s'est réduit entre 1951 et 1975, passant de 46 % à 35 %, pour remonter à 38 % dans les années quatre-vingt[20], et qu'il a depuis tendance à s'accentuer encore davantage. Les différences varient considérablement selon les régions, mais il n'empêche que la plus grande partie de la « misère économique » et des défail-

19. Cf. Robert PUTNAM, Robert LEONARDI, Raffaella NANETTI et Franco PAVONCELLO, « Il Rendimento dei governi regionali », *in* Gianfranco PASQUINO (ed.), *Il Sistema Politico Italiano*, Laterza, Bari, 1985, p. 345-383.
20. Paolo Sylos LABINI, *op. cit.*, p. 450-451.

lances administratives sont encore largement concentrées dans le Mezzogiorno.

Pourtant, dans les années soixante-dix, une certaine conscience nationale semble s'affirmer. Syndicats et patrons s'accordent sur la nécessité de transférer des ressources vers le Sud[21], et tout un ensemble de manifestations politico-culturelles (par exemple, le référendum pour défendre le droit au divorce et à l'avortement) donne alors aux Italiens le sentiment d'être engagés dans un processus actif d'unification nationale. Il s'agit là, probablement, d'un des moments les plus forts d'intégration en Italie, avec l'action (ou en tout cas la volonté) de l'État, le souci des grands acteurs du développement et l'entrée dans un processus plus ou moins homogène de modernisation des pratiques culturelles.

Quinze ans plus tard, le Sud, malgré les efforts déployés et les transferts économiques opérés[22], ne s'est pas vraiment développé, et même, la décentralisation productive ne l'a pas vraiment avantagé, puisque les PME du secteur informel ont plus tendance à se localiser au Centre-Nord[23], et que les grandes firmes hésitent à y investir. Certes, au Nord comme au Sud, l'emploi dans l'agriculture baisse et le secteur tertiaire croît. Mais au Sud, le secteur tertiaire est surtout lié à l'agriculture, alors qu'au Nord il l'est avant tout à l'industrie. Et bien que l'emploi ait augmenté entre 1971 et 1981 de 26,4 % dans le Sud, et seulement de 10,2 % dans le Nord, cette augmentation est insuffisante pour réduire l'écart qui se maintient en raison de facteurs démographiques et de

---

21. Cette politique de concertation entre les principaux acteurs du développement italien doit être reliée non seulement à la probable émergence d'un sentiment national, mais aussi à la conscience historique du mouvement ouvrier italien et à sa crainte quasi permanente de favoriser une résurgence du fascisme. Crainte qui, à certaines périodes, a incité socialistes et communistes à soutenir le gouvernement. Voir, pour cette réflexion, Gilles MARTINET, *Sept syndicalismes*, *op. cit.*, p. 101 et s.

22. Parmi les facteurs ayant entravé l'accomplissement de ce projet, il faut tenir compte, aussi, de la malversation des fonds publics et de l'irrationalité de certains investissements qui ont brisé l'espoir d'un plus fort équilibre régional en Italie. Pour un aperçu économique de ces écarts et échecs, voir Jacques R. FAYETTE, *Italie*, Hatier, Paris, 1990, notamment chap. 5, p. 102-123.

23. En réalité, une partie importante des fonds ont été phagocytés par les partis et les réseaux clientélistes du Sud. Par ailleurs, le transfert industriel a été rendu difficile du fait de la tertiarisation économique et de la volonté de faire du Sud un marché pour les produits du Nord. Cf. Carlo TRIGILIA, *Autonomia senza sviluppo*, Il Mulino, Bologne, 1992. Pour une dénonciation de la corruption du Sud, voir le « best-seller » de Giorgio BOCCA, *L'Inferno. Profondo Sud, Male Oscuro*, Arnaldo Mondadori, Milan, 1992.

l'arrivée massive des femmes sur le marché du travail[24]. A cela s'ajoutent enfin des taux de chômage profondément inégaux entre les différentes régions[25].

Cette réalité se lit aussi politiquement, comme le montre le résultat des élections législatives du 5 avril 1992 : d'un côté, l'Italie du Nord vote de manière importante pour les partis de protestation, qui dénoncent l'État central et le clientélisme ; de l'autre côté, l'Italie du Sud demeure largement favorable aux partis gouvernementaux et le modèle clientéliste y résiste à l'érosion électorale. Deux « cultures » politiques semblent désormais être en train de se consolider et de s'opposer[26]. Les élections du 21 novembre 1993 ont nuancé le processus, le vote pour le PDS pouvant être interprété en faveur de l'unité nationale.

## La nation

A ces différences sociales et économiques et à ces insuffisances étatiques s'ajoute le déchirement symbolique propre à la construction nationale italienne. Celle-ci est en effet toujours traversée par une double tension « vers le haut » et « vers le bas ». Vers le haut, sous l'emprise d'un universalisme, construit non pas, comme en France, autour d'un contrat social, mais plutôt par la volonté de trouver dans le passé ou dans l'avenir une figure culturelle légitimement universelle : tour à tour, ce sera le cas du catholicisme[27], de

24. Pour ces chiffres, cf. Arnaldo BAGNASCO, « Trois Italie », *in* Dominique SCHNAPPER et Henri MENDRAS (eds), *Six manières d'être européen*, Gallimard, Paris, 1990, p. 187.

25. En 1986, le taux de chômage est en moyenne en Italie de 7,4 % pour les hommes et de 17,8 % pour les femmes, tandis qu'au Mezzogiorno il est de 11,4 % pour les hommes et jusqu'à 27,7 % pour les femmes. Seulement 29 % des jeunes entre 14 et 29 ans ont un emploi au Sud, tandis qu'ils sont 46 % dans le reste du pays. Cf. Arnaldo BAGNASCO, *op. cit.*, p. 186.

26. Voir notamment, pour une présentation journalistique de cette « coupure » italienne, Giorgio BOCCA, *La disunità d'Italia*, Garzanti, Milan, 1992. Pour une insertion de cette opposition culturalo-politique à l'intérieur d'un cadre plus vaste de quatre « cultures politiques » italiennes (prédominance de l'élément ethnolinguistique, expression des communautés locales, les deux sous-cultures politico-territoriale « rose » et « blanche », la fracture Nord/Sud), cf. Mario CACIAGLI, « Quante Italie ? Persistenza e transformazione delle culture politiche subnazionali », *Polis*, décembre 1988, p. 429-457.

27. Le cas du catholicisme est bien sûr, historiquement, plus central et important que les deux autres, bien que, dans les dernières années, le processus de sécularisation semble s'être accru en Italie. Mais son rôle est aussi spécifique à cause de l'existence de l'Église et du Vatican : un acteur ayant une emprise territoriale

l'imaginaire impérial du fascisme et, aujourd'hui, de l'Europe. Vers le bas, avec l'existence ou la survie d'un localisme, entretenu (mais de moins en moins) par l'emploi des dialectes, et surtout par un vif sentiment de méfiance envers les « autres » Italiens. Ces sentiments localistes ont en réalité fait obstacle à l'unité italienne de manière fort différente dans le temps : dans le passé, en empêchant le transfert des identités du local vers l'espace national, dans un contexte où les traditions régionales étaient vivantes et où la modernisation du pays accentuait les disparités locales ; aujourd'hui, à l'inverse, en réagissant à l'unification croissante des pratiques culturelles[28] (de la langue jusqu'à la consommation) perçue comme une menace sur l'identité locale, ce qui donne lieu à un *revival* communautaire sur fond de poussée populiste.

La nation est en Italie à mi-chemin entre l'identité locale et l'appel universel. Trop loin du localisme, elle n'est pas assez près d'une image universelle. Le propre du sentiment national italien est dès lors son instabilité et sa difficulté à trouver un point d'équilibre entre ces deux extrêmes, la nation italienne ne pouvant en aucune manière être rapportée à l'un ou l'autre. Elle apparaît à bien des égards comme la tension inéliminable entre une vocation universelle (faut-il encore rappeler l'attachement des intellectuels du Risorgimento au modèle républicain français ?) et un ancrage régional, voire villageois, ainsi qu'à de puissants intérêts privés ou des particularismes économiques. Pendant longtemps, ni l'État *stricto sensu*, ni les acteurs de l'industrialisation n'ont pu assurer réellement l'intégration du pays, et les identités locales n'ont jamais vraiment cédé le pas, du moins jusqu'à ces dernières années, à un sentiment d'appartenance nationale. D'où une autre caractéristique de l'Italie : à la différence d'autres pays européens, le nationalisme, dans les périodes de crise, n'y a pas tant été un élément d'unité qu'un facteur de division entre les masses populaires et les classes

---

et une poussée universaliste telles qu'il n'est pas exclu que les déficits d'« universalité » repérables dans la nation italienne viennent justement de cette présence encombrante. Autrement dit, s'il est vrai que pendant longtemps l'Église a été sur la péninsule italienne suffisamment forte pour empêcher l'unité italienne (comme le signalait déjà Machiavel), il est aussi vrai qu'elle a donné lieu en Italie à un « sens commun » (pour parler comme Gramsci), qui a toujours empiété sur le sentiment national.

28. Cf. Martin CLARK, *Modern Italy*, Longman, Londres, 1984, surtout le chap. 8 : « La grande révolution culturelle : l'Italie des années 1970 », p. 375-396.

dirigeantes, les couches moyennnes et l'État[29]. Cela indique que l'appel localiste, au-delà de raisons politico-économiques, comporte aussi une composante identitaire très particulière.

## Les immigrés

A cette analyse autour de trois données structurelles (la société, l'État, la nation), il faut ajouter un dernier élément : l'évolution de la présence immigrée en Italie et les représentations qu'elle suscite, qui sont indissociables de l'émergence du racisme.

Les premiers immigrés arrivent en Italie dans les années soixante-dix, d'abord en Sicile et dans le Frioul (nord-est du pays), sans qu'un véritable débat se produise. Il faudra attendre la fin de la croissance et l'arrivée d'un nombre plus important d'immigrés pour qu'une « prise de conscience » collective se déclenche. Au-delà des fluctuations dans le nombre de permis de résidence octroyés, et des évolutions de la politique d'immigration, les estimations les plus élevées indiquent que le nombre total d'étrangers (toutes nationalités confondues) est toujours inférieur à 2 % de la population totale : ils sont 186 000 en 1975 et 781 000 en 1990[30]. Mais, plus que sur les chiffres, il faut insister sur deux ordres de réalités. En premier lieu, la grande diversité des origines de la population étrangère en Italie, et le fait que, pour une importante majorité d'entre eux, il n'existe pas d'anciens liens coloniaux avec ce pays[31]. Ce qui fait que l'image de l'Autre est teintée d'exotisme et que, si cette représentation ne fait pas l'économie d'un certain imaginaire colonial, elle se déploie en l'absence d'une véritable mémoire de la colonisation. Cette caractéristique s'ajoute à la fragilité sociale

29. Massimo SALVADORI, « Tipi di regime e storia d'Italia », *op. cit.*, p. 8.

30. Giampiero RELLINI, « Les étrangers en Italie : une politique à l'épreuve des faits », p. 179, *in* Jacqueline COSTA-LASCOUX et Patrick WEIL (eds), *Logiques d'États et Immigrations*, Éditions Kimé, Paris, 1992. Signalons que, pour cet auteur, le nombre total d'immigrés (si l'on tient compte du million quatre cent mille en situation irrégulière) représenterait 3,1 % de la population italienne. Cf. aussi S. PALIDDA, « La stabilisation de l'immigration en Italie », *Migrations et société*, n^os^ 16-17, 1991, p. 43-52, et le bilan dressé par Umberto MELOTTI, « L'immigrazione straniera in Italia : quadro di sintesi e problemi specifici dell'area metropolitana milanese », *Sociologia Urbana e Rurale*, n^os^ 36-37, 1991-1992, p. 167-196.

31. Sur ce point, en ce qui concerne les Africains des anciennes colonies italiennes, les pourcentages sont 1,5 % pour les Éthiopiens, 1,3 % pour les Somaliens et 0,3 % pour les Libyens, cf. Giampiero RELLINI, *op. cit.*, p. 179.

des immigrés pour définir d'emblée la forte extériorité culturelle dans laquelle est placé l'Autre, et qui semble parfois lui épargner une profonde hostilité raciste.

En deuxième lieu, la « découverte » de l'immigration et du racisme en Italie est passée par une production médiatique et des campagnes de sensibilisation lancées par une partie de l'*intelligentsia* italienne, ayant embrassé, très rapidement, la cause antiraciste, en même temps que des références à la société multiculturelle. Mais, très vite aussi, et sans que la corrélation puisse être établie entre l'expérience socio-économique des immigrés et les changements dans l'opinion publique, un climat, sinon d'hostilité diffuse, du moins d'accroissement sensible de la peur ou de la gêne devant les « risques » de l'immigration, s'est consolidé. Dans ce processus, l'hypothèse a pu être avancée que la fragilité socio-économique des immigrés, leur éventuelle délinquance, ou le fait qu'ils participent à l'engorgement des services sociaux ont pu jouer un rôle non négligeable[32]. Cependant, l'évolution de l'opinion et la rapide détérioration de l'image des immigrés en son sein sont sans doute pour beaucoup l'œuvre des médias.

En comparant les résultats de différents sondages d'opinion effectués entre 1987 et 1991, Corrado Bonifazi constate des évolutions inquiétantes : le pourcentage des sondés estimant que les immigrés sont entre un million et demi et trois millions est passé, en quatre ans, de 17,6 % à 19,7 %, et ceux l'estimant à plus de trois millions, de 13,7 % à 20,9 % (selon l'estimation statistique la plus élevée, celle de l'ISTAT, il y a 1 144 000 immigrés en 1991) ; en 1991, ils sont 74,5 % à considérer qu'il y a « trop d'immigrés » en Italie contre 49,7 % en 1987 ; le pourcentage de ceux qui pensent que l'immigration est une bonne chose décroît dans la même période de 13,3 % à 5,1 %, tandis que le nombre de ceux qui pensent qu'il s'agit d'une mauvaise chose passe de 49,9 % à 61 %. Une analyse factorielle permet à l'auteur de signaler la présence de deux groupes hostiles à l'immigration : le premier, le plus modéré (16,3 % des sondés), plein de méfiance et de craintes, et le second (de l'ordre de 12,5 %), ouvertement hostile à l'immigration (ce groupe est plutôt

32. Umberto Melotti, « L'immigrazione straniera in Italia : da caso anomalo a caso esemplare », *in* Giovanni Cocchi (ed.), *Stranieri in Italia*, Misure, Materiali di ricerca dell'Istituto Cattaneo, Bologne, 1989, p. 31-43.

présent dans le Sud — 16 % — et dans des villages de moins de 20 000 habitants — 16 %). Dans ce dernier groupe, le pourcentage des travailleurs manuels est élevé, et 28,9 % d'entre eux n'ont qu'une connaissance indirecte de l'immigration[33]. Ce qui renforce l'hypothèse d'un rôle joué par les médias dans la constitution des représentations sur l'immigration, souvent en absence de tout contact avec elle.

Deux textes se sont efforcés de réglementer l'immigration. La loi n° 943 de 1986 vise avant tout à combler un presque vide législatif, et surtout à annoncer toute une série de mesures d'accompagnement social vis-à-vis des immigrés — mesures restées dans leur grande majorité lettre morte. La loi n° 416 de 1989 autorise l'asile politique sans réserve géographique — alors qu'il était précédemment accordé uniquement aux ressortissants des pays d'Europe. En fait, cette loi vise surtout à régulariser les clandestins sur place. Enfin, l'Italie s'interroge de plus en plus sur la nécessité d'une « planification » de l'immigration tenant compte des demandes économiques nationales[34].

En général, le racisme est d'autant plus fort qu'il y a une exacerbation conjointe de la déstructuration sociale et du sentiment de menace pour des identités communautaires, et ce double phénomène informe le fonctionnement de l'État.

L'Italie contemporaine est presque le contraire de ce cas de figure. Bien qu'elle ait été une des sociétés industrielles le plus tardivement constituées en Europe, et avec de forts écarts régionaux et sectoriels, la crise des syndicats et du patronat semble moins accentuée que dans bien d'autres pays européens. De surcroît, la culture communiste et le poids des organisations de gauche y ont longtemps mieux résisté qu'ailleurs. La nation est manifestement faible et l'identité culturelle qu'elle incarne ne semble pas, au départ tout au moins, constituer un foyer particulièrement actif de production du

33. Sur tous ces points, cf. Corrado BONIFAZI, « Italian attitudes and opinions towards foreign migrants and migration policies », *in Studi Emigrazione*, mars 1992, p. 21-42.

34. Pour une critique à travers les « faits » de ces mesures législatives, cf. Giampiero RELLINI, *op. cit.*, p. 188-190. D'autres parlent même d'une « non-politique », de « non-réponse » à l'immigration, cf. Laura BALBO et Luigi MANCONI, *I Razzismi Reali*, Feltrinelli, Milan, 1992, p. 12-17 et p. 37.

racisme : les écarts régionaux affaiblissent considérablement l'emprise imaginaire d'un « nous » collectif. Enfin, l'État est moins l'instigateur d'un quelconque racisme qu'un acteur, parfois impuissant, du délabrement des services sociaux, de la crise urbaine et de l'accroissement du secteur informel de l'économie.

Dans ce contexte, il est tentant de tout expliquer par les défaillances de l'État : celui-ci serait alors, par défaut, le véritable responsable de l'extension de l'espace du racisme, le phénomène n'étant, comme l'avance Étienne Balibar, qu'une sorte de rapport conflictuel à l'État, mais détourné et projeté sur l'Autre[35]. Mais c'est oublier deux choses. D'une part, les sources du racisme se situent généralement en amont de l'intervention ou de la défection de l'État, elles procèdent de transformations qui se jouent dans la vie sociale et dans la culture ; et, d'autre part, ce type de raisonnement fait l'impasse sur la faiblesse historique de l'État italien. Et surtout, ce type d'explication fait du racisme italien un épiphénomène, homogène, de la dérégulation sociale.

L'Italie a connu en l'espace d'une vingtaine d'années des évolutions telles que l'explication par le seul recours à l'idée d'une crise de l'État ou des services sociaux apparaît fort limitée. Comme nous venons de le rappeler, il y a eu, en un laps de temps très court, une succession de différents « modèles » italiens : celui du « miracle économique » de l'après-guerre ; celui de la prise de conscience collective, voire nationale, des années soixante-dix, avec le rôle grandissant de la « société civile », et notamment des syndicats et des entrepreneurs ; enfin, dans les années quatre-vingt, celui d'une économie à certains égards post-industrielle et dualisée. Les changements impressionnants du système politique depuis le début des années quatre-vingt-dix n'en traduisent pas seulement la déstructuration : on peut aussi faire l'hypothèse qu'ils constituent des signes avant-coureurs de la stabilisation d'un nouveau type sociétal.

Pour Paolo Guidicini et Carla Landuzzi, un lien est à établir entre ces transformations sociétales et l'émergence de la peur devant l'Autre ou, plus précisément, entre les processus actuels de rééquilibre urbain, voire de « réimagination » de la ville, et la naissance de sentiments anti-immigrés en

---

35. Étienne BALIBAR, *Les Frontières de la démocratie*, La Découverte, Paris, 1992, p. 184.

Italie. A suivre ces auteurs, c'est plutôt le sentiment de « désordre » ou, mieux encore, le sentiment d'être dépourvu d'un cadre de signification de l'évolution actuelle, qui favorise la constitution des immigrés comme « objet » fédérateur des inquiétudes sociales dans une phase de mutation, et cela à l'aide notamment de trois images de l'Autre, facteur de déstructuration, de criminalité et d'improductivité[36].

De notre point de vue, l'interprétation de la *nature* du racisme italien doit tenir compte avant tout *et* de la faiblesse relative de la société proprement dite, de l'État et de la nation, *et* de leur disjonction. Dans ce pays, les manifestations du « racisme » sont elles-mêmes disjointes, éclatées et instables. Les tensions interethniques et le malaise social ne parviennent pas, ou difficilement et de manière instable, à se doter d'un principe d'unité politique ou idéologique. C'est pourquoi il est légitime, avant de réfléchir au rôle des médias et des intellectuels dans l'unification imaginaire du phénomène, d'examiner séparément les deux grandes formes, à ce jour relativement disjointes, que le phénomène produit dans ses expressions concrètes.

36. Cf. Paolo Guidicini et Carla Landuzzi, *Tra nomadismo e radicamento*, Franco Angeli, Milan, 1993.

# 2

## Les sources sociales du racisme

Dans l'Italie contemporaine, les sources sociales du racisme aboutissent à trois manifestations principales du phénomène. Dans quelques grandes villes italiennes, il apparaît dans des situations d'exclusion sociale où des Italiens et des immigrés se rencontrent, se côtoient et parfois se heurtent dans ce qui relève à la limite d'une véritable « guerre des pauvres ». Par ailleurs, il peut venir exprimer la crise urbaine, voire la détresse urbaine, dans des contextes où l'arrivée ou la concentration d'immigrés viennent éventuellement susciter des manifestations de colère populaire. Enfin, il peut être directement commandé par une logique de concurrence économique ou par des stratégies de contrôle sur un territoire.

### Exclusion, immigrés et racisme

L'exclu, qu'il soit ou non italien, est avant tout défini par un déficit social qui n'est que très faiblement comblé, du moins du côté des Italiens, par un appel à une identité nationale ; pour lui, les problèmes du logement et de l'emploi forment un tout au sein duquel il est contraint d'évoluer sans véritable espoir de sortie. Dans une ville comme Rome, par exemple, où la destruction des bidonvilles n'a pas vraiment été accompagnée d'une politique de construction de logements et où on n'a pas assisté à une mise à jour des critères d'attribution des logements publics (trop souvent régis par des considérations avant tout clientélistes), les exclus cherchent à se procurer un toit de deux manières. D'une part, ils s'entassent dans des logements précaires, en voie de démolition, et sans les conditions minimales de confort, ou même dans des usines désaffectées, aux alentours des cimetières ou sur les quais des gares. D'autre part, ils participent parfois à des mouvements d'occupation d'immeubles, dont l'ampleur peut être considérable : dans certaines expériences, une centaine d'appartements sont occupés par un bon millier de personnes pendant quelques mois, jusqu'à ce qu'elles soient expulsées par la police[1]. Pourtant, la rapidité de ces processus ainsi que l'hétéronomie propre à ces acteurs empêchent toute structuration de la lutte, toute organisation durable. C'est pourquoi les exclus ont fréquemment recours aux foyers d'assistance confessionnelle.

Dans ces circonstances, la rencontre entre Italiens et immigrés, dans la mesure où elle est souvent vidée de tout principe d'organisation autre que celui de la concurrence pour l'assistance, est tendue. Parfois, le racisme pointe, mais il s'agit le plus souvent d'un sentiment de peur exacerbé par l'idée que les immigrés, du fait qu'ils disposent, comme le dit Roberto De Angelis, d'une « citoyenneté d'image[2] », reçoivent plus d'attention que les Italiens et qu'en tout cas ils sont plus l'objet d'une parole et d'une préoccupation publiques. Pour quelqu'un dont l'existence sociale est toujours marquée par le silence et l'ignorance, le seul fait d'être l'objet d'une attention publique, même sous forme de « problème » ou de « menace », peut avoir des effets positifs. Les « exclus » italiens, à suivre divers témoignages, pensent alors que leur situation, réelle ou morale, se détériore, et considèrent, à tort ou à raison, que les immigrés, mieux organisés qu'eux, sont en train de prendre leur « place ». Et c'est le sentiment de perte de cette place, associé à l'image d'un clivage de préférence à l'intérieur même de l'exclusion, qu'exprime, à sa manière, le racisme.

Dans les situations extrêmes où les individus sont délestés de toute insertion sociale, le repli vers les identités culturelles est souvent de mise : dans le cas italien, ce repli semble

---

1. Cf. Roberto De Angelis, *Gli erranti*, Edizioni Kappa, Rome, 1991, p. 32 et s.
2. Cf. Roberto De Angelis, *Ghetti Etnici e Tensioni di Vita*, La Meridiana Editori, Rome, 1990, p. 33, et *Gli Erranti*, *op. cit.*, p. 70-75.

surtout le fait des immigrés. Pour eux, en effet, l'identité ethnique est une ressource dans le prolongement de certains modes d'organisation ou d'assistance, eux-mêmes reconnus, notamment, par l'Église catholique[3]. Dans le discours des exclus italiens, les propos racistes sont, toutes proportions gardées, faibles et mineurs. Roberto De Angelis en a reproduit certaines expressions : « On donne du travail aux Marocains. Ceux qui n'ont pas de domicile, on les traite comme des Marocains et on donne tout le travail aux Marocains » ; « Je voudrais dénoncer le pape parce que nous ne trouvons pas de travail en Italie parce qu'il a amené tous ces Noirs, tous ces étrangers, et nous, on crève de faim » ; « Il y a tellement de personnes de peau noire qui ont du travail et qui jouent les seigneurs, tandis que les Italiens sans travail sont contraints de vivre dans des centres de charité[4] ».

Cette forme de racisme reste très proche d'une source sociale facilement repérable, l'exclusion, et elle semble très rarement capable de se doter d'une véritable charge communautaire. Ceux qui se disent « italiens », dans ces discours, désignent plus un « statut social » qu'une « identité nationale ». Le racisme, ici, se cantonne le plus souvent à rendre compte d'une guerre de pauvres, d'autant plus âpre que tout véritable espoir semble écarté. Ce qui pourrait aboutir à un paradoxe dans lequel le sentiment communautaire des Italiens se renforcerait en réaction à la capacité des immigrés à se doter d'une identité ethnique, même si celle-ci est pour beaucoup le résultat d'une stigmatisation sociale.

## Le racisme et la ville

Mais le racisme, dans ses sources sociales, ne se déploie pas seulement sur fond d'exclusion, il est aussi le résultat de certaines insuffisances urbaines : le nombre important de logements précaires, de banlieues construites sans schéma

3. Pour une critique du modèle du *consociativismo* ethnico-religieux établi par l'Église catholique, qui tient compte des appartenances culturelles spécifiques, cf. Salvatore PALIDDA, « Eurocentrisme et réalité effective des migrations », *Migrations et société*, n° 24, novembre-décembre 1992, p. 7-23.

4. Roberto DE ANGELIS, *Gli Erranti*, *op. cit.*, p. 72-74. Ce thème ne concerne pas exclusivement, loin s'en faut, la ville de Rome. Des observations similaires ont pu être avancées dans d'autres villes : voir, pour le cas de Naples, Mariano D'ANTONIO, « Convivere sul mercato del lavoro », *in Citta Nuova*, n$^{os}$ 1-2, 1992, notamment, p. 84-85.

d'urbanisme, de violations quasi permanentes des normes urbaines et, par voie de conséquence, la lourde défaillance de divers services, outre les problèmes de sécurité, contribuent à des difficultés et des tensions qu'exacerbe l'arrivée des immigrés, pour qui rien ou pas grand-chose n'a été planifié[5].

En effet, l'absence d'une véritable politique urbaine dans de nombreuses villes, aux quartiers nés « spontanément » dans les années soixante-dix, et objets de maints « aménagements » successifs, mais toujours dépourvus des services essentiels et fortement marginalisés, génère aujourd'hui des tensions racistes[6]. Celles-ci sont liées à deux processus principaux. En premier lieu, interviennent la rareté des logements et ses retombées négatives sur la législation relative au logement social. En second lieu, on constate qu'est à l'œuvre un double mécanisme à la fois de dissémination et de concentration désordonnée des immigrés. L'absence de planification urbaine oblige les pouvoirs publics à agir au cas par cas, à déplacer les immigrés vers la périphérie des villes, où les services sociaux sont parfois déficients, et où les problèmes urbains ont dès lors tendance à s'aggraver.

Du fait de la rareté des logements disponibles, il se révèle que de nombreux immigrés sont mal logés en Italie. Selon une étude du CENSIS en 1990, 31 % des immigrés vivent dans des conditions inadéquates, 15 % habitent sur leur lieu de travail, et 52 % dans des chambres ou dans des logements partagés à plusieurs[7]. Les critères d'attribution des logements publics en Italie (avec, ici aussi, de fortes différences locales) font que la grande majorité des immigrés hors Communauté européenne n'ont pas le droit de poser leur candidature[8], ce qui les oblige à se tourner davantage vers le secteur locatif privé, d'où leur tendance « spontanée » à

---

5. Cf., par exemple, pour la ville de Modène, Roberto FRANCHINI et Dario GUIDI, *Premesso che non sono razzista*, Editori Riuniti, Rome, 1991.

6. Avec des écarts importants selon les villes considérées. Pour un exemple de politique locale active d'insertion d'immigrés, voir l'étude d'Italia Razzismo, *Aree Metropolitane e politiche per gli immigrati : il caso Milano*, janvier 1990.

7. Cf. l'étude de l'association Italia Razzismo, *La Casa Impossibile*, mars 1991, p. 7.

8. En général, seuls peuvent solliciter l'accès au logement public les Italiens, les citoyens de la CEE et les ressortissants des pays hors CEE avec lesquels existent des accords de réciprocité. Voir Cesare OTTOLINI, « Per un'inchiesta sulla condizione abitative degli immigrati in Italia, ovvero : l'apartheid dell'allogio », *in* Giovanni COCCHI (ed.), *Stranieri in Italia*, Instituto de ricerca Carlo Cattaneo, Bologne, 1989, p. 517.

se loger dans les quartiers périphériques où les loyers sont plus bas et où il est plus facile de trouver un logement[9]. Dans cette situation, les « marchands de sommeil » et les autres formes d'exploitation économiques sont de rigueur, sous des formes ouvertement discriminatoires (comme par exemple à Turin, où certains panneaux annoncent : « On ne loue pas aux Noirs »)[10].

Ce processus est renforcé par celui, plus général, d'expulsion des habitants des centres-villes vers la périphérie et leur remplacement par des activités plus rentables, surtout liées au tertiaire. En réalité, les immigrés sont confrontés aux mêmes difficultés que les Italiens, et ils ne font que « rendre visible et exaspérer un problème qui leur préexistait[11] ». La seule intervention de l'État se fait sous le signe de l'urgence, et est surtout perceptible dans la construction de centres d'accueil pour les arrivants. Le déplacement des immigrés et leur installation dans un quartier périphérique se font souvent sans aucune négociation préalable entre les pouvoirs publics et les habitants. En général, ceux-ci l'apprennent par la presse. Et que le mécanisme soit employé par les autorités comme « test » de la plausibilité de l'opération, ou qu'il s'agisse tout simplement d'un dysfonctionnement administratif, il est toujours vrai qu'à la crise urbaine vient alors s'ajouter un déficit démocratique. L'action collective locale qui s'ensuit éventuellement, avec une participation non négligeable des habitants, vise alors à refuser la présence dans le quartier des « intrus ». Mais elle ne s'en prend pas seulement aux immigrés : le plus souvent, elle est même dirigée contre des campements de Gitans. Elle constitue une critique de l'inaction de l'administration communale, à la fois responsable et du laisser-aller urbain et de décisions arbitraires, pour lesquelles personne n'est vraiment consulté, ni parfois même informé[12]. Quant aux moyens

---

9. Voir Rodolfo BUGGIANI, « L'immigrazione extracomunitaria nell'area romana », *in* Actes du colloque *Etnie a Roma*, 8 et 9 novembre 1990, p. 119.

10. La presse a souvent dénoncé ces formes d'exploitation. Ainsi, par exemple, *La Repubblica* signalait en juin 1989 que 91 Sénégalais étaient entassés dans un endroit où ils devaient payer 8 000 lires par heure et par tête ; selon *Il Manifesto* du 26 août 1989, un propriétaire fait payer 100 000 lires par mois à 10 extracommunitaires logés dans une chambre de 20 mètres carrés. Cité *in* Guido LAZZARINI et Maria Grazia MORCHIO, « Stranieri e volontariato », *Sociologia Urbana e Rurale*, nos 36-37, 1991-1992, p. 237.

11. Italia Razzismo, *La Casa Impossibile*, *op. cit.*, p. 17.

12. Les contradictions et oscillations de la part des administrations publiques sont particulièrement aiguës vis-à-vis des Gitans, allant d'un laisser-faire presque total à la volonté de maîtriser leurs implantations à travers une politique des quotas.

moyens d'action, ils varient peu : blocage des rues et des gares pendant quelques jours, pancartes et slogans qui se disent, parfois, explicitement non racistes.

Ce processus, surtout en ce qui concerne les Tsiganes, est rendu plus « aigu » par la presse, qui essaie généralement de le lier à un climat général anti-immigrés ou raciste. L'exacerbation des tensions n'est pas non plus étrangère, d'une part, aux politiques contradictoires et aux rigidités de certaines communes, avec leur lot de promesses non tenues, et, d'autre part, aux évolutions survenues au sein même de la communauté tsigane, « Rom », avec notamment sa lente acceptation d'un passage du nomadisme à la sédentarisation ainsi qu'une plus grande présence sur la scène publique afin de faire valoir ses droits[13]. A la base de ce processus, se trouve aussi, comme le signale Clara Gallini, « la dislocation du tissu social qui ne sait pas ou ne peut plus lutter, comme c'était encore le cas, par exemple, dans les années soixante-dix, à travers des comités de quartier prenant en charge la lutte pour le logement et les services publics[14] ». Les actions sont avant tout défensives, sans visée politique, vouées à la reconstitution d'une unité propre au quartier, « à la fois symbolique et fictive ». D'ailleurs, les responsables institutionnels essaient parfois de ne pas se couper de ces mouvements en s'efforçant de tenir compte, ici ou là, de leur mécontentement. Dès lors, la crise de légitimation qui frappe l'administration ne fait que s'accentuer : en collant aux défenses corporatistes des banlieusards, la municipalité s'interdit toute action globale.

Le renversement des luttes urbaines des années soixante-dix en mouvements de défense de quartier est aussi l'expression, à sa manière, des transformations opérées dans la gestion du social en Italie. De plus en plus, le rétrécissement de la base syndicale et l'épuisement de la culture de classe, peu relayées par d'autres organisations politiques, font du social un champ important de l'intervention confessionnelle[15]. Cet

13. Cf. la revue *Lacio-Drom*, Rome, mai-août 1990, « Provincia di Roma : Sinti e Rom sul territorio », surtout l'analyse de Claudio MARTA, « La parole agli Zingari. Primi resultati di una ricerca sul campo », p. 44-64.

14. Clara GALLINI, « Mises en scène du racisme italien », *Terrain*, octobre 1991, p. 116.

15. Pour un aperçu de l'étendue de ce volontariat et de son rapport avec l'État, en ce qui concerne spécifiquement les immigrés, voir Maria I. MACIOTI et Enrico PUGLIESE, *Gli Immigrati in Italia*, Laterza, Bari, 1991, p. 154-175.

état de choses s'observe à Rome, ainsi que dans quelques villes. A Naples, par exemple, sept des neuf centres d'accueil pour les primo-arrivants et deux des sept centres de services sont gérés par des associations ou des groupes religieux[16]. Ceux-ci, dans la mesure où ils ont le plus souvent tendance, à l'heure actuelle, à privilégier une gestion assistantielle du social, ne font, directement ou indirectement, qu'affaiblir les possibilités de conflictualisation de la question urbaine.

Dans d'autres situations, les réactions d'exaspération sont le fait non pas des habitants d'un quartier, mais d'autres types d'acteurs. Ce fut le cas des employés du tramway de Milan qui, au printemps 1991, déclenchèrent un mouvement de grève pour protester contre l'installation devant leur dépôt, via Palmanova, d'un groupe de trois cents immigrés hors Communauté européenne[17]. Certes, le « racisme » n'est pas complètement étranger à cette manifestation, mais elle traduit aussi une exaspération quotidienne et, bien sûr, une chute de la solidarité sociale. Dans cet épisode, le rôle du maire de Milan, Paolo Pillitterie, est à remarquer : après avoir qualifié, le 11 mai, les ouvriers de « fascistes » et de « racistes », il change d'avis quatre jours plus tard en ordonnant l'expulsion des immigrés. Enfin, l'incident fut aussi l'objet d'une ébauche de « politisation » du thème immigré en Italie : en effet, autant le MSI (Mouvement social italien) que la Lega Lombarda (Ligue lombarde) ont réservé un accueil favorable aux demandes des employés du tramway au sein du conseil communal[18]. Mais c'est dans l'« affaire de la Pantanella » que l'ensemble de ces mécanismes trouvent leur expression extrême.

## *La Pantanella*

Au début du printemps 1990, la commune de Rome décide, en vue du prochain Mondial de football, l'expulsion d'un certain nombre de « nomades » du centre-ville[19]. Reje-

16. Cf. Giovanni De Simone, « La Regione per gli altri : extracomunitari in Campania », *in Città Nuova*, n$^{os}$ 1-2, 1992, p. 89.

17. L'action est caractérisée sans hésitation comme raciste par diverses personnalités, à commencer par le maire de Milan. Voir Roberto Franchini et Dario Guidi, *Premesso che non sono razzista*, *op. cit.*, p. 127-128.

18. Cf. Laura Balbo et Luigi Manconi, *I razzismi reali*, *op. cit.*, p. 27-28 et 80.

19. Pour une histoire des événements de la Pantanella, cf. le livre de Renato Curcio, *Shish Mahal*, Edizioni Sensibili alle Foglie, Rome, 1991. Bien que « paradigmatique », le cas de la Pantanella est loin d'être unique. Ainsi, par exemple à

tés de ce lieu, les expulsés (membres d'une immigration souvent méconnue) trouvent refuge dans une usine abandonnée, la Pantanella. Le lieu est totalement délabré : fenêtres sans vitres, absence de sanitaires et de tout élément minimal de confort et d'hygiène. Pourtant, les deux à trois mille personnes qui y seront logées pendant quelques mois essaient, malgré toutes les adversités, de s'organiser. C'est ainsi, par exemple, qu'un imam est nommé, que des communiqués de presse sont régulièrement diffusés, qu'une évaluation sanitaire est donnée aux autorités ; enfin, on tend à favoriser un regroupement par communautés afin d'éviter, dans une situation de pénurie extrême, certains regains de violence. Pourtant, ce sont plutôt les autorités italiennes qui incitent au regroupement des habitants selon des critères ethniques.

Placée au centre de la capitale italienne, la Pantanella ne tarde pas à devenir l'objet d'une opération de presse et, très vite, des négociations s'entament avec les pouvoirs publics[20]. Dans les journaux, la Pantanella est décrite comme un endroit où des immigrés se livrent « à l'alcool, à la drogue, à la violence ». D'ailleurs, les descriptions si souvent répétées de la Pantanella comme un « enfer », lieu de « danger » ou de « délinquance » tendent, sinon visent comme l'affirme Renato Curcio, à occulter la véritable dynamique dont elle est issue.

L'administration communale oscille entre différentes solutions (promesses sans lendemains, harcèlement policier et maladresses administratives répétées) pour finir dans la plus grande paralysie. Le déplacement envisagé des habitants de la Pantanella vers des quartiers périphériques se heurte très vite à des réactions défensives des banlieusards, souvent effrayés et informés seulement par les chroniques journalistiques et par les rumeurs. Dans ce climat général, les habitants du quartier de Prima Porta et du Labaro se mobilisent afin d'éviter l'installation d'un centre d'accueil de la Cari-

---

Milan, en octobre 1991, un « blitz » (selon la dénomination du *Corriere della Sera*) se produit contre le ghetto de Molino Dorino, où sept cents immigrés furent disséminés ou arrêtés selon leur situation légale en Italie, certains étant relogés ailleurs, d'autres tout simplement mis, à nouveau, à la rue, le tout non sans quelques violences lors de l'expulsion. Et le maire d'affirmer : « C'était un bon travail, un pas important vers l'élimination d'une plaie sociale risquant d'infecter toute la zone. » Cité *in* Laura Balbo et Luigi Manconi, *I razzismi reali*, *op. cit.*, p. 28.

20. En vérité, dans un premier temps, les deux mille habitants de la Pantanella sont « invisibles » pour l'administration communale. C'est à la suite des articles de presse que le ghetto devient « visible ».

tas pour les immigrés. L'information se révèle fausse, mais en ces jours de novembre 1990, la rumeur suffit à enflammer les esprits. Quelques semaines plus tard, le 14 janvier 1991, ce sont les habitants voisins de la Pantanella qui se mobilisent : ils bloquent les rues équipés de masques antigaz ou de foulards afin de dénoncer « les mauvaises odeurs » de la Pantanella, un ghetto d'« insécurité » et de « maladie ». Avec le déclenchement de l'opération *Tempête du désert* au Koweït, le 17 janvier 1991, un véritable infléchissement a lieu. Les propos des habitants voisins de la Pantanella deviennent carrément bellicistes. Les musulmans habitant à la Pantanella se font traiter de « Saddam ». C'est sur cet arrière-fond de crise et d'émeute populaire que s'effectue l'expulsion de la Pantanella, non sans quelques violences, le 23 janvier 1991.

L'insuffisance urbaine, l'inaction gouvernementale et municipale, les campagnes de presse et la tension liée à la guerre du Golfe ont ainsi fini par imposer cette expulsion sans qu'une véritable solution ait pu être dégagée. Pour certains, des liens sont à établir entre la réalité du « racisme » présent dans l'affaire de la Pantanella et la guerre du Golfe[21]. Certes, le racisme et la guerre construisent, l'un et l'autre, un « étranger » tellement Autre qu'on ne peut qu'entrer en conflit avec lui, dans et hors des frontières nationales. Mais la Pantanella témoigne aussi, à sa façon, du malaise urbain et de la défaillance extrême de l'État. En réalité, l'évacuation de la Pantanella à l'ombre de la guerre et sur fond d'affrontements « intercommunautaires » est moins un acte de force qu'un aveu de faiblesse, le signe d'une administration contrainte à agir (et à légitimer son intervention) par l'appel à la sécurité nationale.

## *L'affaire albanaise*

Bien que relevant d'une autre dimension, c'est la même logique d'intervention qui commande les réactions de l'État italien face à l'arrivée des réfugiés albanais. La réponse étatique n'aurait pas pu être plus contradictoire : à l'accueil généreux et aux discours pleins de bons sentiments du printemps (mars 1991), succède le renvoi de la quasi-totalité des

21. Voir Renato CURCIO, *op. cit.*, ainsi que la postface de C. GALLINI.

réfugiés de l'été (août 1991)[22]. Certains ont voulu expliquer cette volte-face par les « gênes » éventuelles occasionnées par les premiers réfugiés albanais, leur difficile insertion, la rapide érosion des stéréotypes du « bon immigré » (défini ici, à la limite, par la proximité raciale des Italiens et des Albanais, ou à partir de la responsabilité historique de l'Italie vis-à-vis de l'Albanie). La volte-face serait aussi liée à la découverte d'une forte extranéité culturelle[23].

Mais ce type d'explication semble donner au vécu interculturel un poids trop important. En réalité, l'événement témoigne à son niveau d'une série de processus plus ou moins proches de ceux présents dans l'affaire de la Pantanella. D'abord, de la faiblesse d'un État contraint à agir sous l'emprise de l'urgence, et surtout dans l'absence totale d'orientation claire et ferme : comme à propos de la Pantanella, l'acte de force ne saurait cacher l'aveu de faiblesse qui le traverse, l'État n'intervenant que sous couvert de la défense nationale. En second lieu, l'événement, très fortement vécu à travers les images et les discours des médias, alimente la peur d'un pays assiégé, où des bateaux remplis de réfugiés débarquent sur les côtes, à tel point que certains parleront désormais de « vagues », d'« invasions », et réclameront la fermeture immédiate des frontières, non pas en demandant un éclaircissement de la politique d'immigration, mais à travers le sentiment confus et diffus d'un pays submergé par la détresse du monde.

Le rôle des médias dans cette affaire doit être envisagé à deux moments différents. Dans un premier temps, la chaîne publique italienne RAI 1, qui diffuse ses programmes de l'autre côté de l'Adriatique, opère sans doute une formidable action d'attraction sur l'Albanie. Dans un second temps, les changements de prises de position de la presse italienne pendant l'« affaire albanaise » exercent une influence consi-

---

22. En effet, l'Italie a connu, dans le courant de 1991, deux flux importants de ressortissants albanais : le premier, en mars, a concerné 21 300 personnes « que les autorités ont réussi à accueillir et à répartir sur le territoire national : 9 000 personnes ont obtenu un travail salarié ; 8 500 étaient encore au chômage à la veille de l'été ; 645 ont été reconnues comme réfugiés politiques ; 1 143 ont été rapatriées conformément à des projets particuliers ; 322 ont été expulsées ; 1 500 ont disparu dans la nature sans laisser de traces... Le deuxième flux, en août 1991, comprenait 17 000 personnes qui ont été presque totalement rapatriées », cf. Giampiero RELLINI, *op. cit.*, p. 182.

23. Cf. Michele COLAFATO, « Le onde albanesi e la riva italiana », *in Il Mulino*, novembre-décembre 1991, 6/91, p. 1072-1081.

dérable sur l'opinion politique. En effet, comme le montrent les extraits de presse reproduits par Laura Balbo et Luigi Manconi, en mars 1991, l'accueil n'aurait pas pu être plus chaleureux : les Albanais « fils de la même mer », « patrie adriatique » ; « notre Koweït » ; « notre Allemagne de l'Est », enfin, et le point est à souligner, « les Albanais ne sont pas des extra-communautaires comme les autres, ils sont *nos* extra-communautaires. Ils parlent italien, ils ont nos visages... ». Le ton change en juin : « Dans cette immigration désordonnée sont largement représentés les pires éléments de la population albanaise », et parvient à l'hostilité ouverte en août, où on parle désormais des « irréductibles » Albanais du port de Bari[24]. Soulignons enfin que la préoccupation de la presse est moins d'orienter ou d'informer une opinion publique déboussolée, que de proposer une image directement transcrite de la vie quotidienne et susceptible de prolonger facilement les peurs des Italiens.

L'événement révèle la faiblesse (ou l'incohérence) de l'État sur différents registres. D'abord, il montre les contradictions qui définissent son fonctionnement, entre la volonté d'élargir la présence italienne à l'est de l'Europe et celle de se plier à la politique migratoire des pays européens. Ensuite, l'ingérence des « logiques » politiques (voire partisanes) lors d'une affaire de ce type (volonté du gouvernement de couper court à toute exploitation politique de sa « tolérance »), susceptible notamment d'être exploitée par les Ligues du nord du pays. Enfin, l'affaire albanaise met en lumière l'absence d'une politique d'intégration. Toutes ces carences alimentent une montée de l'exaspération populaire, plus ou moins raciste.

## Racisme et concurrence économique

La troisième grande manifestation de racisme liée directement à des sources sociales concerne le marché de l'emploi. Phénomène important auquel sont consacrées la plupart des études sur l'immigration en Italie, qui croisent deux problématiques : d'une part, celle de la dynamique du processus d'immigration en Italie et, d'autre part, celle des rapports

24. Cf. Laura Balbo et Luigi Manconi, *I razzismi reali*, *op. cit.*, p. 65-67.

existants entre la présence immigrée et les besoins de l'économie italienne[25].

Un important débat oppose les partisans d'une « immigration de demande » (l'immigration serait une nécessité structurelle liée à la flexibilité de l'économie italienne) aux tenants d'une « immigration d'offre » (l'immigration du tiers monde serait l'expression de la crise des pays du Sud). Certains, comme Umberto Melotti, essaient, à travers une classification en trois phases, de tenir compte de l'évolution des logiques de l'immigration : une première phase, peu présente en Italie mais forte dans d'autres pays européens, est caractérisée comme immigration de travail ; une deuxième phase, à partir des débuts des années soixante-dix, liée davantage à la « nouvelle division internationale du travail », se caractérise par un type d'immigration encore peu représenté en Italie, qui accueille pendant cette période des réfugiés politiques, des femmes domestiques et très peu de travailleurs immigrés ; enfin, une troisième phase, propre aux années quatre-vingt, est directement commandée par l'effondrement des économies du Sud[26].

Une importante littérature traite des modes d'insertion des immigrés, et de leurs effets, dans différentes régions. De certaines études, il ressort que la demande de travail « régulier » est surtout forte au nord de l'Italie, notamment en Lombardie, où le chômage est en constante redéfinition technique, et qu'à l'inverse, au sud, prime le travail dans l'économie souterraine. D'ailleurs, il existerait en Italie une demande croissante de main-d'œuvre immigrée dans le secteur informel (et cela pas seulement au sud) à cause, entre autres choses, des avantages qu'apportent des salaires plus bas et une très forte flexibilité horaire et saisonnière de ces travailleurs[27]. Une telle situation rend difficile toute planification et se brouille encore davantage avec le transfert d'immigrés d'un secteur à l'autre de l'économie, ainsi qu'en

---

25. Pour un récent état de la question dans quatre régions (Lombardie, Émilie-Romagne, Latium et Campanie), cf. le numéro d'*Inchiesta*, « L'immigrazione in quattro regione », janvier-mars 1992, p. 1-49.

26. Voir Umberto MELOTTI, « Specificità e tendenze dell'immigrazione straniera in Italia », *in* Maria I. MACIOTI (ed.), *Per una società multiculturale*, Liguori Editore, Naples, 1991, p. 71-88. Pour une autre présentation d'ensemble, voir Francesco CALVANESE et Enrico PUGLIESE, « I tempi e gli spazi della nuova integrazione in Europa », *Inchiesta*, octobre-décembre 1990, p. 6-14.

27. Voir l'ensemble des études dirigées par Luigi FREY, *Aspetti economici dell'immigrazione in Italia*, Franco Angeli, Milan, 1992.

raison de leurs migrations internes, du sud vers le nord du pays[28]. Certaines études s'attachent à évaluer l'impact, en termes de retard, que cette main-d'œuvre immigrée peu qualifiée et mal payée peut avoir sur l'industrie italienne[29].

La dualité du marché de l'emploi italien et l'importance des politiques de dérégulation des dernières années constituent de ce point de vue la toile de fond de toute une série de tensions plus ou moins teintées de racisme tant au nord qu'au sud, tant dans le secteur régulier qu'informel de l'économie. Ainsi, par exemple à Naples et, plus largement, dans le sud de l'Italie, où les taux de chômage sont élevés, on constate la présence d'une population immigrée fortement employée. Situation non sans risques, qui présente toutefois de fortes différences locales selon la nature des activités économiques. Comme l'ont montré les travaux de Francesco Calvanese et Enrico Pugliese[30], il y a des dynamiques distinctes d'intersection entre le travail et le lieu de résidence des immigrés. Au nord-ouest de Naples, on constate une forte présence d'immigrés, surtout nord-africains, dans l'agriculture et comme vendeurs ambulants ; en revanche, dans la ville de Naples, les immigrés relèvent surtout du travail domestique ainsi que de la vente ambulante. Dans la grande majorité des cas, les immigrés sont insérés dans le secteur souterrain de l'économie[31], parfois irrégulièrement, sans carte de séjour. Dans l'agriculture, des tensions peuvent éclater entre Italiens et immigrés, ces derniers, pour une grande partie clandestins, représentant jusqu'à 40 % des ouvriers agricoles pendant les périodes de récoltes. Ces travailleurs sont contraints à accepter des conditions de travail difficiles et des salaires plus bas que ceux demandés par les ouvriers italiens. Dans ce contexte, ces derniers se dressent contre les

---

28. Ainsi, par exemple, en 1991, la Campanie a vu se réduire la partie de son budget destinée à aider l'insertion d'immigrés, à cause de cette migration intérieure. Pourtant, il est possible que ce flux de sortie soit compensé par un flux égal, ou semblable, d'immigrés clandestins sur cette région (à faible capacité de contrôle administratif et qui offre à cette population des possibilités d'insertion dans le secteur informel).

29. Maria I. MACIOTI et Enrico PUGLIESE, *op. cit.*, surtout les deux derniers chapitres de la première partie, rédigés par E. Pugliese, « La portata del fenomeno e il mercato del lavoro », p. 50-89. Également, du même auteur, « Gli immigrati nel mercato del lavoro », *Polis*, avril 1990, p. 71-93.

30. Francesco CALVANESE et Enrico PUGLIESE, *La presenza straniera in Italia. Il caso della Campania*, Franco Angeli, Milan, 1991.

31. Raffaele CATTEDRA et Maurizio MEMOLI, « I Luoghi degli immigrati », *in La Città Nuova*, nos 1-2, 1992, p. 73.

immigrés, accusés de pratiquer une concurrence économique déloyale, tandis que les syndicats s'efforcent de contrôler la protestation dans le cadre d'une opposition de classes, en faisant endosser la responsabilité de la présence immigrée aux patrons[32]. Plus largement, les syndicats italiens sont partisans de la régularisation la plus rapide possible des travailleurs immigrés.

La vente ambulante est le lieu d'une forme de tension assez particulière. Ainsi, à Naples, elle dépend étroitement de la Camorra locale. D'une étude menée sur la place Garibaldi de Naples, il ressort qu'au-delà de variantes spatiales ou occupationnelles caractérisant les différentes communautés africaines présentes dans cette ville, au-delà, aussi, de l'extrême adaptabilité de ces vendeurs aux demandes du marché local, le véritable principe d'organisation de la vente ambulante se trouve dans le degré d'intégration de chaque vendeur, ou ethnie, dans le système extra-légal de production et de commercialisation géré par la Camorra[33]. Des rapports de force déterminent dès lors l'occupation de l'espace sur le marché de la vente ambulante, et peuvent se solder par une violence instrumentale[34]. La situation est différente à Milan où la vente ambulante semble être plutôt un tremplin permettant à des immigrés de se procurer ensuite un poste de travail régulier[35].

Mais ce type de tensions ne concerne pas seulement le secteur souterrain ou illégal. Dans d'autres situations, elles peuvent émerger comme conséquence du « contact » entre les deux parties de la société, l'une vivant ou exprimant le « contact » avec l'autre comme une forme de « gêne », voire d'atteinte à son autoperception sociale, comme ce fut le cas à Florence le mardi gras de 1990[36]. L'incident a lieu quel-

32. Voir Salvatore PALIDDA et Giovanna CAMPANI, « Italie : racisme et tiers-mondisme », *in Peuples méditerranéens*, avril-juin 1990, p. 158-159.

33. Voir Fabio AMATO, « Africani a Piazza Garibaldi », *in La Città Nuova*, n[os] 1-2, 1992, p. 91-94.

34. Pour S. Palidda et G. Campani, le fait que le contrôle de la Camorra à Naples soit moins solide que celui assuré par la Mafia en Sicile serait une des raisons du nombre inégal des violences enregistrées dans ces deux situations. Cf. Salvatore PALIDDA et Giovanna CAMPANI, *op. cit.*, p. 158.

35. Cf. Aurora CAMPUS, « Ambulanti stranieri a Milano. Evoluzioni e prospettive, tre indagine a confronti », *Inchiesta*, octobre-décembre 1990, p. 68-76. Ce transfert est important dans certains endroits et filières, c'est par exemple le cas de l'industrie du marbre à Vérone où 10 % de la main-d'œuvre était déjà immigrée en 1990 (cf. *Il Manifesto*, 23 janvier 1990).

36. Pour une présentation journalistique d'un phénomène similaire à Milan, parmi bien d'autres, cf. *La Repubblica*, 20 mars 1990.

ques jours après la discussion au Parlement de la loi sur l'immigration, et il oppose de riches commerçants florentins à quelques vendeurs ambulants sénégalais. Dans la nuit du 20 février 1990, des jeunes, déguisés en clowns, agressent plusieurs immigrés et en blessent gravement deux. Fortement médiatisé, ce « raid » donne lieu à toute une série d'interventions. Du côté des autorités, les réactions sont contradictoires et opposées. Ainsi, le maire socialiste de Florence, tout en prenant soin de condamner l'intolérance, se montre, dans un contexte préélectoral, favorable à l'expulsion des immigrés, ce qui est farouchement critiqué par le conseil municipal qui dénonce cette forme de démagogie. Enfin, le chef de la police locale, le 11 mars 1990, procède à l'expulsion des vendeurs ambulants du centre historique de la ville et arrête des clandestins qui, selon lui, seraient les auteurs de la moitié des crimes commis à Florence et dans sa région[37].

Mais ce raid va aussi être l'objet de tentatives de récupération politique. Outre des tracts fascistes revendiquant l'événement, c'est surtout le Parti républicain (PRI) qui s'est engagé le plus loin sur cette voie. Tout en dénonçant le malaise qui est à la base de ce mécontentement, le PRI essaie de légitimer la position adoptée par les commerçants florentins. Luigi Manconi a replacé cette attitude à l'intérieur de la stratégie politique d'un parti privé de militants ainsi que de capacité d'entraînement et de mobilisation, ce qui le contraindrait à essayer de mobiliser l'opinion sur des thèmes ponctuels[38]. Mais au-delà de cette réalité, il reste que l'intérêt à défendre est trop spécifique, voire corporatiste, pour pouvoir informer une véritable action politique.

D'autres ont surtout insisté sur la composante symbolique du raid. Pour Clara Gallini, les agresseurs, tous masqués de la même manière et vêtus de blousons noirs, veulent en réalité affirmer leur « virilité » à travers des propos habituels aux bandes, mais aussi en s'efforçant de détourner le sens du carnaval : « Le jeu macabre de la chasse au Marocain s'intègre de manière cohérente dans la mise en scène carnavalesque. Sur cette scène où le rire et la mort se représentent de manière multiple, bien que ritualisée, la violence aussi a

---

37. D'ailleurs, il les avait déjà menacés de manière explicite une semaine avant son intervention : « Ceux-là ont intérêt à faire leurs valises avant que nous ne passions à l'action », cf. *Le Monde*, 15 mars 1990.

38. Laura Balbo et Luigi Manconi, *I razzismi possibili*, Feltrinelli, Milan, 1990, p. 59 et s.

un espace. Il s'agit d'une violence qui définit rôles et positions, qui se joue à travers des images grotesques de l'altérité dont la mise en scène se représente comme le contraire d'une identité implicite[39]. » L'analyse ne doit effectivement négliger ni le caractère momentané, voire éphémère, du renversement des rôles et positions propres à la logique carnavalesque (et cela quel que soit le « détournement » à l'œuvre), ni surtout le fait que le déguisement carnavalesque semble plus renvoyer à une identité masculine, « virile », qu'à une identité communautaire fermée[40].

Mais l'événement contient aussi une autre dimension. L'action violente réalisée par des jeunes, parfois même des très jeunes (quelques-uns appartenant à l'extrême droite mais, pour la majorité d'entre eux, il s'agit de travailleurs en concurrence économique avec les immigrés), a bénéficié d'une inquiétante « complicité sociale » de la population[41]. Les jeunes, qui, à aucun moment, n'ont manifesté de regrets pour leur action, s'autoproclament même les « libérateurs » de Florence. Un sentiment relayé par la population, comme le signale le juge chargé de l'instruction : « L'adhésion morale, la connivence ou en tout cas la non-réprobation du raid étaient dans l'air[42] », à tel point que les inculpés « sentaient qu'il n'y avait pas une réprobation sociale de leur acte[43] ». Au contraire même, à l'ombre d'une manifestation xénophobe d'environ 4 000 personnes, et selon certains observateurs, la ville a fini par se plier aux exigences et aux intérêts des commerçants et des entrepreneurs de tourisme.

L'ensemble de ces manifestations se montre trop ponctuel et trop disjoint de toute identité communautaire pour être à la base d'un racisme fort. D'ailleurs, ces manifestations ne peuvent pas devenir le véritable objet d'une politique ayant un minimum de visée universaliste : il ne s'agit que de reven-

---

39. Clara GALLINI, « Giochi pericolosi. Dell'esotismo al razzismo in alcune pratiche simboliche », *in Razzismi, Problemi del Socialismo*, 2, Franco Angeli, Rome, 1991, p. 168-169.

40. D'ailleurs, selon certains, les jeunes furent encouragés et même payés par les commerçants de San Lorenzo, le marché du centre-ville de Florence.

41. Sur la « complicité sociale » de la population, cf. G. MASOTTI, *I giorni neri. Il raid di Firenze e i veleni del razzismo*, Ponte alle Grazie, Florence, 1990.

42. Tiré de Laura BALBO et Luigi MANCONI, *I razzismi possibili*, *op. cit.*, p. 59. Sur les dérives possibles de cette forme de « légitimation » des bandes racistes, voir Paolo ABBATE, « Melting pot europeo e neorazzismo », *in La Città Nuova*, n$^{os}$ 1-2, 1992, p. 19.

43. Cf. *La Repubblica*, 6 mars 1990.

dications particularistes de groupes spécifiques, qui visent la défense d'un intérêt bien délimité, et d'un territoire, sans qu'une réelle identité collective, autre que celle propre à un groupe de pression, puisse se constituer. La possibilité d'articuler un discours politique qui tienne compte des diverses demandes liées à la peur de l'immigration semble faible pour l'instant, compte tenu de l'hétérogénéité des acteurs concernés[44].

Le plus souvent, il s'agit moins de racisme que de tensions à connotations racistes et interethniques réglées, en l'absence d'une régulation étatique, par les acteurs eux-mêmes. Mais dans la grande majorité des cas recensés, le discours est encore trop près du « social », et des problèmes réels du quartier ou de la cohabitation pour qu'un véritable emballement dans l'imaginaire puisse s'opérer.

Ce serait sûrement une erreur de vouloir rendre compte des limites de ce racisme en s'appuyant sur le nombre restreint d'immigrés en Italie. Outre le fait que de nombreuses expériences montrent, ailleurs, que le racisme tient plus à la manière dont sont traités les problèmes sociaux et à la formation des identités qu'au nombre d'immigrés, il y a désormais en Italie des lieux où une immigration de peuplement est en train de se mettre en place[45]. Plus importantes sont à cet égard l'extériorité culturelle et l'exclusion sociale qui frappent aujourd'hui les immigrés en Italie. Extériorité culturelle : la diversité d'ethnies présentes et leur peu de liens avec une histoire coloniale de l'Italie semblent affaiblir le besoin d'un souci de distinction culturelle. Exclusion sociale : la grande précarité dans laquelle se trouvent pour l'instant la majorité des immigrés en Italie, le peu de présence qu'ils ont dans la vie sociale (par exemple, dans le système scolaire)[46] éliminent le recours, sauf pour des couches très défavorisées

44. A cet égard, la division électorale de l'Italie après les élections du 5 avril 1992 rend encore plus improbable, en tout cas jusqu'à une « recomposition » du système politique italien, l'émergence d'un parti populiste « attrape-tout ».

45. Selon le recensement de 1991, les immigrés se répartissent de manière inégale sur le territoire italien. Sur le total d'immigrés, le pourcentage d'immigrés résidents ou présents est respectivement de 61,3 % et 51,6 % au nord ; 25,9 % et 29,9 % au centre ; et de 12,8 % et 18,5 % au sud, cf. *Dossier Europe Emigrazione*, mars 1992, p. 4.

46. Pour quelques grandeurs numériques, voir à ce sujet, parmi bien d'autres, Aldo SANTORI, « Integrazione culturale e servizi dell'ente locale », *in Etnie a Roma*, *op. cit.*, p. 149-150 ; Wilma NAZZI, « Il problema dell'inserimento degli alunni stranieri nella scuola dell'obbligo », *Etnie a Roma*, *op. cit.*, p. 187-189.

de la population, à un racisme conçu comme un moyen imaginaire de classement hiérarchique des êtres[47].

Il ne s'agit, dès lors, le plus souvent, que d'un racisme larvé, éclaté, et tellement proche du social qu'il ne peut pas, pour l'instant, se traduire dans des conduites de fermeture raciste. Ce racisme inégalitaire est éloigné de toute référence culturelle et différentialiste. L'Autre reste encore largement défini, en Italie, par sa fragilité sociale et par sa position d'infériorisation, ce qui ne le pose que dans des situations très précises et limitées en concurrent réel (ou vécu comme potentiel) des Italiens. Ce que montrent les mots mêmes qui expriment le racisme : « gênes », « désordre » ou « saletés ». L'expression « je ne suis pas raciste mais... » qui, dans d'autres contextes, n'opère que comme un moyen de légitimation ou de déculpabilisation de propos plus ou moins racistes doit, dans le contexte italien, être prise à la lettre. Non pas que le langage ne soit pas, ici ou là, excessif, mais la phrase fait bien référence à la conscience des individus que les problèmes ne sont pas d'ordre interethnique, mais avant tout de nature socio-économique. Ce racisme n'est donc pas seulement caractérisé par sa logique, inégalitaire et d'infériorisation, bien plus que différentialiste, il l'est aussi par sa forte instabilité. Les problèmes sociaux, urbains, économiques, pour l'instant, ne sont que très faiblement transformés en racisme.

Néanmoins, les transformations actuelles de l'Italie sont telles, et la dérégulation sociale et la crise institutionnelle si présentes, que des manifestations de violences racistes sont toujours à craindre. Les violences contre les immigrés à Gênes (en juillet 1993) et encore plus, la ratonnade d'août 1993, après le meurtre non élucidé d'un vieillard dans le petit bourg agricole de Stornara, dans les Pouilles, vont dans le sens de la logique d'analyse ici esquissée. Le plus souvent, c'est sur fond de crise urbaine et de concurrence économique, là où les distances statutaires déclinent, que les dangers de poussée de violence sont les plus grands. En revanche, pour l'instant, les réactions dirigées contre les immigrés ne se lestent guère d'un quelconque appel communautaire. La

47. Pour une réflexion sur un sondage d'opinion allant dans cette direction, voir Corrado Bonifazi et Antonio Golini, « Gli italiani e l'immigrazione straniera : quadro di riferimento e risultati di un'indagine d'opinione », *in* Giovanni Cocchi (ed.), *op. cit.*, p. 315-325.

distance socioculturelle qui prévaut encore plus ou moins largement entre Italiens et immigrés (au-delà de quelques situations précises) et les limites et l'hétérogénéité des mécontentements existants cantonnent très étroitement, et dans l'espace et dans sa globalité, les expressions de « racisme » lié à des sources sociales.

# 3

## Les sources communautaires du racisme

Au cours des dernières années, plusieurs auteurs ont revalorisé l'importance du thème national dans la construction du racisme[1]. Pourtant, en Italie, la faiblesse du sentiment d'appartenance nationale est souvent invoquée soit comme une preuve de la spécificité du racisme italien, soit pour signaler le rôle majeur que détient le localisme dans la production du racisme identitaire[2]. D'autres soulignent plutôt, dans un même mouvement, les similitudes et les singularités du racisme italien : celui-ci s'inscrirait dans le cadre du racisme européen, mais il serait différent à cause du poids du localisme et de son apparente et totale nouveauté[3]. Nous examinerons plus loin le localisme et son actuelle expression politique, et nous nous concentrerons ici sur les sources communautaires possibles du racisme italien.

Tiraillés, on l'a vu, entre le cosmopolitisme et le localisme, les Italiens éprouvent de la peine à se doter d'une identité nationale. Cette remarque appelle trois nuances. D'abord, on constate, ne serait-ce qu'en matière linguistique, un accroissement continu du sentiment d'identification collective des Italiens depuis l'unification (rappelons qu'en 1860

1. Voir notamment, dans le panorama intellectuel français, Étienne BALIBAR et Immanuel WALLERSTEIN, *Race, nation, classe*, La Découverte, Paris, 1988. Et, plus récemment, Étienne BALIBAR, *Les Frontières de la démocratie*, La Découverte, Paris, 1992.

2. Voir, par exemple, Salvatore PALIDDA et Giovanna CAMPANI, *op. cit.*

3. Clara GALLINI, « Mises en scène du racisme italien », *op. cit.*

seulement 2,5 % de la population employaient l'italien quotidiennement)[4]. Ensuite, on note un affaiblissement progressif du sentiment d'appartenance locale et des traditions régionales[5]. Enfin, le sentiment de cosmopolitisme lié à la construction européenne semble s'être renforcé au cours des dernières années. Il est impossible de « mesurer » le poids relatif de chacun de ces éléments. Mais dans la mesure où chaque processus se traduit par des manifestations observables, il est possible de conclure qu'aujourd'hui l'« italianisation » de l'ensemble de la population est désormais un fait. Les Italiens sont plus italiens que jadis, et ils sont en train de participer, probablement avec plus d'enthousiasme qu'ailleurs dans la Communauté européenne, à l'élaboration d'une identité européenne.

## Les noms de l'Autre

Parler de l'Autre est une manière de parler de soi. En ce sens, les désignations les plus courantes de l'immigré en Italie sont de véritables signes des identités en voie de construction ou de décomposition. Le fait que l'Autre soit en Italie le plus souvent désigné, dans le langage populaire comme dans le langage savant, à travers une extranéité au-delà ou en deçà de l'identité nationale *stricto sensu* peut avoir deux interprétations, l'une y trouvant confirmation de la faiblesse du sentiment national, et l'autre y voyant la marque d'un bouillonnement identitaire se jouant sur un registre autre que celui de la nation. Mais au-delà de ces hypothèses, il n'en reste pas moins que la désignation de l'Autre se fait par « le bas » ou par « le haut ».

Par le bas : l'Autre est nommé à travers une expression napolitaine, *vu cumprà*, dont très certainement les travailleurs immigrés ne se sont jamais servis, et qui vise l'ensemble des immigrés au-delà des seuls vendeurs ambulants[6]. Par

4. Cf. Éric HOBSBAWM, *Nations et nationalisme depuis 1780*, Gallimard, Paris, 1992, p. 54.

5. D'une récente étude de la DOXA émerge que si, en 1974, 42 % des Italiens parlaient « toujours ou souvent » les dialectes, ils ne sont plus que 22 % en 1992. Les régions qui résistent le plus sont la Vénétie, le Frioul et le Trentin.

6. Dans certaines régions, la dénomination varie peu, sans perdre pour autant sa dimension péjorative. Ainsi, à Salerne, l'expression *vu cumprà* est remplacée par le mot *tapis*. Voir Luigi PERRONE, « Presenze terzomondiali nel Salento e loro insediamento nel mercato del lavoro », *in* Maria I. MACIOTI (ed.), *Per una società multiculturale*, *op. cit.*, p. 210.

cette désignation, l'Autre s'insère probablement moins dans le cadre d'une division Nord/Sud qu'il viendrait alors attiser, que dans un registre d'extranéité moins culturelle (diversité régionale) que sociale (il est désigné par une pratique économique aléatoire spécifique). L'expression dénote avant tout l'ancrage socio-économique dans lequel est relégué l'Autre[7]. Par le haut : la désignation se déploie ici sur fond d'une diversité dans un premier moment administrative, l'Autre étant alors « l'extra-communautaire ». Pourtant, comment ne pas reconnaître aussi dans cette désignation une quête, difficile, de l'aspiration à construire symboliquement une identité, voire une citoyenneté européenne[8] ?

Entre ces deux désignations extrêmes de rejet ou de classement, l'une frappée de passéisme et l'autre toute tournée vers l'avenir, se dessine l'espace à géométrie variable, à la fois trop restreint ou trop large, d'une identité construite face et contre l'Autre. Mais, dans les deux cas, les désignations produisent une sorte de magma imaginaire indifférencié permettant de classer, une fois pour toutes, tous les immigrés, quels que soient la couleur de leur peau, leur religion, leur nationalité et, dans le cas du *vu cumprà*, leur mode d'existence. Bref, ces expressions visent à construire un Autre, un et étranger, véritablement autre par rapport à un « nous » constamment en circulation entre le local et l'Europe, et dont la représentation est aussi largement déterminée par le rapport Nord/Sud.

## Peut-on parler de racisme entre le Nord et le Sud ?

Le rapprochement entre les mécanismes d'exclusion visant les Méridionaux émigrés au nord, ou encore la similitude formelle repérable parfois dans les préjugés envers les immigrés et les Méridionaux, incite certains auteurs à donner une réponse affirmative à cette interrogation. Pourtant, à moins de dénaturer considérablement le sens des mots, il semble difficile de parler ici de « racisme ». D'une part, parce que la division établie entre les gens du Nord et les Méridionaux ne

7. Selon certains auteurs, l'expression serait en voie de désuétude, Laura BALBO et Luigi MANCONI, *I razzismi reali*, *op. cit.*, p. 62.

8. Certains sociologues italiens mettent en garde contre le risque de montée d'un « nationalisme » européen. Cf. Franco FERRAROTTI, *La tentazione dell'oblio*, Laterza, Bari, 1993.

vise pas à se traduire par une construction imaginaire d'une supposée différence raciale, et d'autre part, parce que la division Nord/Sud ne s'inscrit pas dans une véritable rupture culturelle. D'ailleurs, l'actuelle exaspération des gens du Nord à l'égard de ceux du Sud peut s'expliquer par des raisons qui tiennent à l'affaiblissement des traditions locales, mais aussi à la trajectoire sociale de l'ancienne immigration des Méridionaux (surtout celle des années soixante)[9]. Ce qui donne à penser que le *revival* régionaliste repose sur un sentiment qui émerge au moment même où les écarts culturels entre régions s'amenuisent (puisqu'il y a unification progressive des pratiques culturelles dans l'ensemble de l'Italie) et où, suite à une immigration vieille de trente ans, l'« intégration » des Italiens du Sud au nord est déjà en voie de consolidation.

Une bonne partie des récriminations exprimées par les gens du Nord visent avant tout un type de rapport, politique et économique, établi à travers l'État central entre le Nord et le Sud : il s'agit, comme nous le verrons à propos des Ligues, bien plus d'un mouvement de type populiste (avec le risque d'une dérive raciste) que d'une expression ouverte de racisme. Néanmoins, il est légitime de considérer les sentiments ambivalents établis entre le Nord et le Sud comme étant un des visages possibles, et sûrement pas le pire, du refus de l'Autre en Italie. Un refus sans véritables assises biologiques, fondé sur un écart culturel en affaissement progressif, et avec un ancrage identitaire instable. Dans les années soixante, le mépris des gens du Nord à l'égard des *terroni* (bouseux) était proche d'un racisme d'infériorisation, et indissociable du fait que les Méridionaux venaient assurer le travail pénible ou non qualifié. Aujourd'hui, le populisme des Ligues du Nord comporte plutôt le souci de se détacher du Sud, ce qui le rapproche parfois d'un racisme différentialiste.

## Vers un racisme différentialiste ?

Les deux formes de délimitation de l'altérité (par le local ou par l'appel européen) ne participent-elles pas, à leur

9. Au début des années soixante, sur une population totale de 50 millions d'habitants, 200 000 migrants se déplaçaient chaque année du Sud vers le Nord, avec, pour la période 1958-1963, un total de 1 300 000 personnes. Cf. Arnaldo Bagnasco, « Trois Italie », *in* Dominique Schnapper et Henri Mendras (eds), *Six manières d'être européen*, Gallimard, Paris, 1990, p. 177.

manière, à la constitution, en Italie comme ailleurs, d'un nouveau racisme différentialiste, avant tout culturel[10] ?

Les sondages d'opinion permettent, dans un premier temps, d'avancer ici quelques hypothèses. D'une enquête sur les préjugés des jeunes Romains, il ressort que la grande majorité des jeunes, dans la mesure où ils sont éloignés de tout rapport quotidien avec les immigrés, ont tendance à en construire un stéréotype à travers l'accentuation de traits souvent déjà stéréotypés, et tels qu'ils sont proposés par les médias. Les réponses soulignent ainsi la misère de l'Afrique et de l'immigration en général, survalorisent le nombre d'immigrés présents en Italie, et, pour une minorité xénophobe, avancent l'idée que la principale motivation des immigrés venant en Italie est le « vol » ou le « terrorisme »[11]. D'une autre étude menée auprès des jeunes de Calabre et de Sicile, il ressort que, pour 50 % des jeunes, l'immigration constitue un « péril social », et ce malgré la connaissance non homogène et souvent contradictoire qu'ils en ont. Notons néanmoins que, pour 35,7 % des jeunes interrogés, la différence raciale est une raison explicative du sous-développement du Sud[12]. Une étude effectuée auprès des étudiants de Pavie montre que, pour 90 % d'entre eux, il y a, en Italie, un climat de préjugé vis-à-vis des Méridionaux et des extra-communautaires, et que, d'ailleurs, ce sentiment serait plus vif par rapport aux Méridionaux. A suivre le sondage, l'altérité la plus sympathique concernerait, en ordre décroissant, d'abord les Noirs, ensuite les Méridionaux, enfin les Nord-Africains[13]. A Modène, d'une enquête menée sur un échantillon d'étudiants, il ressort que 14,79 % d'entre eux pensent que les immigrés occupent des postes de travail au détriment des Italiens (contre 85,21 % ayant l'opinion inverse), mais ils sont 65,29 % à se déclarer prêts à signer

10. Pour cette thématique, voir Martin BARKER, *The New Racism*, Junction Books, Londres, 1981, et Pierre-André TAGUIEFF, *La Force du préjugé*, La Découverte, Paris, 1988.

11. Andrea BARTOLI, « Giovanni e Razzismo : un'inchiesta », *in* AA. VV., *Immigrazione, Razzismo e Futuro*, Edizioni Messaggero, Padoue, 1990, p. 97-125.

12. Antonella CAMMAROTA, « L'atteggiamento dei giovani del Sud d'Italia di fronte ai problemi dello sviluppo e dell'immigrazione », *in* Giovanni COCCHI (ed.), *op. cit.*, p. 327-336.

13. Celestino COLUCCI, Paolo SEGATTI et Marita RAMPAZI, « L'insofferenza verso lo straniero : indagine sugli studenti delle scuole superiori di Pavia », *in* G. COCCHI (ed.), *op. cit.*, p. 367-375.

une pétition contre la trop forte présence immigrée[14]. A Turin, un sondage réalisé auprès des habitants montre que, pour une bonne partie des interviewés (avec de forts écarts selon l'âge et le niveau de diplôme), l'immigration est désormais un thème important, mais qu'il est difficile de conclure à l'existence d'un préjugé ethnocentrique ou ouvertement raciste[15]. A Naples, d'une étude menée auprès des étudiants émergent, d'une part, l'existence d'un stéréotype plus ou moins consolidé vis-à-vis des Tsiganes (souvent caractérisés comme « sales », « pauvres », « voleurs ») et d'autre part, outre la faible hostilité envers l'immigré, une représentation de celui-ci comme étant un proche des Napolitains. Stéréotype en formation, le préjugé n'élimine pas l'individualité de l'Autre, dont la représentation, à suivre les auteurs, a plutôt tendance à se cristalliser autour de l'image du « pauvre »[16]. D'autres études soulignent plutôt la transformation des anciens stéréotypes face aux nouveaux immigrés, tout en montrant la continuité existant entre leurs anciennes et leurs nouvelles expressions. Par exemple, « s'habiller comme un Russe » désigne dans certaines régions une opposition entre la ville et la campagne, de même la désignation de « juif » s'étend à tous les commerçants[17].

Enfin, des études qui s'appuient sur la présence diffuse mais importante d'images, liées par exemple à la culture arabe, essaient de montrer comment elles peuvent alimenter un préjugé virtuel[18], et d'autres travaux montrent l'enchevêtrement possible des formes traditionnelles et plus récentes de stéréotypisation de l'Autre[19]. Pour terminer certains

---

14. Roberto FRANCHINI et Dario GUIDI, *Premesso che non sono razzista*, *op. cit.*, chap. 2. D'autres éléments sont à mentionner : pour 16 % des jeunes, il a trop été fait pour les immigrés ; presque la moitié des jeunes connaissent exactement le nombre d'immigrés extra-communautaires (52,8 %), et ils tirent le plus important de leurs informations de la presse (34 %), de l'école (18 %) et enfin de la famille (17,4 %).

15. Chito GUALA, « Atteggiamenti verso gli immigrati del Terzo Mondo : una ricerca a Torino », *in* Giovanni COCCHI (ed.), *op. cit.*, p. 391-402.

16. Pier Paolo LESCHIUTTA et Claudio MARTA, « Stereotipi consolidati e stereotipi in formazione : zingari e immigrati a confronto », *in Studi Emigrazione*, septembre 1990, p. 395-409.

17. Nicola PORRO, « La diversità migrante : i profughi est-europei nel litorale dell'Alto Lazio », *in* Maria I. MACIOTI (ed.), *Per una società multiculturale*, *op. cit.*, p. 239-247.

18. Clara GALLINI, « Arabesque. Immagini di un mito », *in La Critica sociologica*, printemps 1989, p. 98-103. Du même auteur, « Le radici dell'imaginario esotico », *Democrazia e Diritto*, novembre-décembre 1989, p. 267-279.

19. Pier Paolo LESCHIUTTA, « Il pregiudizio sornione », *in La Critica sociologica*, printemps 1989, p. 105-111.

travaux attachent la plus vive importance à l'altérité noire dans l'imaginaire italien : dans un pays historiquement peu habitué à se définir racialement, le clivage principal serait défini par la couleur de la peau, et la démarcation majeure serait ainsi non pas entre « Italien et immigré » mais entre « Blanc et Noir ». Un clivage capable, à sa manière, d'englober l'opposition entre le Nord et le Sud (la ville de Naples est souvent désignée par les gens du Nord comme une ville « africaine », notamment lors de compétitions sportives)[20].

Plus importante, pour la diversité des situations repérées, est l'étude commandée par Italia Razzismo. Il en ressort que l'image de l'immigré varie considérablement, d'une part, selon la variable métropole/petite ville, et d'autre part, selon le degré de conflictualité établie entre les Italiens et les immigrés en ce qui concerne l'emploi et l'accès au logement. Mais, là aussi, ce qui frappe le plus, c'est la grande instabilité des images, dépourvues d'une véritable stéréotypisation unitaire de l'Autre, ainsi que la présence, très nette et presque sans renversement dans les propos recueillis, de problèmes sociaux perçus comme des carences sociales[21].

Cet ensemble de sondages d'opinion ou d'études sur les préjugés permet-il de défendre l'hypothèse de la poussée, en Italie, d'un racisme de type différentialiste ? Trois éléments sont à prendre en considération, une fois souligné le fait qu'il s'agit d'une période en pleine et rapide évolution[22].

Le premier est le caractère naissant, en formation, de la constitution du stéréotype de l'Autre en Italie, et surtout le fait que l'altérité est saisie à travers des formes, certes stéréotypées, mais dominées par les thèmes de l'éloignement et de l'exotisme, faiblement achevées et donc relativement

20. Alessandro PORTELLI, « Su alcune forme e articolazioni del discorso razzista nella cultura di massa in Italia », *in La Critica sociologica*, printemps 1989, p. 94-97. Comme dans d'autres pays européens, les stades de football sont aussi parfois un lieu d'expression de violences racistes. Selon Philippe Broussard, une division politique existerait entre les supporters des différentes régions. Parmi les supporters du football, le MSI attire surtout les jeunes du Sud (Rome, Naples, Sicile) tandis que les Ligues comptent des sympathisants dans les groupes « ultras » du Nord, cf. *Le Monde*, 21 janvier 1992.

21. Cf. Italia Razzismo, *Gli Italiani e l'immagine dell'immigrato*, février 1990.

22. Comme l'avance D. Frigressi à l'examen d'un sondage d'opinion, alors qu'en 1983 seulement un tiers d'Italiens manifestent des préjugés vis-à-vis d'un autre groupe ethnique, en 1986 ils sont déjà presque la moitié. Voir Delia FRIGESSI, « Alcuni stereotipi nell'Italia di oggi », *in La Critica sociologica*, printemps 1989, p. 91.

distantes des expressions les plus fermées du préjugé raciste. Autrement dit, et étant donné la transition repérée du côté des dimensions identitaires italiennes, il faut aborder le processus à l'œuvre comme un moment simultané et réciproque *et* de redéfinition de soi *et* de délimitation de l'Autre.

En deuxième lieu, la diversité des réponses recueillies, outre sans doute des différences explicables par la diversité des types de questionnaires, suggère que les stéréotypes ont tendance à se différencier selon les groupes sociaux et les endroits considérés. Cette différenciation est pourtant commandée, dans sa source majeure, par l'importation et l'adaptation dans le langage quotidien des discours et des images véhiculés par les médias. Bref, il existe *des* stéréotypes plutôt qu'*un* stéréotype, et cela autant du point de vue des groupes sociaux que des lieux géographiques, voire des groupes racisés.

En troisième lieu, il ne faut surtout pas penser que le préjugé à l'état naissant manque de mots, qu'il existe une sorte de déficit symbolique pour désigner l'Autre. En vérité, l'imaginaire italien se définit non pas par le vide mais par le trop-plein : on assiste plutôt à un processus rapide et tous azimuts de formation des stéréotypes de l'altérité.

D'où l'hypothèse qui peut être formulée, selon laquelle l'éclatement extrême des formes stéréotypées de l'Autre pourrait se traduire à terme par le court-circuitage d'un racisme de type culturel et donc différentialiste, et par le glissement vers un racisme directement biologique. Et cela en dépit même du fait qu'à l'heure actuelle le rejet semble autant, sinon plus fort, vis-à-vis des Nord-Africains et des Gitans qu'envers les Noirs. Il faut dès lors bien distinguer les deux processus.

A l'heure actuelle, le racisme en Italie, très éclaté, et en voie de formation, est loin d'être unifié. Il peut difficilement, dès lors, être qualifié de différentialiste, et ce d'autant plus qu'il ne repose pas sur un noyau identitaire lui-même limité. En revanche, le racisme à caractère biologique, qui opère la « racialisation » directe de l'Autre, surtout du « Noir », mais aussi de l'« Arabe » et du « Gitan », fait l'économie du détour par la culture et de l'idée d'une différence qui ne serait pas donnée d'emblée comme naturelle. Ce qui lui confère comme atouts la simplicité et l'opérationnalité. Mais, et c'est sans doute un paradoxe (et non des moindres) du racisme en Italie, ce racisme qui saute au-dessus d'une définition culturelle de l'Autre se déploie à un moment où, partout dans le monde, il est en perte de vitesse, et semble archaïque ou dépassé, y compris chez les propagandistes et les idéologues de la race. Privé d'une théorisation que ses orientations biologisantes rendent périmée, il ne peut guère opérer un passage au politique[23].

Autant la disparité des sources communautaires que l'éclatement des formes du préjugé laissent penser que le racisme en Italie risque peu de devenir massivement différentialiste. Les démarcations culturelles possibles sont encore trop instables, l'Autre est *vu cumprà* au nord, mais *marocchini* au sud, avec des glissements continus entre les expressions[24]. Mais il est peu vraisemblable qu'on assiste à la montée en puissance d'un racisme biologique, sauf à assister au retour des théorisations raciales de type biologique. Le racisme italien est idéologiquement « passéiste », dans la mesure où il ne semble disposer d'autre consistance identitaire que celle donnée par la biologie. Il est ainsi constamment affaibli, puisqu'il ne peut se référer ni à une forte identité culturelle, ni à l'existence d'un sentiment diffus de menace identitaire exacerbée par une crise socio-économique ni, enfin, à une tradition historique ayant su, ou pu, intégrer dans le passé le social et le culturel.

Le racisme en Italie, en tout cas pour l'instant, a des sources culturelles très étroites, à l'exception d'une production intellectuelle liée à des milieux d'extrême droite ayant un écho fort limité. Certes, un repli vers un racisme biologique, voire la constitution d'un racisme communautaire sur fond de *revival* chrétien ou européen ne sont pas à exclure, mais il ne s'agit là, pour l'instant, que de tendances virtuelles.

Les limites du racisme en Italie sont telles que, analytiquement parlant, il est souvent difficile d'employer le terme. Elles tiennent d'abord à ses sources sociales, à l'extériorité des immigrés et surtout à l'existence d'une société civile

---

23. Pourtant, le passage vers un racisme différentialiste n'est pas forcément exclu. Certains signes semblent désormais aller dans cette direction : de l'étude de Paolo Guidicini et de Carla Landuzzi, il résulte que 75 % de ceux ayant été l'objet d'agressions racistes sont membres d'un groupe religieux islamiste, *op. cit.*, p. 73.

24. D'autre part, le christianisme, suite à la sécularisation progressive de l'Italie, ne semble pas avoir tendance à jouer le rôle catalyseur d'une identité nationale, et ce autant à cause des prises de positions officielles de l'Église que du fait qu'une partie des immigrés sont eux-mêmes catholiques.

particulièrement active. Elles proviennent, ensuite, de ses faiblesses communautaires. Enfin, elles procèdent de la disjonction qui sépare ses sources sociales limitées de ses sources communautaires, encore plus faibles. Rien ne s'est révélé plus lourd de conséquences, jusqu'à cette date, pour enrayer le racisme, que l'écart creusé par cette disjonction. Elle rend difficile la jonction entre les tensions interethniques et une identité communautaire, dans la mesure où les deux notions semblent appartenir à deux réalités différentes, séparées.

Ce racisme est en réalité, avant tout, de l'ordre de la xénophobie, un sentiment parfois issu d'un « choc culturel », le désir de fermeture du pays face à la peur de perdre des avantages sociaux très récemment acquis. Certes, cette « exaspération » peut donner lieu à des expressions de rejet, voire à des actes de violence, mais il est inexact de dire qu'il s'agit d'une discrimination opérée sur fond de racisme. Il ne s'agit, le plus souvent, que d'actions de discrimination ou d'exploitation pour tirer parti de la situation de certains immigrés, mais aussi des Italiens, avec peu ou pas de préjugé. Dans la plupart des cas, la visée raciste est le plus souvent mélangée à d'autres dimensions l'emportant en tant que critère et mobile principaux de l'action.

Les deux sources principales du racisme, sociale et identitaire, restent d'autant plus écartelées que l'État ne joue pas un rôle d'intégration. Certes, l'État italien, comme bien d'autres États nationaux, est traversé par des dispositifs de discrimination[25]. Mais toutes proportions gardées, il ne s'agit que de phénomènes minoritaires (même s'ils sont importants dans leur signification) et auxquels l'État essaie de remédier de manière progressive à travers la promulgation de nouvelles lois[26]. Mais faut-il redire qu'en Italie la capacité de celui-ci à produire une appartenance communautaire et à expulser la diversité est bien plus faible que dans bien d'autres sociétés européennes[27] ?

---

25. F. Ferrarotti a mis en garde contre ce risque. Franco FERRAROTTI, *Oltre il razzismo*, *op. cit.* Voir aussi Maria I. MACIOTI, *in* Maria I. MACIOTI et Enrico PUGLIESE, *op. cit.*, p. 173-175.

26. C'est ainsi, par exemple, qu'en janvier 1992 une nouvelle loi sur la citoyenneté a été votée selon laquelle tout enfant né en Italie, quelle que soit la nationalité de ses parents, acquiert automatiquement la citoyenneté italienne à 18 ans.

27. Pour une position contraire, voir Pietro BARCELLONA, « I vuoti dell'universalismo giuridico », *Democrazia e Diritto*, novembre-décembre 1989, p. 60-71. L'auteur va encore plus loin lorsqu'il semble caractériser l'actuelle vague nationaliste (et le racisme) comme un sursaut communautaire face à la dépersonnalisation croissante de la modernité.

# 4

# Racisme et passage au politique

Pourtant, au-delà de la disjonction des formes du racisme et compte tenu des faiblesses de l'État, n'est-il pas possible qu'un acteur politique s'empare du thème raciste et parvienne à articuler un discours capable de rassembler le malaise social et les frustrations communautaires, voire d'insuffler un esprit discriminatoire à l'action de l'État ?

## Le système politique italien

Le système politique italien[1] se caractérise d'abord, depuis 1948, par l'érosion continuelle (avec ici ou là quelques « sursauts » électoraux) des deux grands partis politiques depuis l'instauration de la République, la DC (Démocratie chrétienne, devenue Parti populaire d'Italie en 1993) et le PCI (Parti communiste, divisé depuis en deux partis : Parti démocratique de la gauche — PDS — et Rifondazione comunista). Le mode de scrutin a toujours entraîné la constitution de différentes alliances et accords, afin d'assurer la gouvernabilité du pays et le fonctionnement d'un pôle gouvernemental dans lequel, tout au long des années quatre-vingt, le PS (parti

1. Voir, parmi bien d'autres études, Gianfranco PASQUINO (ed.), *Il Sistema politico italiano*, Laterza, Bari, 1985, et Norman KOGAN, *A Political History of Italy*, Praeger Press, New York, 1983. Pour un article de synthèse, voir Aniello COPPOLA, « Metamorfosi del sistema politici », *in* AA. VV., *Profili dell'Italia repubblicana*, Editori Riuniti, Rome, 1985, p. 91-116.

socialiste) a eu un rôle important. La consolidation, à l'extérieur de ces coalitions, d'un pôle contestataire presque institutionnel a été assurée, avec des variations importantes selon les époques, par le PCI. Enfin, et outre un courant d'opposition toujours assez minoritaire lié à l'extrême droite, le pays a assisté, à partir du début des années soixante-dix, à la formation de tout un ensemble hétérogène de partis, mouvements, groupes de pression plus ou moins autonomes visant à la « modernisation » du système politique italien.

La vie politique italienne, qui n'a pas vraiment connu d'alternance depuis 1948, a été marquée par un noyau central de partis de gouvernement (très stable dans le temps) ; par un noyau principal d'opposition, lié au PCI, qui à bien des égards a rempli, et pendant longtemps, un véritable rôle tribunitien, malgré le « bipartisme imparfait » instauré[2] ; et par une zone contestataire, très instable, composée de groupements plus ou moins ponctuels ou éphémères se succédant dans le temps. Jusqu'à très récemment, les scores électoraux de ces mouvements ont été modestes[3]. Mais n'oublions pas que pendant longtemps l'opposition politique a été le plus souvent en Italie une sorte d'opposition institutionnelle : malgré son « ouverture » vers le social, le système politique ne proposait pas de lignes de changement à l'intérieur de celui-ci. Situation définie comme *consociativismo* : l'opposition institutionnelle privée de débouchés réels devient une « opposition d'accommodation », insérée à l'intérieur du système politique établi, et laissant traîner en dehors d'elle un fort sentiment de désaffection des citoyens envers la « partitocratie »[4]. C'est ainsi que le système politique, récemment mis en question par l'opération des juges *mani pulite*, a permis le développement d'une forte corruption (mélange des intérêts politiques et économiques) à travers différents processus dominés par des logiques clientélistes. Le système a fonctionné jusqu'ici à travers toute une série de dysfonctionnements : amnisties annuelles systématiques de toute fraude fiscale, de toute infraction (par exemple, des constructions

---

2. La formule, très juste, appartient à Giorgio GALLI, *Il bipartitismo imperfetto*, Il Mulino, Bologne, 1966.

3. Dans la région de Lombardie, par exemple, ils n'avaient jamais dépassé la barre du 10 % jusqu'aux récents succès des Ligues.

4. Cf. Giorgio GALLI, « Opposizione instituzionale e opposizione sociale », *in Quaderni di sociologia*, 1992, n° 1, p. 24 et s.

ou des activités économiques abusives), haut rendement de l'épargne et garantie de son anonymat, diverses possibilités de bénéficier d'allocations sans en avoir le droit, etc.

Cette morphologie politique a opéré en s'appuyant sur deux grandes réalités. D'une part, le système politique italien s'est caractérisé pendant très longtemps par une grande osmose entre les partis politiques et les groupes sociaux, à partir de deux sous-cultures politiques stables qui ont assuré, malgré les défaillances, une forte représentativité au politique. C'est ainsi, comme on le précisera dans la suite, que même la disjonction des sources du racisme en Italie est repérable au niveau politique. Ce qui introduit, sans doute, une autre des spécificités du système politique italien à la fois formateur, voire animateur du social, mais dans lequel les partis politiques se révèlent peu capables de dégager un sentiment national fort. Enfin, la situation politique actuelle n'est pas non plus probablement totalement étrangère aux bouleversements apportés par la régionalisation et par la constitution d'un nouveau personnel politique local.

D'autre part, le système politique a fonctionné à travers un modèle fortement clientéliste (structuré surtout par la DC et dans une moindre mesure par le PS) qui a favorisé la constitution d'un ensemble d'intérêts hétérogènes et segmentés. Une véritable interpénétration s'est ainsi opérée entre les militants politiques des partis et certains postes du service public. Ce processus a renforcé le poids des sous-cultures politiques ainsi que l'importance des notables politiques au Sud, accentuant la fragmentation des intérêts sociopolitiques. A terme, ce morcellement a fini par miner la faculté fédératrice des institutions politiques et a érodé la capacité des gouvernements à imposer un programme global. Le besoin clientéliste des partis politiques a donné lieu à une législation incohérente et à une sorte d'irrationalité gouvernementale[5].

Ces caractéristiques ont été ébranlées par les mutations récentes vécues par la société italienne et par la crise de la capacité redistributive de l'État. Trois facteurs sont venus, en effet, affaiblir le consensus autour des partis traditionnels[6] : la modernisation économique et culturelle du pays a

5. Pour des éléments dans ce sens, voir Dwayne Woods, « Les Ligues régionales en Italie », *in Revue française de science politique*, février 1992, p. 44-45.

6. Voir Renato Mannheimer, « La crisi del consenso per i partiti tradizionali », *in* Renato Mannheimer (ed.), *La Lega lombarda*, Feltrinelli, Milan, 1991, p. 13-33.

produit une érosion constante, depuis quelques années, des sous-cultures politiques ; comme dans bien d'autres pays[7], la pertinence politico-identitaire de l'axe gauche-droite s'est affaiblie, processus qui, même s'il ne conduit pas vraiment à l'émergence d'un « nouvel électeur », semble donner plus de liberté de vote aux citoyens ; enfin, la société civile, traditionnellement plus méfiante envers le système politique que dans d'autres pays européens, a fini par exprimer à travers des formes multiples sa désaffection vis-à-vis des partis traditionnels.

C'est dans ce contexte général, qui s'est traduit par une véritable explosion du système politique en 1993, qu'il faut interroger, au-delà des possibles calculs politiques, l'emprise virtuelle du thème raciste en Italie, aussi bien sur les partis traditionnels que comme mode d'expression de nouvelles forces politiques.

## Le racisme et les partis traditionnels

Pour l'instant, à suivre l'analyse proposée par Luigi Manconi, le racisme agité par le Parti républicain et le Movimento sociale italiano (MSI), d'inspiration fasciste, reste très limité[8]. Le MSI, étant donné son choix d'une stratégie tiers-mondiste au tout début des années quatre-vingt-dix, ne parviendrait pas à s'orienter massivement vers le racisme. Pourtant, comme l'ont bien montré les travaux de Pierre-André Taguieff, rien n'oppose, au contraire même, une position tiers-mondiste et un racisme différentialiste. Plus important semble alors le fait qu'étant donné la difficulté à mobiliser un sentiment national, le MSI est contraint de s'attaquer avant tout aux insuffisances de l'État (bien que ce soit chez ses sympathisants que l'on constate la plus forte hostilité envers les immigrés[9]).

7. CEVIPOF, *L'Électeur français en questions*, Presses de la Fondation nationale des sciences politiques, Paris, 1993.

8. Laura BALBO et Luigi MANCONI, *I razzismi possibili*, *op. cit.*, p. 51-54 et p. 85-86.

9. Un sentiment encore plus fort chez les militants du MSI, bien que plus faible que celui présent parmi les membres du FN. D'une étude menée en 1990 parmi les délégués aux congrès de deux partis, le MSI en Italie et le Front national en France, il résulte en effet que 60 % des membres du MSI veulent renvoyer les immigrés « chez eux » (contre 94 % des délégués du FN), 47 % des délégués du MSI sont pour l'abolition de la sécurité sociale pour les immigrés (contre 87 % au FN),

En vérité, les choix stratégiques récents du MSI (dont la moyenne nationale depuis 1948 tourne autour de 6 %, avec des percées de 10 % à 20 % dans certaines régions) tiennent à sa position à l'intérieur du système politique et à ses conflits internes et relèvent probablement aussi, comme un résultat pervers, de la faiblesse du sentiment national italien. Né après la guerre, le MSI a été historiquement traversé par un « sentiment ambivalent » envers le fascisme et le système politique issu de la fin du fascisme et au sein duquel il était contraint d'agir[10]. Situation prolongée par des tensions internes : le MSI est tiraillé entre une tendance pénétrée d'une nostalgie communautaire et une autre ligne plus ouverte à la modernité.

Malgré quelques percées dans les années soixante, le MSI fut, jusqu'en 1980, isolé des autres partis, son principal dirigeant, Giorgio Almirante parvenant alors à « sortir le parti du ghetto ». Cette tendance aurait dû être poursuivie par son dauphin et successeur Gianfranco Fini, mais a été entravée par la prise de contrôle de ce parti en janvier 1990, lors du XVI^e^ congrès, par Pino Rauti, partisan d'une ligne idéologique plus musclée, opposée à l'atlantisme, anticapitaliste et tiers-mondiste[11]. Cette situation a été renversée lors de la reprise en main du MSI par Gianfranco Fini en juillet 1991, avec une nouvelle orientation donnée alors au parti : coupure avec la « tendance arabophile et tiers-mondiste » de Rauti et consolidation d'un fort langage anti-immigrés[12]. Cette évolution stratégique est probablement à l'origine des quelques bons scores électoraux du MSI au sud de l'Italie lors des élections de 1992 et de 1993. C'est ainsi qu'il parvien-

enfin, si les membres du MSI sont 14 % à tenir l'immigration comme responsable de l'augmentation de la criminalité, le taux est de 88 % pour le FN. Cf. Laura BALBO et Luigi MANCONI, *I razzismi reali, op. cit.*, p. 88.

10. Cf. Piero IGNAZI, « La cultura politica del Movimento sociale italiano », *in Revista italiana di scienza politica*, XIX, n° 3, décembre 1989, p. 431-465.

11. Signalons au passage l'existence en Italie, à l'instar du cas français, d'un mouvement intellectuel de « nouvelle droite » dont les principaux organes d'expression sont la revue *Elementi* (1978-1983), *Diorama letterario* et *Trasgressioni*.

12. Ainsi, par exemple, dans un tract de janvier 1992 du MSI à Caserte, on pouvait lire : « L'immigration signifie augmentation de la drogue, de la prostitution, de la délinquance, des maladies infectieuses, des conflits sociaux. L'immigration signifie déracinement culturel et "bâtardisation" du peuple italien. Des milliers d'Italiens n'ont pas de travail ou n'ont pas de maison. Celui qui offre un logement ou un travail aux immigrés est un ennemi de notre peuple. Nous défendons les Italiens, nous combattons l'immigration. Nous voulons le renvoi immédiat des immigrés extra-européens. » Cité *in* Laura BALBO et Luigi MANCONI, *I razzismi reali, op. cit.*, p. 89.

dra, en novembre 1993, à faire un bond électoral de plus de 20 % à Rome (où il arrive à 27,7 %) et à Naples (29,5 %). La nouveauté du phénomène interdit (en absence d'études concrètes) toute analyse définitive. Mais dans le « nouveau » langage politique du MSI, la constitution de « l'ennemi » (l'immigré) risque d'opérer à la fois comme fédérateur des tensions sociales et comme substitut d'une identité nationale défaillante.

Quant au Parti républicain, dont on a déjà mentionné les limites de l'action à propos des événements du mardi gras à Florence, s'il a donné une « respectabilité » politique à l'exaspération anti-immigrés, voire même au racisme[13], il trouve ses principales limites dans sa situation de parti fortement institutionnalisé, ainsi que dans son manque de militants ou de relais sociaux.

Mais voyons maintenant ce qui se passe du côté du phénomène récent que constituent les Ligues. Étant donné les dimensions de cette étude, nous nous limiterons à l'analyse de la plus importante, la Ligue lombarde[14]. Précisons que l'ensemble des Ligues régionales s'est rassemblé au début des années quatre-vingt-dix sous la bannière de la Ligue du Nord, dont le chef de file, Umberto Bossi, est par ailleurs le leader de la Ligue lombarde.

## La Ligue lombarde et la tentation raciste

La percée électorale de la Ligue du Nord a été importante et rapide. Dans les élections municipales et provinciales de novembre-décembre 1992, elle a obtenu 37 % des voix à Varèse (plus de 9 % par rapport à son score du 5 avril 1992) et 34 % à Mantoue. De tels succès sont « relatifs » dans la mesure où elle avait annoncé des scores allant entre 40 % et 51 %. Mais, désormais, la Ligue lombarde gère des grandes villes du nord de l'Italie (Milan). En novembre 1993, la Ligue du Nord fait des scores de 30,4 % à Venise, 28 % à Trieste, 28,8 % à Gênes, mais ne parvient pas à « prendre » ces villes. Bref, malgré son expansion, le mouvement d'Umberto

13. C'est en tout cas l'opinion de Laura BALBO, *ibid.*, p. 27.

14. Pour un aperçu historique sur la Ligue lombarde depuis sa naissance jusqu'à 1990, cf. Daniele VIMERCATI, *I Lombardi alla nuova crociata. Il « fenomeno Lega » dall'esordio al trionfo : cronaca di un miracolo politico*, Mursia, Milan, 1990.

Bossi reste encore davantage un parti « lombard » que la « Ligue du Nord ».

Les Ligues sont avant tout l'expression italienne de l'actuelle poussée populiste en Europe[15], liée à la modernisation ainsi qu'à la crise de légitimité du système politique[16]. Pour bien des auteurs, la décomposition de la culture politique de la classe ouvrière et de celle du catholicisme a détruit les dualismes fondamentaux qui structuraient historiquement le débat social en Italie, créant un vide où se déploie l'appel localiste des Ligues qui manifestent la crise de toute idée d'un sujet politique à prétentions universelles.

Pourtant, bien que la Ligue lombarde fasse partie d'une vague populiste qui dépasse les seules frontières italiennes, il s'agit d'un jaillissement politique dont les liens avec le racisme présentent des traits spécifiques. Il faut mettre au jour ce qui se trouve dans la construction de la notion de « peuple » opérée par la Ligue lombarde et dans la crise de représentativité du système politique afin de saisir l'étendue et les limites de son racisme[17].

L'analyse doit ici partir de la crise du système politique italien. Comme le suggère Giorgio Galli, en effet, l'émergence des Ligues procède de la distance entre les élites et le « peuple » consécutive aux blocages spécifiques de ce système (notamment son manque d'alternative gouvernementale) et à ses difficultés actuelles à assurer la représentation[18]. Signalons qu'en 1990 les partis traditionnels ne représentent plus que 60 % de l'électorat.

Face à ce blocage du politique, deux tendances se sont dessinées. La première, surtout forte dans les années soixante-dix et quatre-vingt, passe par la formation de nouveaux mouvements sociaux, qui prennent en charge des demandes conflictuelles restées en dehors du système politique en même temps qu'ils expriment la volonté de transformer non seu-

15. Voir, pour une vision globale de ce processus, le numéro spécial de la revue *Cosmopolitiques* de février 1991.

16. Notons au passage que l'hypothèse d'une sorte de poujadisme cyclique, sorte de représentant « permanent » d'un des versants de l'idéologie de droite n'est pas (ou peu) présente dans le débat italien, en dépit de l'existence, au début de la République italienne, d'un mouvement anti-partis, dirigé par Guglielmo Giannini, sous le nom de « L'uomo qualunque ».

17. Pour un approfondissement de cette caractérisation du populisme, voir Danilo MARTUCCELLI et Maristella SVAMPA, « La doble legitimidad del populismo », *in Pretextos*, n° 3-4, décembre 1992.

18. Giorgio GALLI, « Opposizione istituzionale e opposizione sociale », *op. cit.*, p. 33.

lement le politique, mais, plus largement, le rapport entre la société civile et le système politique, en introduisant dans le débat italien des thèmes de portée générale. La seconde consiste à chercher à l'intérieur même du système politique des éléments permettant de combler cet éloignement entre le politique et la société civile. C'est la tentation populiste qui cherche un surplus de légitimité pour le système politique à travers le rôle du leader, l'appel éventuel à des identités « primaires », et la référence à l'idée de « peuple »[19].

Le populisme survient quand une société traverse une époque de bouleversements culturels et de crise des identités sociales[20], avec pour ses acteurs l'idée d'assurer la modernisation du pays et le maintien du conservatisme national par un processus de débordement du système politique traditionnel[21]. Mais cette caractérisation requiert une précision supplémentaire : le populisme a d'autant plus de possibilités d'existence qu'il essaie de (re)construire un État moderne en rapport avec la conscience culturelle des gouvernés. Il ne cherche pas, comme on l'a trop souvent dit, à fusionner le « peuple » avec l'État grâce au rôle du leader (bien que celui-ci ait un rôle central comme principe d'unité d'une mobilisation sociale hétérogène), il essaie plutôt de

19. Un lien explicite entre ces différentes réalités est proposé par R. Cartocci. Selon l'auteur, la contestation contre la classe politique est à lier à l'augmentation de la distance entre le Nord et le Sud. Les échecs du transfert de l'aide au Sud, la faillite du système fiscal italien et, paradoxalement, le crédit dont jouissent les institutions politiques locales dans l'Italie centre-septentrionale ont pour effet des appels renforcés au localisme comme facteur de simplification de la réalité. Cf. Roberto CARTOCCI, « Localismo e protesta politica », *in Revista italiana di scienza politica*, XXI, n° 3, décembre 1991, p. 551-581.

20. C'est ainsi que pour V. Moioli, les Ligues sont l'expression, d'une part, de l'écart établi en Italie entre la société politico-institutionnelle et la société civile (en raison notamment de l'incapacité des partis traditionnels à répondre à des nouvelles demandes de manière unifiée) et, d'autre part, elles sont la manifestation d'une série d'événements matériels et immatériels qui caractérisent le passage de la société industrielle à la société moderne ou post-moderne. Bref, une réponse politique, réactivée, à la mutation sociétale de l'Italie contemporaine. Cf. Vittorio MOIOLI, *I nuovi razzismi*, Edizioni Associate, Rome, 1990.

21. Pour L. Manconi, les Ligues sont un mouvement fédérateur d'un ensemble de problèmes sociaux délaissés par l'État et susceptibles, suite à la différenciation sociale croissante et plus largement au processus de modernisation qui ébranlent les identités traditionnelles, de se traduire en termes ethniques. Cf. Laura BALBO et Luigi MANCONI, *op. cit.*, p. 62-83. A la base de l'expression des Ligues, il y aurait ainsi la peur d'un brouillage des identités, qui se traduirait par une réponse capable d'articuler l'ancien sentiment antiméridional avec la peur plus récente d'« africanisation » des villes. Selon l'auteur, le véritable enjeu des Ligues, et d'une certaine façon de toutes les formes de racisme présentes en Italie, serait d'accéder au contrôle d'un territoire (ou à une certaine « maîtrise » des services sociaux) et à imposer les règles de la cohabitation et des relations sociales.

faire sentir l'État comme « leur » aux gens, après une longue période d'étrangeté entre l'un et les autres. La légitimité — le fait que les citoyens reconnaissent leur autorité, mais aussi le fait que les citoyens sentent comme « leur » ce que « leur » État « fait » — suppose, toujours, une dose non négligeable d'identification imaginaire. Or, le propre de la légitimité populiste est de se déployer souvent à la fin d'un processus où le système politique a été ressenti comme étant particulièrement étranger par les gouvernés. Les Ligues sont l'expression d'une recherche de nouvelles identités, mais aussi d'une critique généralisée contre le système politique et le centralisme administratif, en faveur d'une gestion locale supposée plus efficace et orientée par des objectifs concrets[22].

C'est de la volonté des Ligues d'assurer le rapprochement entre les « individus » et « leur » État que provient la nature de leur double appel : à la fois « démocratique » (donner aux gens le sens de la citoyenneté) et « populaire » (préserver une identité communautaire qui se sent « menacée »). En tant que mode de légitimation, le populisme ne tombe jamais dans l'égarement communautaire absolu, mais il ne peut pas non plus incarner totalement l'idéal individualiste qui soutient la démocratie : à travers le mélange des deux, il vise à constituer le « peuple » en acteur défini par sa participation politique et son appartenance identitaire.

Contrairement au rôle tribunitien d'autres partis d'opposition anti-système, le populisme de la Ligue lombarde est à la fois une force d'« intégration » et un mouvement de « déstabilisation ». Il donne forme à des demandes et des frustrations que le système politique établi se montre plus ou moins incapable de traiter et, en même temps, il les utilise de manière à approfondir la crise de légitimation de ce même système politique et à le déstabiliser (souvent par le recours massif à la démagogie)[23].

---

22. Marco Lombardi, « La Lega lombarda : Manifestazione politica del localismo », *in Studi di sociologia*, octobre-décembre 1990, p. 483-491.

23. De là, à nos yeux, les limites de l'interprétation de D. Woods. Pour l'auteur, le régionalisme est un mouvement de protestation populiste contre le centralisme politico-administratif et socio-culturel, une action dirigée contre la paralysie d'un État clientéliste incapable d'incarner les principes d'une société moderne. Un processus auquel ne seraient pas complètement étrangères les lois de régionalisation des années soixante-dix, mais qui serait surtout produit par des changements culturels ayant entraîné la formation d'une classe moyenne en rupture avec les anciens principes de structuration de la vie politique et sociale. Les Ligues sont alors, pour

Mais l'idée de « peuple » a eu un rôle déterminant dans la trajectoire de la Ligue lombarde. Comme l'a bien montré Roberto Biorcio, dans une première phase, qui va au moins jusqu'à la fin 1987, la Ligue lombarde opère avec une logique d'action très proche de celle d'un mouvement fédéral-régionaliste[24], elle est portée par le sentiment, particulièrement vif en Lombardie, d'un « déséquilibre dans la centralité » de Milan au profit de régions moins actives. Mais, et c'est le point souligné par Roberto Biorcio, l'identification à travers un « sentiment d'appartenance régionale » s'appuyant sur une forte composante culturelle n'a pas permis à la Ligue lombarde, et aux Ligues en général, d'atteindre des scores électoraux importants[25]. La volonté de construire un acteur social en faisant appel à une culture lombarde a vite affronté ses limites : l'identité régionale n'ayant pas un fort substrat historique se montre peu pertinente face à d'autres critères d'auto-identification comme ceux de classe, de profession, de religion ou de caractéristiques démographiques ; elle ne permet pas à la Ligue lombarde de devenir, de manière « spontanée », un sujet politique important, et cela en dépit même des efforts pour créer une coupure entre les « Lombards » et les « étrangers » à travers, par exemple, la revendication d'un accès inégal aux services sociaux[26].

Le véritable succès de la Ligue lombarde vient dans une deuxième phase, lorsque le « sentiment d'appartenance régionale » et la méfiance vis-à-vis de la « classe » politique s'insèrent dans l'horizon d'une conflictualité sociale latente. C'est alors que les sentiments antiméridionaux dans un premier temps, puis la peur diffuse face à l'arrivée des immigrés extra-communautaires se déploient à l'intérieur de la stratégie politique de la Ligue lombarde. Celle-ci est ainsi amenée à

Woods, un mouvement de modernisation politique à l'ombre d'un renouveau régional, et plus seulement un mouvement réactif de déclassement. Cf. Dwayne Woods, *op. cit.*

24. En effet, la Ligue lombarde n'est pas un mouvement ethno-nationaliste, c'est-à-dire un acteur social caractérisé par une identité ethnique et culturelle spécifique et visant le contrôle politique d'un territoire. Cf. Alberto Melucci et Mario Diani, *Nazioni senza Stato*, Feltrinelli, Milan (nouvelle édition) 1992.

25. Jusqu'à 1987 les différentes Ligues ne parviennent pas à dépasser le seuil de 5 %-7 % de l'électorat.

26. Cf. Roberto Biorcio, « La lega come attore politico : dal federalismo al populismo regionalista », *in* Renato Mannheimer (ed.), *La Lega lombarda*, Feltrinelli, Milan, 1991, p. 34-82.

construire trois figures de l'ennemi : les immigrés et les Méridionaux, la « classe » politique, enfin, les « déviants » (homosexuels et Gitans)[27].

Les électeurs de la Ligue lombarde ne sont ni des marginaux ni des déclassés, pas même des contestataires « permanents » du système politique. A 70 %, ils proviennent de partis du gouvernement, surtout la DC, et, en ce qui concerne la ville de Milan, un nombre important d'entre eux sont d'anciens électeurs socialistes[28]. Diverses études ont mis en relief l'existence de deux types d'électeurs de la Ligue : l'un jeune et urbain, surtout critique vis-à-vis des partis traditionnels, et l'autre, plus traditionaliste, surtout sensible aux thèmes « néo-régionalistes ». Trois grandes motivations du vote apparaissent nettement : attitude polémique envers les partis traditionnels, intolérance et « néo-régionalisme »[29].

Dans le cas de la Ligue lombarde, c'est la faiblesse de l'identité locale qui l'a obligée à se déplacer vers une thématique sociale et populaire. On peut faire l'hypothèse que le racisme latent et limité de la Ligue lombarde est d'autant plus faible qu'elle privilégie la composante politique de sa stratégie populiste (réaction à une défaillance de légitimité) au détriment de sa composante identitaire ; il s'exprime avec d'autant plus de force, à l'inverse, qu'elle choisit une stratégie identitaire.

En effet, il est possible, à partir de la faiblesse du sentiment d'appartenance nationale, de voir dans l'appel au localisme l'effort pressant pour combler le vide symbolique

27. Pour Biorcio, ce moment sera marqué par la « deuxième rupture linguistique » : Bossi, le leader de la Ligue lombarde, s'empare de la « langue populaire ». Plus simplement, Bossi abandonne le thème spécifique du dialecte local, éloigne son parti d'une logique d'action strictement ethno-nationaliste et le dirige vers la construction d'une hypothétique « nation » susceptible de s'élargir jusqu'à embrasser tout le nord de l'Italie. Cf. Roberto BIORCIO, *op. cit.*

28. Paolo NATALE, « Lega Lombarda e insediamento territoriale : un'analisi ecologica », *in* Renato MANNHEIMER (ed.), *op. cit.*, p. 83-121. Les premières études menées à la sortie des urnes des élections du 5 avril 1992 confirment cette tendance : les électeurs « liguistes » sont des électeurs du centre (38 % ; ex-DC, 33 % ; ex-PSI, 11 % sont des anciens électeurs communistes, et seulement 9 % des abstentionnistes). Voir à ce sujet l'article de Renato MANNHEIMER et celui de Roberto BIORCIO et Paolo NATALE dans *Corriere della Sera*, 13 avril 1992.

29. Renato MANNHEIMER, « Chi vota Leghe e perché », *in* Renato MANNHEIMER (ed.), *op. cit.*, p. 147 et p. 152. Voir aussi G. ROVATI, « La sindrome leghista. Verso un profilo degli elettori delle Lega Lombardi », *in Studi di sociologia*, octobre-décembre 1990, p. 493-505, et Ilvo DIAMANTI, « Una tipologia dei simpatizzanti della Lega », *in* Renato MANNHEIMER (ed.), *op. cit.*, p. 159-190.

ressenti dès que la légitimité de l'État est en cause. Le racisme latent dans la Ligue lombarde serait ainsi non seulement une manifestation active d'un sentiment d'appartenance, mais aussi l'effet d'une turbulence politico-sociale d'autant plus forte dans ses significations identitaires qu'elle se déploie à l'ombre d'un sentiment national inachevé. La subordination, voire même l'absorption de l'appel identitaire dans le cadre d'une crise de légitimité de l'État a pour effet d'opérer une transformation du thème identitaire qui devient de moins en moins ethnique et de plus en plus le résultat d'un enjeu politique. A l'inverse, plus la Ligue lombarde choisira une stratégie identitaire, suite par exemple à des difficultés d'installation sur la scène politique ou à l'emprise de minorités radicalisées, plus le besoin d'une surenchère discursive visant à créer un semblant d'identité ethnique face à l'Autre se fera sentir, et plus le risque du racisme sera grand, l'identité devenant alors une véritable ressource d'identification au mouvement. Mais, identité toujours instable, elle doit faire face, outre ses propres faiblesse et l'éclatement de l'altérité (seul moyen de parvenir à un rassemblement social large), à un sentiment national, certes faible, mais non pour autant inexistant. Ici, le risque d'une biologisation de l'Autre est probable, mais la consolidation de ce préjugé ne pourra que difficilement articuler les multiples dimensions de l'hostilité des militants de la Ligue.

A l'intérieur même de l'action de la Ligue, on retrouve donc à l'œuvre la disjonction propre aux dimensions sociales et communautaires du racisme en Italie. Tout signale en effet qu'en Italie la crise urbaine ou les défaillances sociales sont difficilement articulables avec une composante communautaire. La définition de la Ligue lombarde comme « populisme régionaliste » veut ainsi dire, avant toute autre chose, la disjonction des deux composantes (politique et identitaire) d'une stratégie populiste : on peut en effet retrouver analytiquement, au sein de la Ligue lombarde, la « traduction » politique de la disjonction des sources sociales et communautaires du racisme en Italie.

C'est pourquoi, contrairement aux stéréotypes qui en font un mouvement fortement raciste, il faut y voir avant tout un populisme incluant sur un mode mineur des tendances à la xénophobie et au racisme, et ne pouvant se laisser aller à un racisme débridé qu'au prix de l'abandon de ce qui constitue son principe même, l'amalgame politique de demandes sociales, d'une identité régionale et d'une critique de l'État[30].

## Post-scriptum

Au lendemain des élections législatives de mars 1994, il est clair que le système politique italien vient de vivre une totale transformation avec l'effondrement de la Démocratie chrétienne et du Parti socialiste, la naissance de nouvelles formations et la transformation d'anciennes. L'espace politique se polarise autour de deux axes, l'un que l'on peut qualifier de progressiste, sous la houlette notamment de l'ancien Parti communiste devenu PDS, et l'autre de droite, qui, sous la direction de Silvio Berlusconi, a débouché sur une alliance hétérogène entre Forza Italia, la Ligue du Nord et le MSI, lui-même rebaptisé Alliance nationale.

Notre analyse garde pourtant, nous semble-t-il, toute son actualité. L'effondrement de l'« ancien régime » s'est traduit, à partir des derniers mois de 1993, par une intense activité politique qui, au-delà des rhétoriques usées ou des « mystères » de la communication médiatique, vise à rapprocher les gouvernés de leurs institutions à travers un renouvellement de la représentation. Dans cette situation, le racisme et la xénophobie, bien que jamais totalement absents, ont été largement supplantés par d'autres thèmes tout au long de la campagne électorale. Ce qui confirme que leur place dans la politique italienne est d'abord commandée par la crise de cette dernière et qu'à l'inverse la restructuration du système politique passe par leur affaiblissement, au moins provisoire.

A l'avenir, et si la recomposition du système politique se confirme, les risques d'une poussée politique du racisme et de la xénophobie sont de deux ordres. Ils peuvent provenir, d'une part, de la surenchère idéologique et du retour des manichéismes de l'histoire politique italienne. Ou, d'autre part, et non sans quelque paradoxe, de l'éventuelle entrée de

30. C'est ainsi que pour Michel Wieviorka le populisme des Ligues contient un racisme latent et limité, et celui-ci n'est susceptible de s'étendre et de se renforcer que dans leur éventuelle décomposition. Le paradoxe des Ligues est d'inclure le racisme, mais aussi de le contenir et le restreindre. Le pire, du point de vue du racisme, est à attendre de l'après-populisme. Cf. Michel WIEVIORKA, *La Démocratie à l'épreuve*, *op. cit.*, chap. 2, « Le populisme ».

l'Italie dans une formule libérale-démocratique impliquant une déstructuration radicale des modes traditionnels d'imbrication de la société civile et du politique, et le danger d'un renforcement des sentiments d'abandon ou de perte des privilèges.

# Conclusion

En Italie, l'étranger n'est pas vraiment un concurrent scolaire et il n'est que très faiblement perçu (et seulement par les plus « pauvres ») comme une menace en ce qui concerne le travail. Les Italiens craignent plutôt de perdre des acquis sociaux durement obtenus, et ont le sentiment (diffus) « d'être dérangés ». Mais l'éclatement ou la non-consolidation du racisme ne doivent pas interdire de s'interroger sur l'unité du phénomène. Celle-ci n'est pas assurée par le passage au politique. Mais ne l'est-elle pas, au-delà du système politique, par ceux qui parlent du racisme et en construisent ou diffusent les représentations ?

Ne faut-il pas imputer une certaine homogénéité discursive de tout ce qui touche au racisme, non pas tant au phénomène lui-même, mais aux médias et aux discours de l'antiracisme tenus par les politiciens et surtout par les intellectuels ? Cette démarche permet de montrer les effets négatifs de l'« antiracisme facile » (celui des « bons sentiments »)[1], en signalant notamment le risque d'une « coupure » entre les « élites » et les citoyens[2]. Elle peut aussi se centrer sur le rôle des médias en tant que véritable lieu de construction d'un discours sur le racisme.

C'est ainsi que Carlo Marletti considère que les médias ont

---

1. Pour cette notion, voir Laura BALBO et Luigi MANCONI, *I razzismi possibili*, *op. cit.*, p. 14-16.
2. Cf. Salvatore PALIDDA et Giovanna CAMPANI, *op. cit.*

une importante responsabilité dans la production d'un « racisme à l'italienne[3] », même si, contrairement à une idée reçue, ils n'ont pas devancé le préjugé des Italiens et seraient même plutôt intervenus avec un certain retard. Le rôle des médias, dans cette perspective, tient, d'une part, à une logique de « spectacularisation » événementielle et, d'autre part, à une importante présence des programmes étrangers dans la télévision italienne. Celle-ci serait ainsi moins la constructrice d'un imaginaire collectif qu'un lieu de réception de toute une série d'émissions, produites ailleurs, propres à d'autres « mentalités culturelles » et qui participent à la constitution en Italie d'une « conscience abstraite », renforcée par la forte tendance autoréférentielle de la télévision italienne[4]. Il est vrai que le traitement du thème de l'immigration et du racisme s'opère assez largement en Italie en relation avec des événements étrangers : c'est, par exemple, en avril 1988, suite au score de Jean-Marie Le Pen, président du Front national, aux élections présidentielles françaises, que les médias font exploser le thème du racisme. Cette « conscience abstraite » expliquerait pourquoi tant d'actions « racistes » ne sont pas perçues comme telles par leurs acteurs : ils ont tendance à en réserver la dénomination aux actions surtout étrangères présentes dans les médias[5].

Le mécanisme de l'« explosion » médiatique est effectivement constant. Ainsi, en janvier 1992, *La Repubblica* a « lié » rapidement une agression raciste en Italie opérée par une bande de skinheads à des événements de haine raciste en Allemagne et ailleurs. Il faut aussi tenir compte du fait que les termes mêmes du débat en Italie sont, à propos du racisme, fortement sous l'emprise d'auteurs étrangers. Ce qui conduit à envisager le rôle des intellectuels dans l'unité discursive et imaginaire du racisme, surtout lorsqu'ils sont à la recherche d'un projet collectif que la lutte des classes ne peut

3. Carlo MARLETTI, « Mass media e razzismo in Italia », *Democrazia e Diritto*, novembre-décembre 1989, p. 107-125.

4. Pour une analyse de l'image de l'immigré ou l'étranger dans la production cinématographique italienne ou diffusée en Italie, cf. Elena BERTONELLI et Luigi M. LOMBARDI SATRIANI (eds), *Emigrazione e Immigrazione*, Qualecultura et Jaca Book, 1991.

5. G.E. Rusconi souligne dans une autre direction la déconnexion entre la situation encore très modeste des immigrés et l'explosion d'un discours dans les médias tendant à associer l'immigration à de « nouveaux dangers » (drogue, insécurité, crise urbaine). Cf. Gian Enrico RUSCONI, « Questione etnica e cittadinanza », *Democrazia e Diritto*, novembre-décembre 1989, surtout p. 22-27.

plus apporter[6]. La critique de l'« antiracisme » s'est développée en Italie, en des termes qui doivent beaucoup aux débats français ; elle ne doit pas faire oublier l'effort d'alerte et de sensibilisation opéré par l'antiracisme, la recherche de nouveaux droits de citoyenneté, l'appel à des politiques visant à reconnaître les différences culturelles.

A l'heure actuelle donc, le racisme en Italie, outre la disjonction de ses sources, sociales et culturelles, est rarement une pratique de classement culturel ou biologique des êtres venant se substituer à une caractérisation sociale ressentie comme défaillante, il est (encore ?) dépourvu d'un stéréotype figé de l'altérité. Il se présente sous la forme d'un discours de peur et d'alarme (Luigi Manconi parle de racisme « d'alarme » ou « additionnel », où s'accumulent une différence culturelle ou ethnique et une alarme sociale[7]). Mais, surtout, il apparaît comme une construction symbolique largement détachée de la réalité sociale. Il est très largement imaginaire, au sens courant du mot. Ce qui le caractérise le mieux est, en effet, l'étrange mouvement discursif par lequel il trouve son unité à travers l'amalgame d'éléments irréductibles. Et cette unité imaginaire, en retour, exerce ses effets sur le réel.

Pour paradoxal que cela puisse sembler, l'Autre est avant tout « présent » du fait même de son absence, la peur de l'Autre signifiant alors l'attente, parfois angoissante, de son arrivée, et la cohabitation imaginaire. Le racisme est dès lors largement fantasmatique et parfois délirant : c'est sous cette modalité qu'il est aujourd'hui le plus dangereux en Italie. Il ne vient que dans des situations limitées exacerber une relation quotidienne difficile ou un processus de mobilité sociale descendante ; il se présente peu ou pas comme une réaction de défense face à une menace de dissolution de l'identité nationale. Au départ, en tout cas, il surplombe les relations sociales. Dans ce sens précis on peut dire qu'il est, d'une manière spécifique, « imaginaire » : forme symbolique qui engage les événements humains dans des dispositifs dont elle est l'unique support, ce que lui donne une capacité d'adaptation d'autant plus formidable qu'elle est dépourvue de

6. Voir, pour un exemple de ce glissement de la « question sociale » à la « question multiculturelle », Rino SERRI, « Né integrazione né ghettizzazione », *Democrazia e Diritto*, novembre-décembre 1989, p. 87-99.

7. Voir Laura BALBO et Luigi MANCONI, *I razzismi possibili*, *op. cit.*, p. 91.

sources sociales et renvoie à une pure logique de visualisation. Ce racisme a une très forte autonomie de formation, d'où justement son efficacité symbolique, il résiste aux faits et est susceptible de déclencher, de manière très « prématurée », des actions particulièrement violentes. Il est avant tout imaginaire dans la mesure où il est traversé par un surplus introduisant en fait un décalage entre la représentation et la réalité.

A sa constitution participent l'état naissant d'un préjugé s'appuyant sur d'anciens stéréotypes, le rôle des médias[8], la rapidité de formation et de diffusion d'un discours antiraciste, le jeu des stigmatisations de toute une série d'actions très vite caractérisées comme « racistes », la peur face à une réalité largement méconnue mais fortement présente au niveau imaginaire, sans qu'il soit véritablement possible d'établir le rôle déterminant d'un de ces éléments sur les autres. Cette forte composante imaginaire initiale du racisme en Italie peut expliquer que bien qu'on soit encore en présence d'un phénomène faible dans ses dimensions de ségrégation, voire de discrimination, on est déjà en présence d'actions de violence inquiétantes. Pour l'instant, les principales conduites ouvertement racistes en Italie sont violentes, même si d'autres mobiles sont souvent présents ou avancés pour en rendre compte (vol, trafic de drogue)[9]. Ces actions sporadiques et sans lien entre elles se dotent néanmoins d'une sorte de principe d'unité suite à la forte visibilité médiatique dont elles sont l'objet. Amalgamés, les actes hétérogènes de violence ou de discrimination (souvent mis en relation avec des événements semblables ayant eu lieu dans d'autres pays européens) ne font que renforcer le caractère imaginaire du racisme.

Les manifestations d'antisémitisme ayant eu lieu à la fin de 1992 sont une variante de ce mécanisme imaginaire « autoréférentiel ». Suite à la « une » de *L'Espresso* annonçant qu'un Italien sur dix avouait avoir des sentiments

---

8. Une des premières grandes expressions médiatiques du racisme en Italie a une forte similitude, dans la logique du récit, avec les événements ayant déclenché le mouvement des droits civiques aux États-Unis (décembre 1955, Montgomery, Alabama) : à savoir le harcèlement dont furent objet une femme érythréenne et son enfant dans un bus à Rome, agressés par un individu demandant à la femme de céder sa place aux Blancs.

9. Ces actions ne sont pas seulement l'affaire des bandes de « naziskin ». Pour une foudroyante présentation journalistique du phénomène skinhead, voir *La Repubblica* du 22 au 25 janvier 1992.

antisémites[10], la nouvelle a été en quelque sorte « prolongée » dans la réalité par des agressions et des inscriptions néo-nazies. Celles-ci, dans leur logique immédiate d'action, doivent être soigneusement distinguées d'autres sources éventuelles d'antisémitisme en Italie, liées notamment à un noyau catholique traditionnel et à certaines dérives de l'antisionisme d'extrême gauche[11]. Des passerelles entre ces autres sources et les récentes manifestations d'antisémitisme ne sont pas à exclure, mais il faut surtout être sensible au principe de visibilité qui structure les actions les plus récentes, qui sont autant, sinon plus, commandées par une surenchère imaginaire (la volonté d'« incarner » une « réalité ») que par une idéologie, au sens d'Hannah Arendt (déploiement à terme de la logique d'une idée, ayant ainsi dans son propre corpus doctrinaire, presque à l'exclusion de tout élément externe, la raison finale de son inscription dans la réalité). La volonté de « profiter » d'un « état de l'opinion publique » et de la « complicité sociale » dont elle a fait déjà preuve en Italie sont certainement à prendre en compte, mais il est probable qu'à la base de ces actions se trouve moins un acteur stratégico-idéologique (les skinheads et leurs relations avec l'extrême droite italienne)[12] qu'un groupe « imaginaire ».

D'où un autre principe de définition du racisme italien. Au-delà de la disjonction de ses sources et de la diversité instable des préjugés dont il témoigne, ce racisme se caractérise, à la différence d'autres pays, par son éloignement dès la naissance de toute réalité sociale[13] ; il émerge d'emblée comme

10. Un résultat comparable à ceux obtenus par une autre enquête en 1986 : à cette date, 11 % des Italiens manifestaient de l'antipathie envers les Juifs, 30 % en avaient une image stéréotypée (le pourcentage d'hostilité était de 5 % en 1983). Cf. Delia FRIGESSI, « Alcuni stereotipi nell'Italia di oggi », *in La Critica sociologica*, printemps 1989, p. 91.

11. Deux noyaux auxquels il faut bien entendu ajouter les milieux nazi-fascistes, aujourd'hui notamment représentés en Italie par les skinheads. Comme dans d'autres pays, cet antisémitisme se déploie d'autant plus facilement que la « culpabilité » liée aux événements de la Seconde Guerre mondiale « disparaît », surtout dans les milieux d'extrême gauche où l'antisionisme fait souvent figure supplétive d'antisémitisme. Quant aux deux groupes, catholique intransigeant et extrême gauche, ils ont été l'objet depuis quelques décennies de plusieurs études. Pour les années soixante, voir Alfonso DI NOLA, *Antisemitismo in Italia, 1962-1972*, Vallecchi, Florence, 1973, et pour le début des années quatre-vingt (bien que l'enquête n'ait porté que sur Rome), voir Enzo CAMPELLI et Roberta CIPOLLINI, *Contro il seme di Abramo*, Angeli, Milan, 1984. Enfin, pour une vision historique des relations entre l'Église catholique et l'antisémitisme et les évolutions des milieux d'extrême gauche en Italie, cf. Rosellina BALBI, *All'erta siam razzisti, op. cit.*

12. Laura BALBO et Luigi MANCONI, *I razzismi reali, op. cit.*, p. 94 et s.

13. C'est dans cette logique analytique qu'il faut probablement interpréter l'obser-

une formation symbolique d'autant plus dangereuse qu'elle semble coller à la réalité ou informer l'action. Il apporte un système de croyances dans le cadre duquel toute observation faite est impossible à ébranler par une observation « contradictoire ». En vérité, à terme, les faits n'existent que dans la mesure où ils sont susceptibles d'être saisis par ce système de croyances. Le propre de cette forme de racisme est de plier, sans cesse, les faits à des préconceptions, de détourner le « bon sens » et de « comprendre » ce que les autres se refusent à voir.

Éclaté, le racisme en Italie trouve un principe d'« unité » du côté des discours qui en parlent plus que dans sa pratique et ses propres expressions politiques. L'emprise des médias semble être d'autant plus grande que l'État, le système politique, et les organisations traditionnelles de la société civile sont en crise ou en restructuration. Cette unité ne doit pas pour autant être exagérée, et il serait inexact d'affirmer que l'antiracisme de certains ou l'alarme médiatique des autres sont des véritables « causes » du racisme. Mais il ne faut pas sous-estimer l'unité imaginaire que le racisme trouve au niveau médiatique et dans la vie intellectuelle, et il faut savoir que plus la crise institutionnelle s'accentuera, et plus grande sera la capacité d'amplification du racisme qu'auront ces discours.

La disjonction et la faiblesse des sources sociales et des sources communautaires du racisme et sa difficile structuration politique limitent l'espace du phénomène, mais n'interdisent pas d'en prévoir l'expansion. Les dysfonctionnements chroniques de l'État italien, l'inefficacité et les insuffisances des politiques d'immigration, voire l'absence d'une orientation claire d'intégration[14] pèsent dans le sens de sa consolidation ; l'affaissement ou la crise des anciennes identités

---

vation faite par Paolo Guidicini et Carla Landuzzi d'une chute des « préjugés » anti-immigrés dans des situations d'interrelation, *op. cit.*, p. 190. On peut, en effet, faire l'hypothèse que ce qui « tombe » ou se « défait » est alors le surplus imaginaire accolé à l'image de l'immigré : pourtant, cette « couche » étant enlevée, restent les problèmes de communication interethnique qui, à défaut d'un modèle d'intégration ou d'interventions sociales efficaces, peuvent donner lieu à des figures, sociales ou communautaires, du racisme.

14. En effet, les Italiens semblent se diriger vers un modèle d'intégration nationale « à la française » tout en croyant encore, pour une bonne partie d'entre eux, que les immigrés « vont partir ». Mais, surtout, le débat est encore loin d'être clair en Italie entre les tenants de l'« intégration », de l'« assimilation », de l'« insertion », de la « société multiculturelle » ou d'une « société peu raciste ».

universalistes, le catholicisme ou l'internationalisme ouvrier, non seulement favorisent la percée électorale des Ligues, mais sont aussi des facteurs favorables à un racisme « crispé », à composante « universaliste », reposant sur l'identification de l'Italie avec la modernité occidentale[15]. Enfin, le supplément imaginaire que le racisme italien porte en lui, dès sa naissance, installe *d'entrée* le phénomène au niveau le plus dangereux, alors que dans d'autres expériences ce niveau est plutôt un aboutissement.

L'écart entre les limites sociales et culturelles du racisme en Italie et sa « vitalité » imaginaire a pu jouer, jusqu'ici, comme une protection face aux risques d'emballement. Mais la démultiplication des pratiques racistes, en particulier de violence, risque de combler cet écart d'autant plus vite que chaque acte du racisme éclaté peut trouver son interprétation dans une matrice imaginaire déjà disponible. Situation d'où proviennent les principaux dangers du racisme en Italie.

15. Processus déjà visible dans la position pleine d'ambiguïtés de Mario G. LOSANO, « Contro la società multietnica », *Micromega*, 5, 1991, p. 7-16. Pour une critique, Francesco CIAFALONI et Ferruccio PASTORE, « Attenti ai fantasmi », *Micromega*, 2, 1992, p. 150-163.

# Conclusion

*par Michel Wieviorka*

Sous-tendues par un même mode d'approche, les monographies qui forment l'essentiel de ce livre apportent une image relativement diversifiée du racisme contemporain en Europe occidentale. Les différences sont particulièrement sensibles si l'on considère la violence de base, infra-politique, le passage du racisme au politique, l'éventuelle combinaison de l'une et l'autre, ou encore les processus de médiatisation qui les décrivent, les dénoncent et les amplifient dans certains cas. Pourtant, il est maintenant possible d'apporter une réponse affirmative à notre interrogation de départ : il y a bien une unité du racisme dans les situations que nous venons d'examiner, au-delà de la diversité de ses manifestations concrètes au Royaume-Uni, en Belgique, en Allemagne, en Italie, mais aussi en France, pays auquel nous avons consacré un ouvrage récent[1].

## La tridimensionnalité de l'analyse

Un premier principe d'analyse que nous avons adopté a consisté à examiner les conditions favorables à l'expansion du racisme à partir de trois sources distinctes : du point de vue des transformations des rapports sociaux *stricto sensu*, sous l'angle de celles de l'État, des institutions et du système

1. Michel WIEVIORKA et *al.*, *La France raciste*, Seuil, Paris, 1992.

politique, en envisageant, enfin, les modifications qui affectent la culture et les identités, à commencer par celles qui concernent la nation.

Partout, ce principe d'analyse, qui n'interdit évidemment pas d'envisager comment les trois sources principales du racisme s'informent mutuellement, apporte une plus grande lisibilité pour la lecture des événements et des mécanismes racistes.

## *La fin de l'ère industrielle*

Dans chacune des sociétés considérées, il est clair que le racisme s'étend sur fond de déstructuration des rapports sociaux nés de l'industrie. Au Royaume-Uni, la crise du mouvement ouvrier, dont la force fut d'être un mouvement social adossé sur une culture et des communautés puissamment constituées, dégage un racisme de laissés-pour-compte de la brutale modernisation économique du pays, entreprise sur un mode néo-libéral. Elle génère aussi des conduites de ségrégation, à la fois sociale et raciste, qui traduisent, pour ceux qui sont du bon côté de la société duale, le souci de préserver leur statut ou de maintenir une distance avec des populations démunies, et largement issues de l'immigration. La combinaison du social et du culturel dans le mouvement ouvrier britannique explique certainement l'importance qu'y a revêtue le phénomène skinhead.

En Belgique, comme en France d'ailleurs, le déclin du mouvement ouvrier et la crise du syndicalisme sont tout aussi spectaculaires, même s'il n'y a pas eu, dans ces deux pays, une culture communautaire ouvrière aussi importante qu'au Royaume-Uni ; et dans ces deux pays, la dualisation sociale et l'exclusion produisent assez directement un racisme de « pauvres Blancs » du côté des exclus et des individus en chute sociale, et des conduites de ségrégation de la part des couches moyennes et supérieures.

En Allemagne, le mouvement ouvrier s'est très tôt institutionnalisé, et les syndicats sont le pivot de relations professionnelles et d'un système de négociation collective dont l'affaiblissement, encore très relatif, s'est accéléré avec la réunification. Le racisme, ici, résulte comme ailleurs de la crise du syndicalisme, mais moins directement. La capacité d'intégration sociale qu'assuraient les organisations syndicales se réduit, ce qui affecte aussi bien les nationaux allemands, qu'inquiètent les conséquences économiques de la réunification, que l'immigration, pendant longtemps bien mieux intégrée socialement qu'ailleurs en Europe.

Enfin, en Italie, le racisme procède encore moins directement de la crise du syndicalisme, et d'abord parce que sa principale victime, l'immigration, est encore peu nombreuse et que sa présence n'a été perçue que très récemment. Le déclin du mouvement ouvrier est très largement antérieur à la venue d'immigrés, et le racisme, lui-même limité, trouve ses sources sociales dans des situations particulières, dominées par la « guerre des pauvres » et l'exclusion, la crise urbaine ou des enjeux économiques précis et localisés. Le traitement des problèmes sociaux et des demandes qui naissent de telles situations n'est pas celui que pouvaient apporter les acteurs politiques et syndicalistes des années soixante, et même soixante-dix, quand l'Italie était encore une société industrielle. C'est en ce sens qu'il existe un lien entre le racisme éclaté qu'on observe dans ce pays, et la fin de l'ère industrielle.

## *L'État et le système politique*

Là aussi, les transformations observées constituent des conditions favorables à la montée du racisme dans chacun des pays qui nous intéressent. Partout, d'abord, les institutions de l'État-providence sont en crise, et le recul des formules et des projets de type social-démocrate est indéniable. En Belgique, la déstructuration de l'État, qui n'a jamais été très puissant, est impressionnante, et ce pays a même récemment dû tenir compte des poussées nationalistes, surtout flamande, pour modifier considérablement ses institutions et se constituer en fédération. Les appels différentialistes à la nation (non pas belge, mais flamande ou wallonne) sont toujours lourds de la tentation plus large d'en appeler à l'homogénéité du corps social, et se prolongent constamment par un racisme et une xénophobie inscrits dans l'espace politique par des partis d'extrême droite. En Italie, la crise qui a secoué le système politique et l'État depuis 1992 témoigne, là aussi, de la profondeur des changements en cours et de carences qui ouvrent l'espace à un racisme en partie imaginaire dont l'essor doit certainement quelque chose au mode de fonctionnement des médias et des intellectuels. L'émergence et les succès des Ligues, ainsi que, plus récemment, du MSI s'expliquent également très largement par cette situation politique, et apportent un début d'inscription du racisme dans l'espace politique. Mais il convient ici d'être très prudent, et de ne pas exagérer l'ampleur de ce passage très limité du racisme au politique.

En France, la formule républicaine d'intégration demeure un lieu de grande résistance à la déstructuration de la société nationale, mais les institutions qui l'incarnent, et notamment l'école publique avec le principe de la laïcité, sont singulièrement affaiblies. Et dans cet affaiblissement, le racisme s'étend sur deux fronts. D'un côté, il se leste d'un universalisme républicain pur et dur, éventuellement associé au nationalisme, qui nie les différences culturelles que la société non seulement accueille, mais aussi produit, et tend, à la limite, à naturaliser ceux qui se revendiquent de ces différences, ou à qui elles sont plus ou moins imposées. Et, d'un autre côté, le racisme s'alimente de la crise de l'État-providence et des institutions, imputée aux immigrés qui useraient et abuseraient de leurs « droits ».

Le Royaume-Uni, malgré son passage au néo-libéralisme, ou peut-être grâce à lui, est un pays où les institutions résistent relativement bien au racisme, qu'elles reconnaissent en leur sein et qu'elles s'efforcent de traiter, et le phénomène ne s'y est pas jusqu'ici maintenu de façon significative au niveau politique, comme le montrent la marginalisation d'Enoch Powell et l'échec du National Front. Ce qui ne veut pas dire que la crise de l'État-providence n'y alimente pas le racisme. La caractéristique importante, ici, est que le racisme s'exprime pour l'essentiel en dehors du champ politique, mais avec force, qu'il s'agisse de la violence raciste au quotidien ou bien encore de la discrimination dans l'emploi ou le logement, que les institutions, malgré des efforts considérables, se révèlent impuissantes à faire reculer.

Enfin, en Allemagne, l'intégration institutionnelle de l'Est et de l'Ouest fait durement ressentir ses effets dans l'ex-RDA, et la réunification crée des difficultés économiques qui affectent aussi bien les relations entre acteurs patronaux et syndicats que l'État et le système politique, confrontés à de vives tensions, où se profile la conjugaison de la xénophobie et du racisme.

## *La nation*

Sur ce registre peut-être plus que sur les deux autres, les transformations, importantes, relèvent de processus et de logiques relativement différentes d'un pays à un autre. Au Royaume-Uni s'exprime un sentiment très vif de menace sur l'identité nationale. « British » et « English » sont loin d'être synonymes, ce qui complique l'analyse, mais n'interdit pas d'observer certaines similitudes avec la France : les deux pays vivent comme une inversion de leur colonialisme passé, les immigrés, largement issus des anciennes colonies, pouvant apparaître comme le signe d'un retournement de l'histoire ; tous deux voient se dissocier la culture et l'identité nationales, d'un côté, et d'un autre côté l'économie, globalisée. Le racisme a beaucoup à voir avec la rétraction du nationalisme, sa fermeture dans un différentialisme qui est aussi la marque d'une résistance à l'internationalisation de l'économie. La France, de surcroît, voit son nationalisme, et le racisme et la xénophobie qui le prolongent, s'exacerber en raison de la pénétration de la culture américaine ou de la perte d'influence de sa propre langue dans le monde. La principale différence entre les deux pays est dans l'existence, en France, d'un national-populisme installé sur la scène politique avec le Front national, incluant racisme, xénophobie et antisémitisme, alors que, pour l'instant, le nationalisme le plus significativement raciste ne s'est guère exprimé à ce niveau au Royaume-Uni. La Belgique et l'Italie sont deux pays où la conscience nationale (belge ou italienne) n'est pas en elle-même une force puissante. Le nationalisme n'y est pas la source principale du racisme. Mais les deux expériences ne doivent pas être confondues. En Belgique, le nationalisme flamand et, dans une moindre mesure, sa contrepartie wallonne sont particulièrement agissants, pèsent lourd sur la déstructuration de l'État, et, on l'a vu, sur la montée d'un différentialisme raciste et xénophobe. En Italie, en revanche, le nationalisme n'est guère déterminant, et le régional-populisme des Ligues est dominé par la question politique et même par des thèmes sociaux, bien plus que par l'appel à des références identitaires ou communautaires.

Enfin, en Allemagne, il faut reconnaître l'existence d'une puissante identité nationale dont les transformations se distinguent considérablement de celles qui affectent la France ou le Royaume-Uni. La réunification a apporté à cette identité de formidables gratifications, et la puissance économique du pays, malgré les difficultés actuelles, rend peu soutenable l'hypothèse d'une menace qui pèserait sur lui du fait de la globalisation de l'économie. Le problème n'est pas ici celui de la dissociation de l'économie et de la nation, qui demeurent fermement arrimées l'une à l'autre, mais bien davantage celui de la séparation de la démocratie et de la nation. Aussi longtemps que l'unité nationale était empêchée du fait d'une situation géopolitique où une partie du pays était sous l'emprise soviétique, la nation, à l'Ouest tout au moins, pouvait s'associer à la démocratie, définie comme l'opposé du totalitarisme. Cette association n'est plus de mise ; la nation, face à elle-même, ne peut plus imputer l'essentiel de ses malheurs au régime communiste régnant à l'Est, et le pays, au contraire, doit accueillir les *Aussiedler* dont se départissent plus ou moins volontiers les anciennes démocraties populaires et l'ex-URSS, tout en assurant la modernisation de l'ex-RDA, dont l'industrie est bien plus délabrée ou inadaptable qu'on croyait. Les violences d'abord xénophobes, puis indistinctement xénophobes et racistes se sont multipliées, tandis que l'État ne se donnait apparemment pas pour priorité de mobiliser les forces de l'ordre contre l'extrême droite agissante. Privé de sa principale raison de s'associer à des visées démocratiques, lesté d'inquiétudes et de demandes sociales liées aux difficultés économiques et à l'affaiblissement du système de relations professionnelles, le nationalisme alimente la montée en puissance de partis extrémistes, plus ou moins nostalgiques d'un passé nazi qui pèse lourdement sur les consciences et les débats. Contrairement à l'expérience française, où le Front national est plus un barrage qu'un vecteur de la violence au quotidien ou de conduites de type terroriste, en Allemagne, on ne peut dissocier le climat créé par l'ascension politique de l'extrême droite de la vague de violence raciste et xénophobe qui déferle. Cette ascension comporte deux dimensions. L'une, incarnée en particulier par les Républicains, ressemble, par ses formulations encore relativement modérées, au Front national français ; mais l'autre, extra-parlementaire et très active, nourrit de ses discours et, dans certains cas, de ses engagements terroristes la disponibilité à la violence que la mutation en cours engendre chez les jeunes.

## La déstructuration des sociétés nationales

Un deuxième principe, complémentaire, nourrissait nos hypothèses initiales. Il postule que c'est dans la déstructuration de la société nationale, c'est-à-dire de l'ensemble relativement intégré qu'ont formé dans un passé très proche la société, industrielle, l'État, égalitariste et soucieux de « welfare », et la nation, avec ses dimensions universelles, que s'opère l'expansion du racisme. Cette hypothèse peut être formulée de manière un peu plus précise : le racisme trouve des conditions favorables lorsque, simultanément, la fin d'une société industrielle dynamique et puissante se révèle brutale et spectaculaire, que l'État et les institutions apportant assurance et assistance entrent en crise, que la conscience nationale, vigoureuse, se rétracte sur sa seule face différentialiste, et que l'ensemble que forment ces trois dimensions se déstructure.

Ainsi formulée, cette hypothèse, nous semble-t-il, s'applique bien, et très directement, aux expériences française, belge et britannique (peut-être faudrait-il ici dire plutôt anglaise). Mais qu'en est-il des deux autres expériences que nous avons envisagées ?

Réunifiée, et donc plutôt confiante s'il s'agit de sa conscience nationale, se maintenant comme une grande puissance économique, et donc ne se sentant pas déstabilisée ou nettement affaiblie par la globalisation mondiale de l'économie, l'Allemagne semble à première vue contredire notre hypothèse, puisque le racisme y est pourtant particulièrement agissant. Mais si l'association de la nation et de l'économie ne semble pas autant menacée qu'en France ou au Royaume-Uni, si son système de relations professionnelles témoigne d'une grande résistance, il faut pourtant accepter l'idée d'une décomposition du modèle d'intégration qui a fonctionné, à l'Ouest, jusqu'à ces dernières années. Le pacte qui liait patronat et syndicats, et conférait de fait une place importante à la société civile et, corrélativement, une place limitée à l'État fonctionne de moins en moins bien. La nation devient un thème passionnel, l'immigration, devenue de peuplement pour ceux qui étaient venus en fonction d'une offre de travail, ne peut plus être simplement intégrée socialement, et exclue politiquement et culturellement, et la version allemande de la société nationale est ébranlée, distordue : c'est dans cette distorsion que s'ouvre l'espace d'une combinaison de racisme et de xénophobie qui a pour caractéristique principale d'associer violence de base et action politique.

Le cas italien, lui, valide notre hypothèse *a contrario*. Le racisme y est limité, et en partie imaginaire. Or, de tous les pays étudiés, l'Italie est assurément celui où la conscience nationale est la plus faible, et l'intégration de la société, de l'État et de la nation y a toujours été bien peu achevée. La déstructuration de la société nationale y est donc moins fortement ressentie qu'ailleurs, et si l'on ajoute que l'immigration est un phénomène nouveau, on comprend bien que notre mode d'analyse n'est nullement pris en défaut avec ce pays.

Mais il faut aller plus loin. Dire que le racisme a à voir non seulement avec des sources analytiquement distinctes, comme on l'a rappelé dans le paragraphe précédent, mais aussi avec la décomposition de modèles qui assuraient pour elles une certaine intégration, c'est en effet introduire une hypothèse sur la nature même du racisme.

Depuis quelques années, un débat s'est mis en place pour savoir s'il faut distinguer deux racismes, inégalitaire et différentialiste, ou s'il ne faut pas plutôt reconnaître l'existence de deux logiques, inégalitaire et différentialiste, nécessairement combinées pour qu'une expérience de racisme ait une certaine importance. Dans l'introduction de ce livre, nous avons dit les raisons qui nous poussent à adopter ce deuxième point de vue. Nous pouvons maintenant le mettre en relation avec les remarques qui précèdent. Lorsqu'une société nationale se déstructure (cas français, britannique et belge), ou lorsqu'elle se distord (cas allemand), le racisme fraie sa voie en tant que réaction à cette déstructuration. Il a toute chance d'être d'autant plus puissant que cette réaction est susceptible de fusionner en une même réponse des demandes qui visent toutes à refuser ou nier l'évolution en cours. Si cette réaction a des sources avant tout sociales, il reste plutôt inégalitaire, limité et instable ; si ces sources sont avant tout nationales ou identitaires, il a plus de force et de stabilité, est plutôt différentialiste, mais sa capacité de mobilisation ne peut atteindre un large public, tant il apparaît comme une menace pour la démocratie et l'État de droit, et comme irréaliste en matière économique. C'est lorsqu'il en appelle simultanément à la nation, qu'il veut homogène, à l'État, qu'il souhaite voir se ressaisir, et à la satisfaction de demandes sociales, qu'il est le plus susceptible de s'étendre, associant, même si ce n'est pas de manière équilibrée, une logique inégalitaire plutôt liée à ses sources sociales et politiques, et une logique différentialiste, qui procède plutôt de ses sources identitaires. C'est pourquoi le national-populisme, qui tout à la fois l'inclut mais le tempère, en fusionnant ces trois registres, en constitue déjà l'antichambre virtuelle — mais pas encore une expression puissamment constituée.

Le racisme éclaté, tel que nous l'avons rencontré en Italie, est sans unité dans la mesure où la déstructuration de la société nationale n'est pas fortement ressentie ; les tensions et difficultés nées des transformations de cette société ne sont guère vécues comme la marque d'un processus de désintégration d'un tel ensemble, et ne peuvent dès lors trouver que secondairement leur mode de résolution dans la fusion raciste. Il ne faut pas exclure d'importants développements dans le racisme en Italie. Mais ce que nous pouvons observer, jusqu'ici, indique bien que lorsque le point de départ est une société nationale moins intégrée que d'autres, le phénomène ne trouve d'abord à se manifester que sous des formes éclatées, et que son éventuelle extension est plus heurtée et moins spectaculaire qu'ailleurs. A l'inverse, le racisme au Royaume-Uni est à la fois très fortement culturel, lié à la crise d'une identité nationale particulièrement malmenée depuis la fin de l'ère coloniale, très fortement social, tant l'effondrement de la société industrielle est spectaculaire, et la fusion qu'il opère est facilitée par une longue tradition, visible notamment dans le mouvement ouvrier, de complémentarité du social et du culturel.

## Racisme et immigration

La comparaison proposée dans ce livre apporte également un éclairage sur la question du lien entre racisme et immigration. Une première façon d'examiner cette question vient spontanément à l'esprit : n'y a-t-il pas une relation directe entre le volume et la nature de l'immigration, et la montée du racisme, celle-ci ne doit-elle pas être expliquée, en tout premier lieu, par ceux-là ? Cette interrogation aboutit vite à une impasse, et ce n'est pas un hasard si on ne dispose pas d'étude qui permette d'affirmer qu'une telle relation existe, ou n'existe pas. Ce qui est déjà une réponse face aux idées reçues qui postulent généralement un lien immédiat. Le racisme peut fort bien s'étendre en l'absence d'une expérience de cohabitation ou de rencontre du groupe racisant et du groupe racisé, il repose aussi sur une surestimation parfois considérable de l'effectif de la population visée et, plus largement, sur des préjugés qui, par définition, n'entretiennent qu'un rapport déformé avec la réalité. Mais ce type de constat n'invalide pas les raisonnements qui vont en sens inverse, et qui peuvent tout aussi bien s'adosser sur des illustrations empiriques. En fait, mieux vaut poser une question qui, elle, peut obtenir une réponse sociologique : quelle leçon tirer du fait que racisme et immigration forment, dans les débats propres à une société donnée, deux enjeux soit clairement distincts, soit au contraire constamment confondus ou amalgamés ?

Le refus de l'immigration, ou de certaines immigrations, peut être gros d'un racisme à dominante différentialiste. Mais qu'il soit formulé plutôt en termes économiques, au nom par exemple de la défense de l'emploi pour les nationaux, ou en termes culturels, au nom des risques que ferait courir l'immigration à l'identité nationale, il renvoie au rapport de la collectivité nationale considérée avec l'extérieur, et pose la question de l'intervention de l'État et de ses politiques. Très différemment, le racisme est un problème interne, qui définit avant tout le fonctionnement et les changements au sein d'une société.

Au Royaume-Uni, plus qu'ailleurs, ces deux problèmes sont dissociés, et cela doit beaucoup au consensus politique qui s'est dans l'ensemble instauré entre travaillistes et conservateurs en matière d'immigration. Cette séparation est vraisemblablement une des raisons du non-passage du racisme au politique. Elle a aussi pour effet de donner à voir bien plus distinctement le racisme, dont les expressions ne sont pas parasitées, si l'on peut dire, par des considérations sur les politiques de l'immigration. En Allemagne, où la Loi fondamentale a jusque dans un passé très proche été très ouverte à l'immigration, la xénophobie, plus que le racisme, a été au cœur des premières violences anti-immigrés, puis les deux phénomènes se sont confondus, la violence atteignant aussi bien des Turcs et leurs familles que des immigrés d'Europe de l'Est. L'association de la xénophobie et du racisme, et la virulence des attitudes qui s'en prennent de moins en moins distinctement aux nouveaux venus (ce qui renvoie plutôt au thème de l'immigration) et aux immigrés plus anciens, et plus ou moins intégrés dans l'économie (ce qui renvoie plutôt au thème du racisme) jouent certainement dans le sens d'une politisation du racisme et de la montée des partis d'extrême droite. On peut de même faire l'hypothèse qu'en France les succès électoraux du Front national doivent beaucoup à la possibilité qu'a eue ce parti de jouer en même temps sur le registre de l'immigration et sur celui du racisme.

Il est vraisemblable que, peu à peu, les deux registres, partout en Europe, seront de plus en plus distincts, et que, comme au Royaume-Uni, des consensus politiques se dessineront, dans l'ensemble dominés par une réglementation sévère de l'immigration. Ce qui laissera les sociétés concernées en face de leurs problèmes internes de racisme, eux-mêmes indissociables du traitement social et politique des populations issues de l'immigration, mais désormais définies par leur place dans ces sociétés. Le paradoxe de la France, ici, est que, depuis le début des années quatre-vingt, la gauche et la droite, lorsqu'elles ont été aux affaires, n'ont pas agi très différemment en matière d'immigration, prenant concrètement des mesures comparables, mais qu'elles sont perçues par l'opinion publique comme très différentes dans leurs politiques en ce domaine.

L'indifférenciation du racisme et de l'immigration et la confusion des débats autour de ces deux thèmes sont un facteur de politisation du second, en même temps qu'une étape intermédiaire dans sa cristallisation. Les sociétés européennes, à l'exception du Royaume-Uni et, très récemment, et timidement, de l'Allemagne, hésitent à se doter d'un consensus explicite sur leur politique de l'immigration. Cette hésitation indique un refus, ou une incapacité, à saisir à bras-le-corps les grands dossiers qui sont au cœur de la question du racisme, et une paralysie, notamment dès qu'il s'agit de penser la nation ou l'ethnicité dans d'autres catégories que celles diffusées par les droites radicales. Elle signifie aussi, ce qui est plus positif, que les sociétés concernées sont à la croisée des chemins, qu'elles ont encore des choix possibles en ce qui concerne leur mode de traitement des différences culturelles qui y cohabitent. Elle signifie peut-être, enfin, que le racisme n'y est pas aussi prégnant que dans celles où les choix se sont déjà imposés, comme c'est le cas au Royaume-Uni.

# Index des auteurs cités

## Table

## II / L'EXPÉRIENCE BELGE
par Philippe Bataille



## III / L'EXPÉRIENCE ALLEMANDE
par Angelina Peralva

## IV / L'EXPÉRIENCE ITALIENNE
par Danilo Martuccelli

Composition Facompo, Lisieux (Calvados)
Achevé d'imprimer en avril 1994
sur les presses de la SEPC, Saint-Amand (Cher)
Dépôt légal : avril 1994
Numéro d'imprimeur : 1042
Premier tirage
ISBN 2-7071-2343-9